Ute Lockert • Ulrike Rieder

Voltigierabzeichen

der Deutschen Reiterlichen Vereinigung

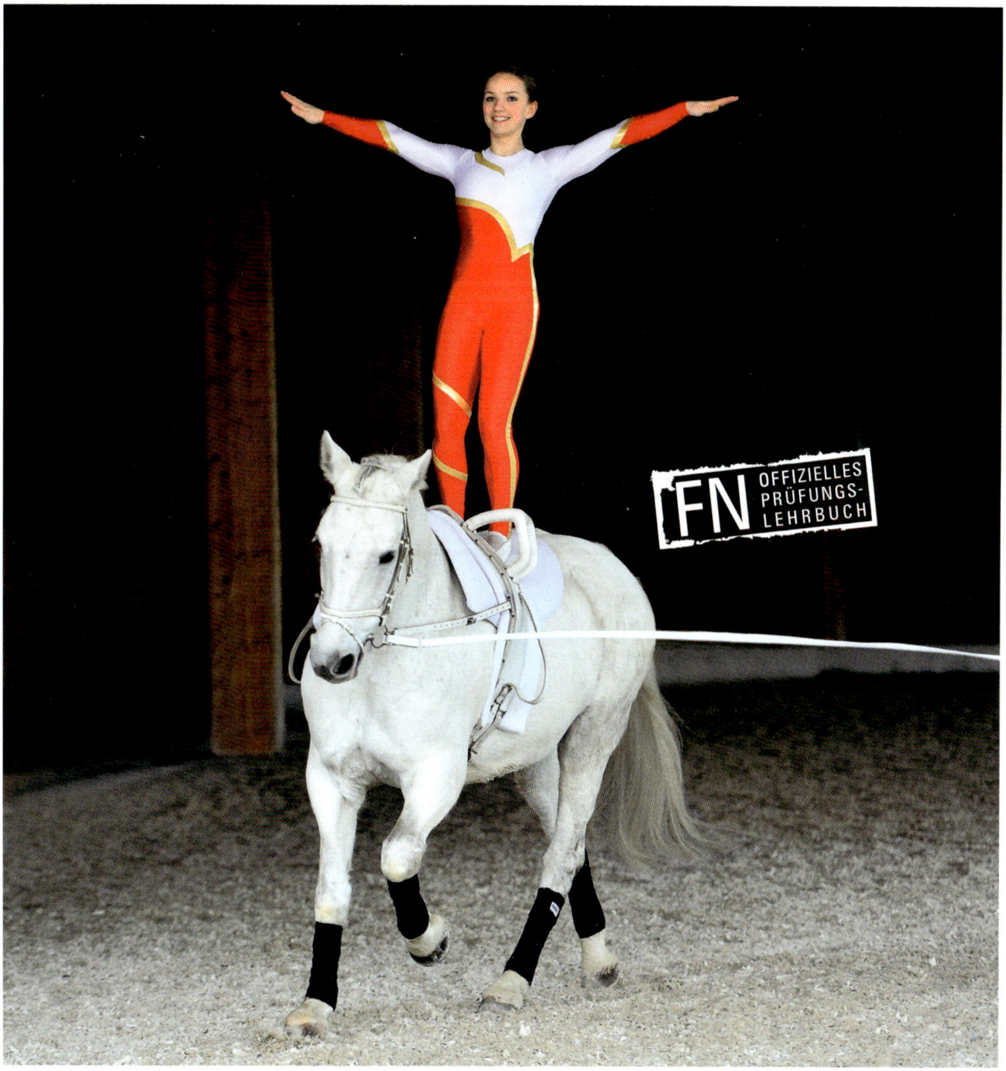

Deutsche
Reiterliche
Vereinigung

Bibliografische Information der Deutschen Nationalbibliothek
Die Deutsche Nationalbibliothek verzeichnet diese Publikation in der Deutschen Nationalbibliografie; detaillierte bibliografische Daten sind im Internet über http://dnb.dnb.de abrufbar.

8. Auflage 2026

MIX
Papier | Fördert gute Waldnutzung
FSC® C023618
FSC www.fsc.org

Beratung
DOKR-Ausschuss Voltigieren
sowie Karin Terharen, Koordinatorin Voltigieren

Korrektorat
FN*verlag*, Warendorf

Fotos/Zeichnungen/Illustrationen
siehe Seite 143

Haftung/Hinweis
siehe Seite 144

Gesamtgestaltung
mf-graphics, Marianne Fietzeck, Gütersloh/**FN***verlag*, Warendorf
weitere Bearbeitung: Ute Schmoll, Bad Schwalbach

Druck und Verarbeitung
Meinders & Elstermann GmbH & Co. KG, Belm

ISBN 978-3-88542-877-0

Wir danken
Annette Müller-Kaler, Miriam Esch und Daniel Kaiser für ihre Mitarbeit bei der Erstellung der Fotos.

Der Erwerb von Voltigierabzeichen bietet einen umfangreichen Nutzen. In erster Linie sollen Voltigierabzeichen Spaß bereiten und Lust auf „mehr" machen. Die verschiedenen Abzeichenstufen belegen den individuellen Lernfortschritt und Leistungsstand eines Voltigierers. Zudem sind einige Voltigierabzeichen Voraussetzung für die Teilnahme an bestimmten Bereichen des Turniersports oder für die Zulassung zu Trainer- und Richterprüfungen. Für Anfänger, Fortgeschrittene und Könner hält das Voltigierabzeichensystem der Deutschen Reiterlichen Vereinigung e.V. (FN) passgenaue Angebote parat.

Den Autorinnen Ute Lockert und Ulrike Rieder ist es gelungen, ein Prüfungslehrbuch zu schaffen, das in leicht verständlicher Weise die Abzeichenstruktur im deutschen Voltigiersport mit den wichtigsten Inhalten deutlich macht.

Egal ob Voltigierer, Ausbilder oder Richter – für diese Zielgruppen bietet das Werk wertvolle Hilfestellungen zur Vorbereitung auf die Abzeichenprüfungen im Voltigieren.

Dabei wurde es verstanden, komplexe Sachverhalte so zu vereinfachen, dass sie dem Lernenden schnell zugänglich sind. Die Abzeichenstruktur ist übersichtlich dargestellt und ermöglicht eine schnelle Orientierung. Dieses kompetente Lehr- und Lernwerk sollte mit Blick auf den Erwerb eines Voltigierabzeichens in keinem Bücherregal fehlen.

Ich wünsche eine erfolgreiche Vorbereitung und gutes Gelingen für deine Voltigierabzeichen!

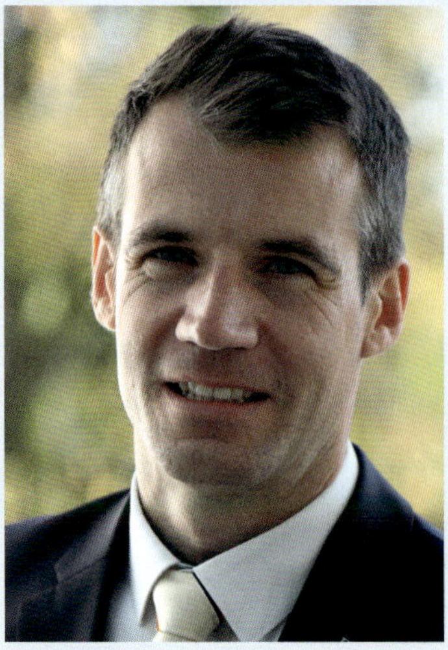

Dr. Dennis Peiler
Vorstandsvorsitzender der FN,
Ausbilder und Richter,
ehemaliger Championatskader-Voltigierer

„Voltigierabzeichen" – ein Buch zur Vorbereitung auf die Prüfung

Dieses Buch *Voltigierabzeichen* wird von der **Deutschen Reiterlichen Vereinigung e.V. (FN)**, dem Dachverband für Pferdesport und -zucht, herausgegeben. Als **offizielles Prüfungslehrbuch** zur Vorbereitung für **alle Abzeichen im Voltigiersport** vermittelt es das **nötige Wissen** über das Voltigieren von der ersten Prüfung für Einsteiger bis zur schwierigsten Prüfung für Könner.
Da der Pferdeführerschein Umgang die Voraussetzung für das Voltigierabzeichen **VA 5** bildet (sofern noch keine Reitabzeichen **RA 7 und 6** oder Fahrabzeichen **FA 7 und 6** abgelegt wurden), wurde dieser mit aufgenommen.
Der Inhalt dieses Buches entspricht den Themen, Anforderungen und Regeln der aktuellen **APO** (Ausbildungs- und Prüfungs-Ordnung), der LPO (Leistungs-Prüfungs-Ordnung) und des **Aufgabenheftes Voltigieren**. Gleichzeitig liegen die **Richtlinien für Voltigieren** diesem Werk zugrunde.

Das Buch *Voltigierabzeichen* bildet für alle Voltigierer eine große Lernhilfe für die Prüfungen und erleichtert den Ausbildern die Vermittlung des Lernstoffs. Richter, die die Voltigierabzeichen abnehmen, orientieren sich an diesem Buch und nehmen es als Grundlage für die Prüfungen.

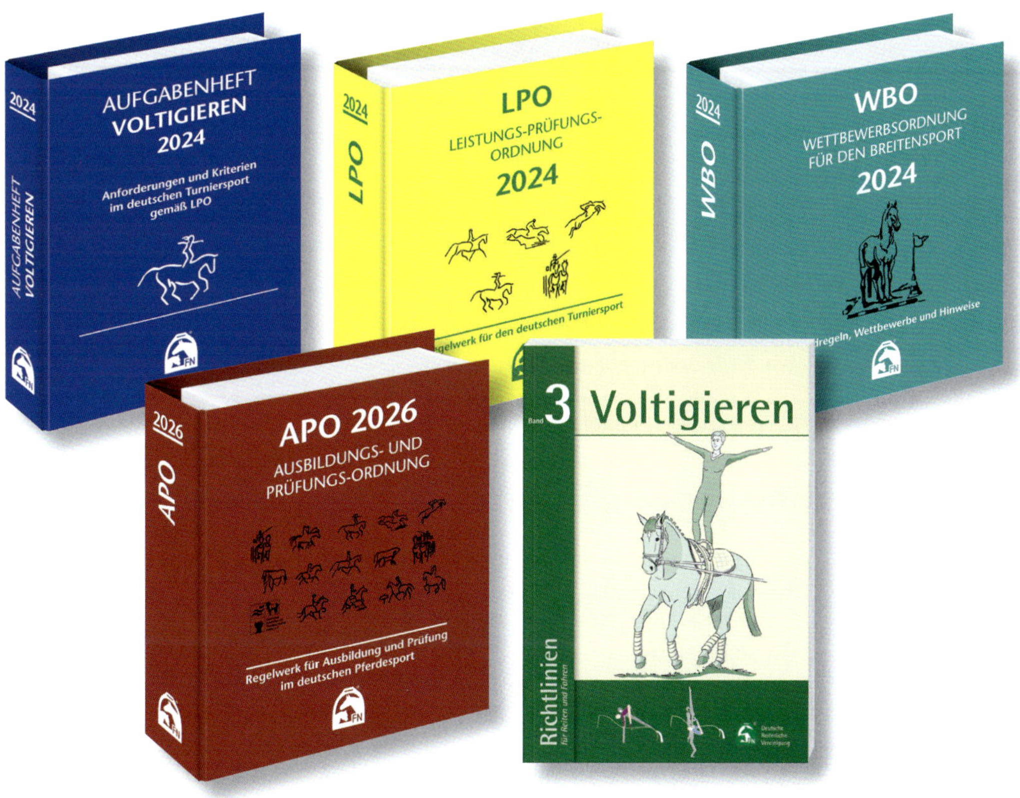

Zum Aufbau des Buches

Das ausführliche **Inhaltsverzeichnis** bietet bei der Suche nach Informationen eine schnelle Orientierung zu den verschiedenen Themen der Abzeichenprüfungen. Die **Voltigierer bilden die Hauptzielgruppe**. Sie werden deshalb in den Kapiteln 1 bis 6 im „Du-Stil" direkt angesprochen. Das Buch beinhaltet den Lernstoff für die Voltigierlehre und beschreibt das praktische Können im Voltigieren und im Umgang mit dem Pferd. Es ist zum leichteren Erlernen im **Frage- und Antwortstil** aufgebaut. Die Fragen erheben jedoch **keinen Anspruch auf Vollständigkeit**. Selbstverständlich können die Prüfer auch andere oder zusätzliche Fragen stellen. Deshalb ist es wichtig, dass die Teilnehmer die **Fragen und Antworten nicht stur auswendig lernen**, sondern selbst Zusammenhänge herstellen können. Dabei gilt das Prinzip: Je schwieriger das Abzeichen, desto genauer und umfassender sollten die Teilnehmer die Fragen beantworten. Die Kernaussagen beziehungsweise Stichworte sind meist fett hervorgehoben.

Tabellen oder Listen helfen Informationen über ein Thema kompakt und übersichtlich darzustellen. Die Kapitel 7 bis 9 gehören nicht mehr zum Prüfungsstoff der APO. Die Fragen in Kapitel 7 sind Zusatzfragen für jeden Interessierten und bilden eine Grundlage für die Trainer- und Richterausbildung. Im Kapitel 8 erhalten die Ausbilder/Trainer viele wichtige und praktische Hinweise zur Vorbereitung ihrer Prüfungsteilnehmer.

Die Veranstalter finden im Kapitel 9.1 wertvolle Planungshilfen und organisatorische Hinweise zum Ablauf einer Abzeichenprüfung.

Den Prüfern gibt das Buch neben der großen Auswahl an Prüfungsfragen im Kapitel 9.2 viele Hilfen für ihre Vorbereitung auf eine Abzeichenprüfung an die Hand.

In eigener Sache

In diesem Buch wurde – im Sinne von Kürze und Lesbarkeit – die im Sprachgebrauch übliche männliche Kurzform gewählt. Alle Leserinnen möchten dies entschuldigen und sich in jedem Einzelfall ganz besonders angesprochen fühlen.

Prüfe dich selbst!

- ❑ ***Am Ende jedes Themas werden zur eigenen Wissensüberprüfung die wichtigsten Punkte in mehreren Fragen zusammengefasst.***

Wichtig

- *Hier finden sich wichtige Hinweise, die unbedingt beachtet werden müssen!*

Sicher ist sicher !

- Hinweise zur **„Sicherheit und Unfallverhütung"** für sicheres Verhalten im Umgang mit dem Pferd und im Voltigierunterricht werden besonders hervorgehoben.

Merke dir

- Diese Hinweise sollte sich jeder Voltigierer unbedingt für das jeweilige Thema merken.

Dein Ziel: Voltigierabzeichen – Stufe für Stufe

Wir freuen uns, dass du dich entschlossen hast, ein Abzeichen im Voltigiersport zu erwerben. Was hat dich bewogen, dieses Ziel anzustreben? Ist dein Ausbilder der Meinung, dass du deine Leistungen mit einem Abzeichen bestätigen lassen solltest oder haben deine Vereinskameraden dich dazu angespornt? Aus welchem Grund auch immer du dich für ein Abzeichen entscheidest, sicher ist: Ansporn und Anerkennung braucht jeder – ob in der Schule oder im Sport. Das trifft auch auf das Voltigieren zu, denn eine Abzeichenprüfung ist immer ein lohnendes Trainingsziel und motiviert dich zu weiteren Fortschritten!

Die Deutsche Reiterliche Vereinigung e.V. (FN) bietet für den Voltigiersport unterschiedlich abgestufte Abzeichen an – passend zum persönlichen Leistungsstand der Voltigierer. Ziel aller Voltigierabzeichen ist es, eine fachgerechte Ausbildung zu fördern und **Motivations- und Leistungsanreize** zu setzen.

Wichtig

- *Achte darauf, dass du immer die neueste Auflage der APO, LPO und des Aufgabenheftes Voltigieren sowie der „Richtlinien Band 3, Voltigieren" verwendest und auch über die neuesten Bekanntmachungen der FN informiert bist.*

Dieses Buch ist das offizielle Prüfungslehrbuch der FN für alle Abzeichen im Voltigiersport. Es hilft dir, dich optimal auf dein angestrebtes Ziel vorzubereiten! Lerne die Antworten für die Prüfung nicht stur auswendig, ohne diese wirklich verstanden zu haben. Sonst weißt du nicht weiter, wenn dir eine Frage einmal etwas anders gestellt wird. Wichtiger ist, dass du dein Wissen und Können auch in der Praxis anwenden kannst und nicht den ganzen Stoff gleich nach der Prüfung wieder vergisst!

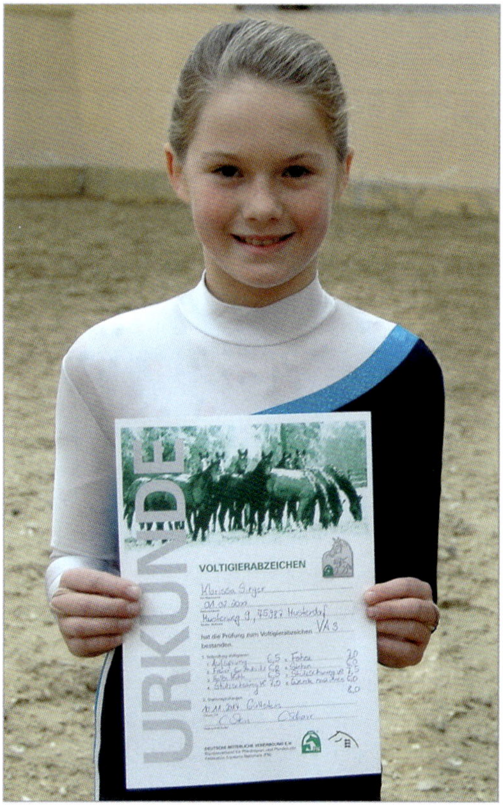

Bei jeder Abzeichenprüfung ist allein deine eigene Leistung ausschlaggebend. Dabei spielt es keine Rolle, ob du schon an breitensportlichen Veranstaltungen oder Turnieren teilgenommen hast. Wenn du eine Prüfung geschafft hast, wird dir sichtbar bestätigt, dass du über ein gewisses Maß an Können und Wissen im Voltigieren und in der Pferdekunde verfügst. Nicht nur deine Eltern und dein Ausbilder werden sich über deinen Erfolg freuen, auch dein Verein wird stolz auf dich und alle Voltigierer sein, die eine Abzeichenprüfung erfolgreich gemeistert haben!

Die Voltigierabzeichen (VA)

1.1 Für den Nachwuchs – die Einstiegsabzeichen VA 10, VA 9 und VA 7

Diese **Einstiegsprüfungen** bieten dir die erste Möglichkeit, dein Wissen und Können im Umgang mit dem Pferd unter Beweis zu stellen. Zusätzlich werden deine sportlichen Leistungen auf dem Pferd beurteilt.

- Die Anforderungen steigern sich im Schwierigkeitsgrad vom VA 10 zum VA 7.
- Es werden **keine Wertnoten** vergeben. Am Ende der Prüfung lautet das Ergebnis „bestanden" oder „nicht bestanden".
- **Du darfst selbst entscheiden, mit welchem der genannten Einstiegsabzeichen du beginnen möchtest.** Da die Abzeichen aufeinander aufbauen, empfehlen wir dir jedoch, diese Stufe für Stufe abzulegen.

Die FN bietet für Einsteiger drei verschiedene Voltigierabzeichen an:

Das Voltigierabzeichen 10	**(VA 10)**
Das Voltigierabzeichen 9	**(VA 9)**
Das Voltigierabzeichen 7	**(VA 7)**

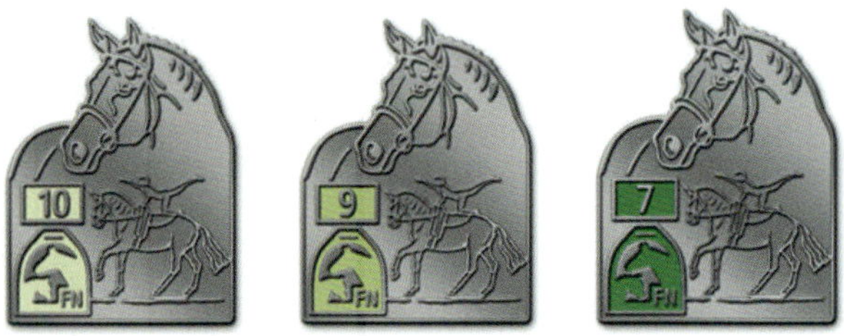

Die Abzeichenstufen der RA 8 und 6 werden nur im Reitsport angeboten, aber nicht für das Voltigieren.

Die Einstiegsabzeichen VA 10, VA 9 und VA 7 sollen ein Ansporn für das weitere Training sein und können deshalb **jährlich neu** in Form von **Sonderprüfungen** abgelegt werden. Bei erfolgreicher Teilnahme erhältst du im Anschluss an die Prüfung ein Abzeichen als Anstecker und eine Urkunde. Sollte ein Abzeichen nicht auf Anhieb klappen, darfst du die gesamte Prüfung zum nächsten Termin wiederholen. Wir empfehlen dir aber, mindestens **drei Monate zu warten**. Dann hast du genügend Zeit, noch einmal kräftig zu üben und dich weiter zu verbessern!

Was musst du über die Prüfungen wissen?

Die Einstiegsabzeichen können ohne Altersbeschränkungen erworben werden. Du musst auch nicht Mitglied in einem Pferdesportverein sein.

Alle Teilprüfungen müssen **an einem Tag abgelegt** werden. Den Prüfungsablauf kannst du in Kapitel 9.2 nachlesen.

- Vor der Prüfung musst du an einem entsprechenden **Vorbereitungslehrgang** teilnehmen.
- Alle Teilnehmer sollen sportgerecht und innerhalb ihrer Gruppe möglichst einheitlich gekleidet sein (mehr dazu in Kapitel 5.7).
- Jeder Longenführer kann selbst entscheiden, ob die Voltigierübungen auf der linken oder auf der rechten Hand gezeigt werden.
- Die Inhalte der Teilprüfungen stehen in der Übersicht auf der folgenden Doppelseite. In Kapitel 2 werden die Übungen für die Teilprüfung Voltigieren erklärt.

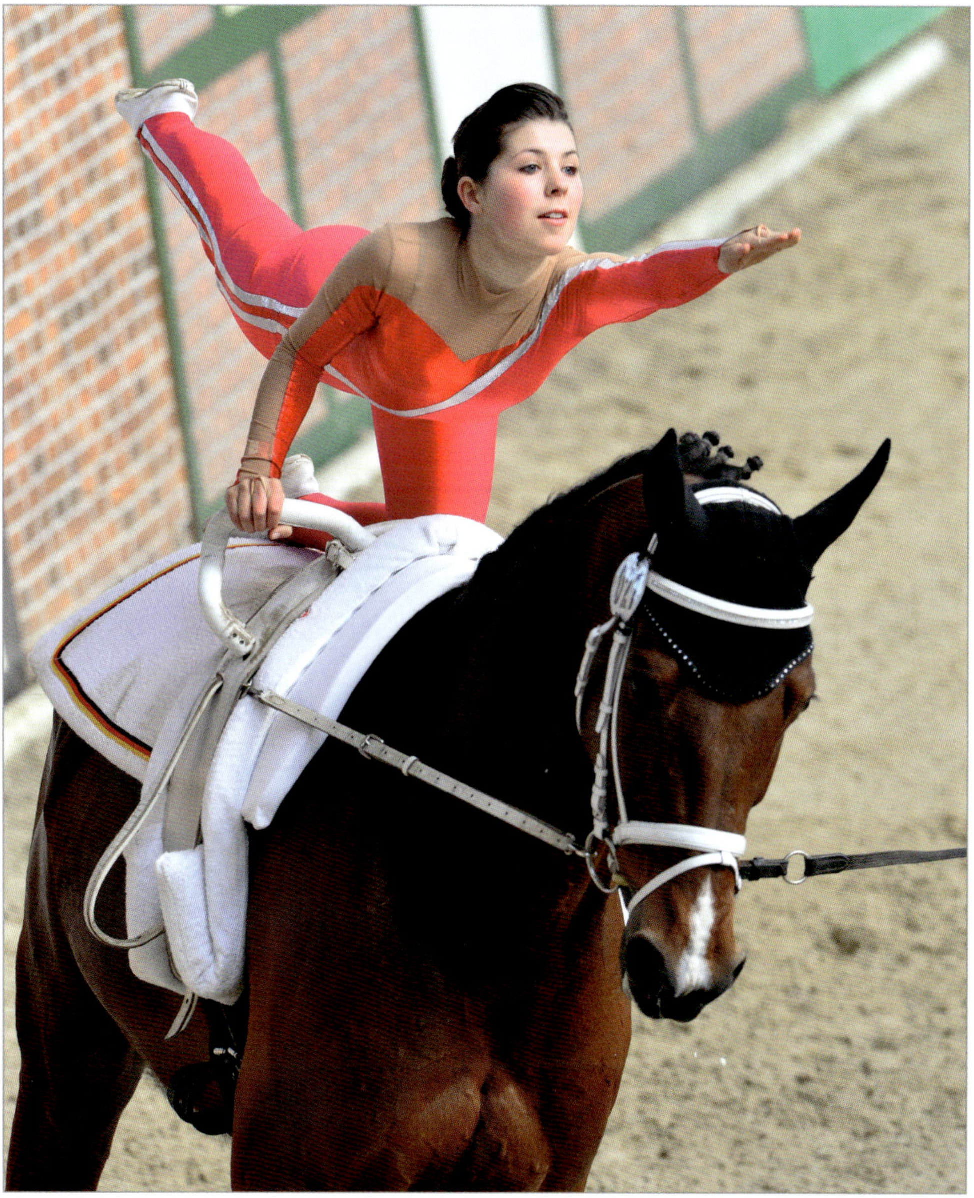

Im Überblick: Die Voltigierabzeichen VA 10, VA 9 und VA 7 gemäß APO 2026

<table>
<tr><th></th><th colspan="2">Teilprüfung Voltigieren*</th></tr>
<tr><td>VA 10
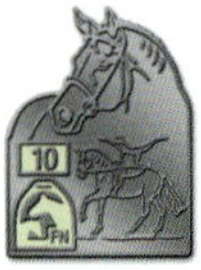</td><td>Voltigieren
• im Takt mittraben oder mitgaloppieren
• Aufsprung mit Hilfestellung im Schritt
• Abgang nach innen mit Landung und Auslaufen in Bewegungsrichtung
• vier Übungen im Schritt aus dem Übungskatalog, siehe rechts
• eine Doppelübung im Schritt nach Wahl</td><td rowspan="3">Übungskatalog
• Grundsitz vorwärts angefasst oder frei
• Rückwärtssitz angefasst oder frei
• Sitzen vor dem Gurt vorwärts oder rückwärts
• Seitsitz innen oder außen angefasst
• Quersitz innen oder außen, eine Hand frei
• Schneidersitz vorwärts oder rückwärts, angefasst oder frei
• Umsteiger im Sitzen
• Bank vorlings oder rücklings
• Bank vorlings, innere Hand auf dem Rücken des Voltigierers
• freies Knien vorwärts oder rückwärts
• Lieger vorwärts oder seitwärts
• Liegestütz vorwärts
• Standwaage auf dem Pferderücken vorwärts oder rückwärts oder seitwärts, angefasst oder frei
• Standwaage in der Schlaufe vorwärts oder rückwärts oder seitwärts, angefasst oder frei

„Freie“ Armhaltung bedeutet, dass jeweils ganz beliebige Armhaltungen und -bewegungen möglich sind.</td></tr>
<tr><td>VA 9
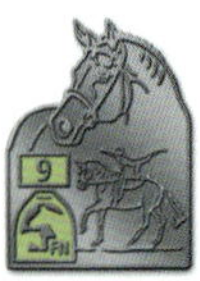</td><td>Voltigieren
• im Takt mittraben oder mitgaloppieren
• Aufsprung mit Hilfestellung im Schritt
• Abgang nach innen mit Landung und Auslaufen in Bewegungsrichtung
• zwei Übungen aus dem Übungskatalog rechts im Galopp und vier Übungen im Schritt
• eine Doppelübung im Schritt nach Wahl</td></tr>
<tr><td>VA 7
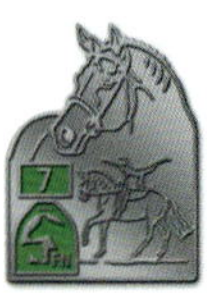</td><td>Voltigieren
• im Takt mittraben oder mitgaloppieren
• Aufsprung mit Hilfestellung im Schritt oder Galopp
• Abgang nach innen mit Landung und Auslaufen in Bewegungsrichtung
• fünf Übungen aus dem Übungskatalog rechts im Galopp
• eine Doppelübung im Schritt nach Wahl</td></tr>
<tr><td>Hinweis</td><td colspan="2">* siehe Merkblatt für Lehrgangsleiter und Prüfer – Abzeichen Voltigieren 2025.
Hier herunterladen:
https://www.pferd-aktuell.de/shop/merkblatt-fur-lehrgangsleiter-und-prufer-voltigierabzeichen-download.html</td></tr>
</table>

<table>
<tr><th colspan="3">Stationsprüfungen</th></tr>
<tr>
<td>Station 1
Umgang mit dem Pferd
• Führen, Anbinden, Passieren anderer Pferde, Sicherheit auf der Stallgasse
• Pferdepflege: z.B. Putzen mit Striegel und Kardätsche, Huf- und Schweifpflege, Versorgen des Pferdes nach der Arbeit
• Mithilfe beim Zäumen und beim Gurten
• Bezeichnung der wichtigsten Putz- und Ausrüstungsgegenstände, Lederpflege

Voltigierlehre
• Grundkenntnisse über Voltigierübungen und Bahnordnung (siehe Kapitel 5 bzw. Voltigieren, Richtlinien für Reiten und Fahren, Band 3)</td>
<td>Station 2
Theorie
• Grundbedürfnisse des Pferdes; Grundlagen des Pferdeverhaltens, des Umgangs mit dem Pferd, der Ethischen Grundsätze (1 x 9 der Pferdefreunde)
• Grundlagen der Pferdehaltung, Fütterung, des Tierschutzes und der Unfallverhütung</td>
<td>Station 3
nicht erforderlich</td>
</tr>
<tr>
<td>Station 1
Umgang mit dem Pferd
• Führen, Anbinden, Passieren anderer Pferde, Sicherheit auf der Stallgasse
• Pferdepflege: z.B. Putzen mit Striegel und Kardätsche, Huf- und Schweifpflege, Versorgen des Pferdes nach der Arbeit
• Bezeichnung der wichtigsten Putz- und Ausrüstungsgegenstände, Lederpflege
• Grundkenntnisse auf dem Gebiet der Pferdehaltung, Fütterung, des Tierschutzes und der Unfallverhütung</td>
<td>Station 2
Theorie
• Grundlagen des Pferdeverhaltens, des Umgangs mit dem Pferd, der Ethischen Grundsätze (1 x 9 der Pferdefreunde)</td>
<td>Station 3
Theorie
• Voltigierlehre: Grundkenntnisse über Voltigierübungen (Pflicht, Kür) und Bahnordnung</td>
</tr>
</table>

1.2 Der nächste Schritt: Pferdeführerschein Umgang

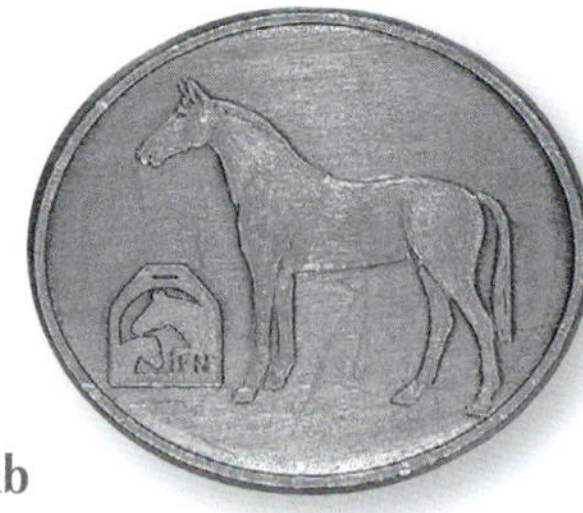

Bevor du das nächste Voltigierabzeichen, das **VA 5** erwerben kannst, musst du die Prüfung zum Pferdeführerschein Umgang abgelegt haben. Es sei denn, du besitzt bereits die beiden Reit- oder Fahrabzeichen der Stufen 7 und 6. Der Pferdeführerschein Umgang bildet die **Grundlage für alle weiterführenden Leistungsabzeichen ab VA 5** – unabhängig davon, ob man anschließend ein Reit-, Fahr-, Longier- oder Voltigierabzeichen oder ein Abzeichen im Westernreiten erwerben möchte. Beim Pferdeführerschein Umgang gibt es ebenfalls keine Altersbeschränkung. Vor der Prüfung muss ein entsprechender **Vorbereitungslehrgang** absolviert werden. Diese Prüfung kann auch von interessierten Pferdefreunden, die selbst nicht reiten oder voltigieren, zum Beispiel von den Eltern der Voltigierer, abgelegt werden.

Der Pferdeführerschein Umgang besteht aus **vier Stationsprüfungen** die an einem Tag abzulegen sind. Dabei sollten für Kinder idealerweise Ponys oder Kleinpferde zur Verfügung stehen. Die Prüfung kann auch unmittelbar vor der Prüfung zum **Voltigierabzeichen 5** abgelegt werden. Einzelheiten zum Prüfungsablauf kannst du in Kapitel 9.2 nachlesen.

Bei der Prüfung für den Pferdeführerschein Umgang geht es nicht um das Voltigieren, sondern um das **Grundlagenwissen rund um das Pferd**. Wenn du den Pferdeführerschein Umgang in der Tasche hast, wird dir offiziell von der FN bescheinigt, dass du wichtige Grundfertigkeiten im Umgang mit Pferden und Grundkenntnisse über deren Bedürfnisse, Haltung und Pflege besitzt. Detaillierte Informationen zum Prüfungswissen findest du im FN-Lehrbuch *Pferdeführerschein Umgang mit dem Pferd*.

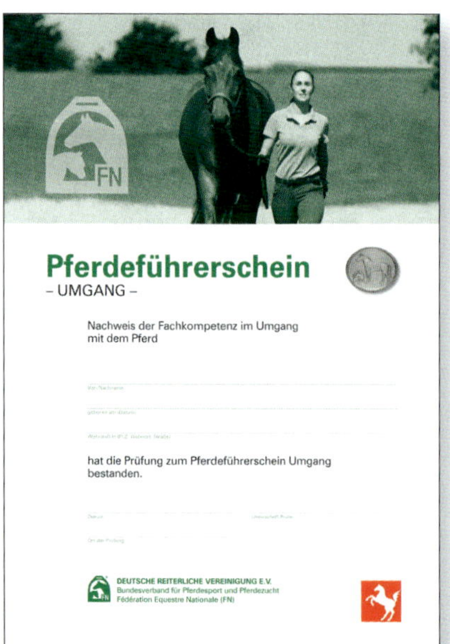

Wer hat bestanden?

Wertnoten werden beim Pferdeführerschein Umgang nicht vergeben, das Resultat lautet wie bei den ersten Voltigierabzeichen entweder „bestanden" oder „nicht bestanden". Sollte es mit dem Bestehen nicht sofort klappen, kannst du die gesamte Prüfung gleich bei der nächsten Gelegenheit wiederholen. Aber keine Sorge! Mit der richtigen Vorbereitung wirst du es bestimmt auf Anhieb schaffen. Nach bestandener Prüfung wird dir von der Prüfungskommission im Auftrag der FN das Abzeichen und die Urkunde für den Pferdeführerschein Umgang überreicht.

Im Überblick: Der Pferdeführerschein Umgang gemäß APO 2026

Es werden folgende Anforderungen gestellt (siehe Kapitel 6):

1. **Erster Kontakt und Pferdepflege**
   - Ansprechen und Annähern an das Pferd, Aufhalftern, aus der Box holen
   - Halten an einem vorgegebenen Punkt, Anbinden, das angebundene Pferd zur Seite weichen lassen, Passieren anderer Pferde
   - Pferdepflege einschließlich Anlegen von Beinschutz, Ausrüsten des Pferdes einschließlich Aufzäumen

2. **Pferdeverhalten und verhaltensgerechter Umgang mit dem Pferd einschließlich Haltung, Fütterung und Gesundheit**
   - Bedürfnisse des Pferdes
   - Haltungsformen, Stallklima, Stalleinrichtung, Auslauf und Weide, Stallhygiene, Box- und Paddockpflege
   - Identifizieren von Pferden mittels Farbe, Geschlecht, Abzeichen und Brandzeichen
   - Grundlagen der Pferdegesundheit, der Anatomie, der Pferdefütterung,
   - Kenntnisse über Impfungen, Wurmkuren, Erste-Hilfe-Maßnahmen
   - Sicherheitsaspekte und Unfallverhütung, einschlägige Bestimmungen des Tierschutzgesetzes

3. **Praktischer Umgang mit dem Pferd, Bodenarbeit, Führen im eingezäunten Bereich**
   - Dreiecksvorführung
   - Geradeaus-Führen von beiden Seiten, Gangmaßwechsel im Schritt, Slalom, Traben auf gerader Linie, Rückwärtsrichten
   - Sicherheitsaspekte und Unfallverhütung

4. **Praktischer Umgang mit dem Pferd in Alltagssituationen, Führen im öffentlichen Raum**
   (Je nach Pferd und Situation ist vom Lehrgangsleiter zu entscheiden, ob insbesondere Kinder dabei sicherheitshalber durch eine erfahrene Person begleitet werden.)
   - Mithilfe/Grundsätze/Sicherheit beim Verladen/Transportieren
   - Führen des Pferdes zur Weide, Entlassen des Pferdes auf die Weide oder den Paddock
   - Führen in Alltagssituationen aus dem öffentlichen Raum.
   - Sicherheitsaspekte und Unfallverhütung

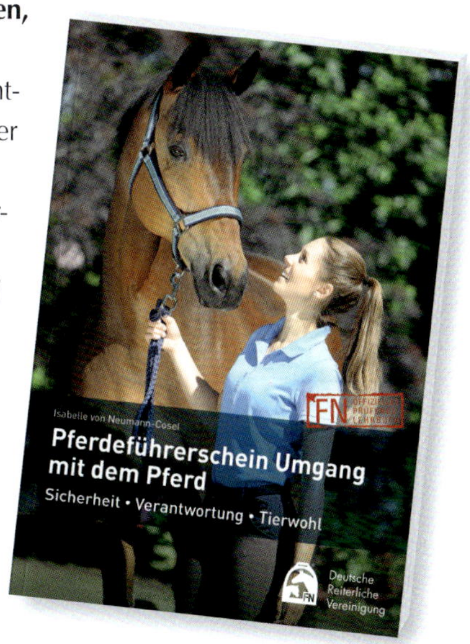

1.3 Für Fortgeschrittene – die Leistungsabzeichen VA 5 bis VA 1

Die FN bietet den Voltigierern je nach Ausbildungsstand verschiedene Voltigierabzeichen im Galopp als Auszeichnung an. Die Voltigierabzeichen der VA 5 bis VA 1 sind Leistungsabzeichen, bei denen die praktischen und theoretischen Fähigkeiten der Voltigierer überprüft werden. Sie bauen aufeinander auf, sodass du deine Kenntnisse mehrmals entsprechend deinen Fortschritten beurteilen lassen kannst. Alle Abzeichenprüfungen sind Sonderprüfungen. Sie können nicht auf einem Voltigierturnier abgelegt werden.
Das Voltigierabzeichen in Gold ist eine ganz besondere Auszeichnung, das nur aufgrund von Erfolgen im Turniersport verliehen wird.

Prüfung Voltigierabzeichen 5 (VA 5)
Prüfung Voltigierabzeichen 4 (VA 4)
Prüfung Voltigierabzeichen 3 (VA 3)
Prüfung Voltigierabzeichen 2 (VA 2)
Prüfung Voltigierabzeichen 1 (VA 1)

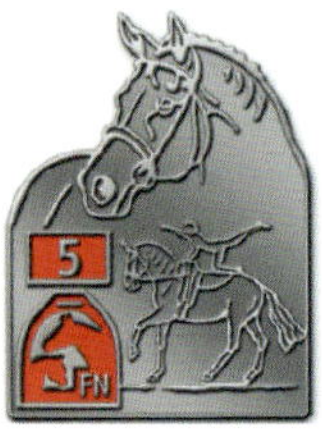

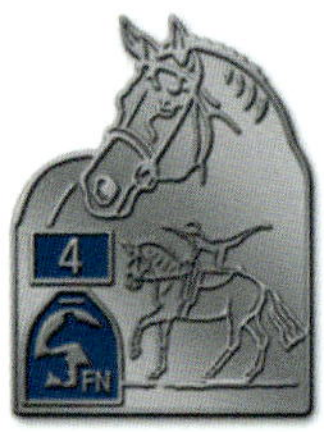

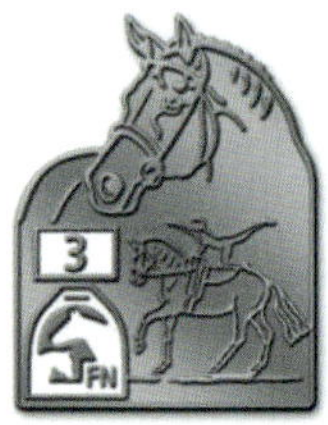

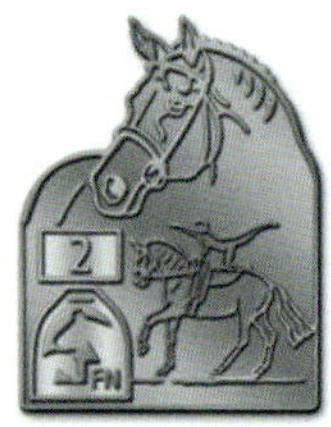

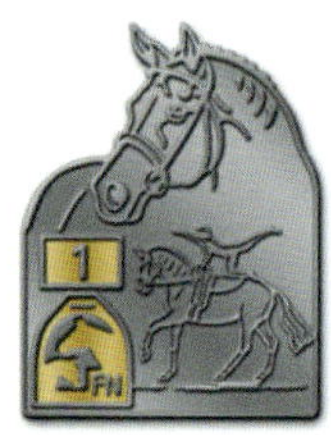

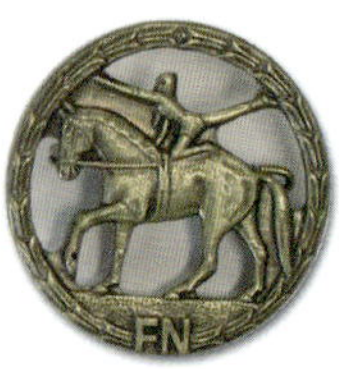

Voltigierabzeichen in Gold

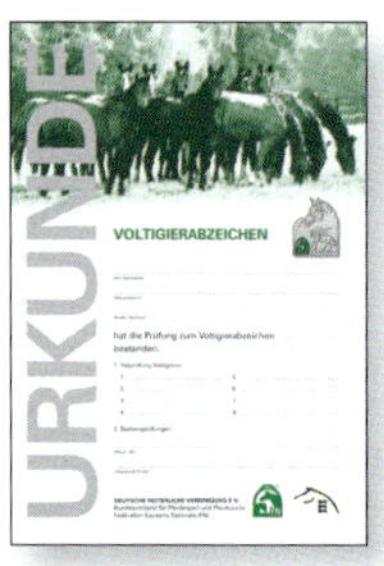

Wer kann die Voltigierabzeichen erwerben?

Jeder Voltigierer kann jedes Voltigierabzeichen ohne Altersbeschränkung jährlich neu erwerben, sofern er die in Kapitel 9.2 aufgeführten Voraussetzungen erfüllt.

Was musst du über die Voltigierabzeichen VA 5 bis VA 1 wissen?

- Die in der Prüfung vorgestellten **Pferde müssen mindestens 6 Jahre alt sein** und den Anforderungen der entsprechenden Prüfung genügen.
- Die **APO** verlangt für die Voltigierabzeichen theoretische und praktische Kenntnisse im Voltigieren und der Pferdekunde. Alle VA-Prüfungen bestehen aus **zwei Teilprüfungen**, die an einem Tag beziehungsweise an zwei aufeinander folgenden Tagen abgelegt werden. Alle Prüfungsanforderungen sind am Ende dieses Kapitels übersichtlich dargestellt.
- Die Anforderungen für den praktischen Teil der Abzeichen sind im jeweils **gültigen Aufgabenheft Voltigieren** aufgeführt.

- Alle Voltigierübungen müssen an einem Tag **im Galopp** gezeigt werden.
- Bei allen Voltigierabzeichenprüfungen dürfen **ganze, halbe und Zehntelnoten** vergeben werden.
- Zwei Übungen beim VA 5 und VA 4 beziehungsweise eine Übung ab dem VA 3 dürfen auf Weisung der Richter am Ende der Prüfung **einmal wiederholt** werden.
- Bestehst du eine Teilprüfung nicht, musst du die ganze Prüfung wiederholen.

Wozu wird ein Voltigierabzeichen laut APO gebraucht?

Ab dem VA 4 bildet der Besitz des vorausgehenden Voltigierabzeichens eine Voraussetzung für den Erwerb des nächsthöheren VA.

Neben den eigenen sportlichen Fortschritten sind die Leistungsabzeichen auch für den Einstieg in die Trainer- und Richterlaufbahn von Bedeutung. Je nach angestrebtem Ausbildungsziel verlangt die FN als Zulassungsvoraussetzung verschiedene Leistungsabzeichen, die in der APO festgelegt sind.

Wichtig

- *Für die Ausbildung zum Voltigierrichter und -trainer werden verschiedene Voltigierabzeichen oder andere Pferdesportabzeichen laut APO vorausgesetzt (siehe oben). Wer schon in jungen Jahren weiß, dass er später diese Ausbildungswege einschlagen möchte, darf nicht versäumen, die erforderlichen Voltigierabzeichen rechtzeitig abzulegen.*

Wer kann das Voltigierabzeichen in Gold erhalten?

Das Voltigierabzeichen in Gold verleiht die FN nur an **Einzelvoltigierer**, die bei Turnierstarts seit dem 1. Januar 2005 **zehnmal die Wertnote 8,0 oder höher** erreicht haben. Gewertet werden Leistungen im In- und Ausland, jedoch bei internationalen Turnieren nur, wenn die Nennung durch die FN erfolgt ist. Für ausländische Voltigierer werden nur Leistungen anerkannt, die im Bereich der deutschen FN errungen wurden.

Doppel- und Gruppenvoltigierer können dieses Abzeichen ebenfalls beantragen, wenn sie seit dem 1. Januar 2005 zwei Platzierungen an 1. bis 3. Stelle bei einem internationalen Championat (Europa- und Weltmeisterschaft) und/oder mindestens vier Platzierungen an 1. bis 3. Stelle bei einem CVI3* (bis einschließlich 2011 CVI2*) beziehungsweise CVIJ2* und/oder DM/DJM Voltigieren nachweisen können.

Ab 2026 wird das **Kombinierte Goldene Voltigierabzeichen** eingeführt. Voltigierern die bestimmte Erfolge im Einzel-, Doppel- und/ oder Gruppenvoltigieren errungen haben, wird dieses Abzeichen verliehen. Dazu zählen sowohl für Junioren und / oder Senioren die in der APO verlangten Erfolge bei Europa- und / oder Weltmeisterschaften, internationalen Turnieren (CVIs) und Deutschen Meisterschaften/Deutschen Juniorenmeisterschaften Voltigieren.

Merke dir

- Jeder Voltigierer, der die erforderlichen Qualifikationen erfüllt, muss das Voltigierabzeichen in Gold mit dem gleichzeitigen Nachweis seiner Erfolge bei seinem Landesverband beziehungsweise seiner Landeskommission oder direkt bei der FN beantragen.

Im Überblick: Die Voltigierabzeichen VA 5 bis VA 1 gemäß APO 2026

Abzeichen	VA 5	VA 4
Praxis	**E-Pflicht***	**A-Pflicht*** Der Aufsprung wird nicht bewertet.
* Pflichtübungen für Voltigiergruppen laut **aktuellem Aufgabenheft Voltigieren** auf dem galoppiere Voltigierlehre gemäß den Anforderungen der geturnten Klasse		
Stationsprüfungen	**Station 1** Kenntnisse zum Einstieg in den Turniersport (Anforderungen der Klasse E, Hauptkriterien der E-Pflicht) **Station 2** Ausrüstung der Voltigierer und des Pferdes, Ablauf der Voltigierstunde und Verhalten im Voltigierunterricht, Sicherheit und Hilfestellung **Station 3** Bodenarbeit: Training mit Stangen (z.B. Halten über der Stange, Stangenlabyrinth) und Gespräch bezüglich Pferdeverhalten und Natur des Pferdes	**Station 1** Kenntnisse zum Einstieg in den Turniersport (Anforderungen der Klasse A, Hauptkriterien der A-Pflicht) **Station 2** Ausrüstung der Voltigierer und des Pferdes, Ablauf der Voltigierstunde und Verhalten im Voltigierunterricht, Sicherheit und Hilfestellung **Station 3** Bodenarbeit: Vormustern analog Verfassungsprüfung und Gespräch bezüglich Pferdeverhalten und Natur des Pferdes
Ergebnis	Mindestnote 5,0 bei allen Übungen	Mindestnote 5,0 bei allen Übungen
Ergebnis Stationsprüfungen	„bestanden“ oder „nicht bestanden“	„bestanden“ oder „nicht bestanden“
Wiederholung möglich, wenn	eine oder zwei Übungen unter 5,0	eine oder zwei Übungen unter 5,0

VA 3	VA 2	VA 1
L-Pflicht (Gruppe)*	**M-Pflicht (Gruppe)***	**S-Pflicht (Gruppe)***
d und anschließendes Prüfungsgespräch mit Bezug auf das eigene Voltigieren und die		
Station 1 erweiterte Kenntnisse über den Umgang mit dem Pferd, Pferdepflege, Ausrüstung, Pferdehaltung und Fütterung, Tierschutzgesetz einschließlich Transport **Station 2** Kenntnisse über den Ablauf einer Voltigierstunde, über Sicherheit und Hilfestellung, Anforderungen der Klasse L, Hauptkriterien der L-Pflicht	**Station 1** Kenntnisse zu Ausrüstung, Einsatz und Belastung eines Voltigierpferdes **Station 2** Verhaltens-/Ehrenkodex im Pferdesport **Station 3** Kenntnisse über die körperlichen Anforderungen und spezielle Gymnastik, Technik und Ausführung der Voltigierübungen; Anforderungen für Einzel- und Gruppenvoltigieren der Klassen M und S, Hauptkriterien der einzelnen Pflichtübungen	**Station 1** Kenntnisse über Turnieranforderungen für Einzel-, Doppel- und Gruppenvoltigieren; Veterinärkunde **Station 2** Technik und Ausführung der Voltigierübungen (Pflicht und Kür) sowie körperliche Anforderungen und spezielle Gymnastik
Mindestnote 5,0 bei allen Übungen	Durchschnittsnote 6,5 bei den Übungen, dabei keine Note unter 5,0,	Durchschnittsnote 7,5 bei den Übungen, dabei keine Note unter 5,0,
„bestanden" oder „nicht bestanden"	„bestanden" oder „nicht bestanden"	„bestanden" oder „nicht bestanden"
eine Übung unter 5,0	eine Übung falls Durchschnitt unter 6,5	eine Übung falls Durchschnitt unter 7,5

Die praktische Prüfung im Voltigieren: VA 10, VA 9 und VA 7

2.1 Das musst du für die praktische Prüfung können

Im praktischen Teil der Voltigierabzeichenprüfung musst du dein **Voltigierkönnen auf dem Pferd** beweisen. In diesem Kapitel erfährst du, nach welchen Kriterien die einzelnen Voltigierübungen beurteilt werden. Fragen zum praktischen Voltigieren können dir auch in der Theorieprüfung gestellt werden.

Das musst du für die Einstiegsabzeichen können

- Für das **VA 10** musst du vier Übungen auf der linken oder rechten Hand im Schritt zeigen. Die Übungen wählst du aus dem Übungskatalog im Kapitel 1.1 selbst aus. Zusätzlich zeigst du mit einem anderen Voltigierer eine zu deinem Leistungsstand passende Doppelübung im Schritt (siehe Beispiele S. 25).

- Für das **VA 9** wählst du sechs Übungen aus dem Übungskatalog aus, davon zwei Übungen im Galopp und vier Übungen im Schritt auf der linken oder rechten Hand. Zusätzlich zeigst du mit einem anderen Voltigierer eine zu deinem Leistungsstand passende Doppelübung im Schritt.

- Für das **VA 7** wählst du fünf Übungen aus dem Übungskatalog aus, die du alle im Galopp auf der linken oder rechten Hand zeigst. Dazu kommt eine zu deinem Leistungsstand passende Doppelübung im Schritt.

Auf den folgenden Seiten werden dir einige Übungen zur Auswahl vorgestellt, die zum praktischen Teil der Abzeichenprüfung gehören. Wenn du mehr über den richtigen Bewegungsablauf wissen möchtest, dann kannst du in *Voltigieren, Richtlinien für Reiten, Fahren und Voltigieren, Band 3* und dem *Aufgabenheft Voltigieren* von den meisten Übungen eine genauere Beschreibung finden.
Bei diesen Voltigierabzeichen gehören folgende Grundübungen dazu:

Merke dir

- Die statischen Übungen musst du mindestens vier Galoppsprünge aushalten beziehungsweise genauso lange im Schritt zeigen.
- Führst du Übungen „frei" aus, so darfst du dir eine beliebige Armhaltung oder -bewegung aussuchen. Du kannst mit den Armen also auch schwingen, kreisen o.Ä.
- Du erhältst für deine Übungen **keine Wertnoten**. Du hast bestanden, wenn du die Übungen so zeigst, dass die Grundtechnik stimmt und die Richter die Übungen gut erkennen können. Wähle deshalb nur Übungen aus, die du auch beherrschst!

2.2 Grundübungen für die Einstiegsabzeichen

Im Takt des Pferdes mittraben oder mitgaloppieren

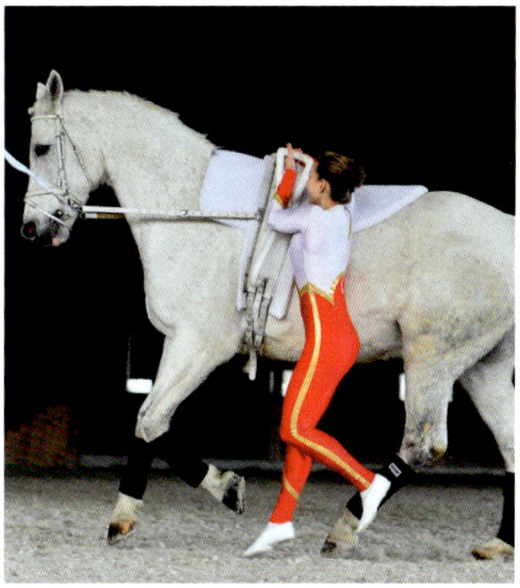

Das ist wichtig:
Damit du auf Höhe des Gurtes ankommst und mit dem Pferd im Tempo mithalten kannst, musst du zügig im Rhythmus des Pferdes an der Longe entlang anlaufen. Schaue dabei immer nach vorn und halte die Arme ruhig. Halte dich an den Griffen fest und laufe auf Gurthöhe einige Schritte mit.

Aufsprung im Schritt oder im Galopp

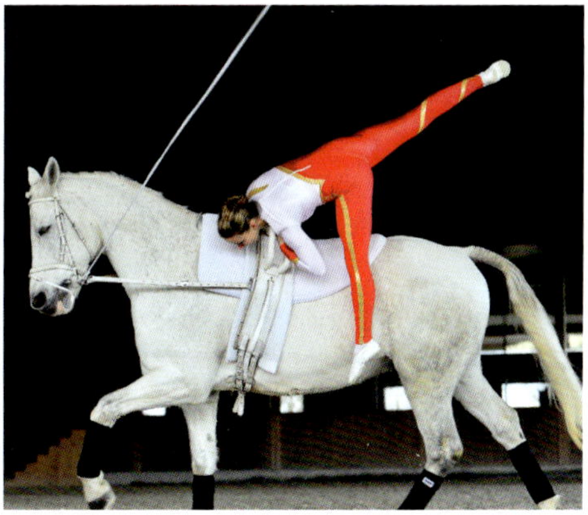

Das ist wichtig:
Blicke beim Abspringen vom Boden nach vorn und springe beidbeinig kräftig vom Boden ab, damit du genügend Höhe und Schwung bekommst. Dabei befinden sich deine Füße auf gleicher Höhe und zeigen nach vorn zur Longe. Strecke deine Beine und beuge deine Hüfte. Bringe dein Becken und dein rechtes Bein möglichst hoch über das Pferd. Sitze unmittelbar hinter dem Gurt weich ein und richte dich sofort mit dem Oberkörper auf.

Hilfestellung für den Aufsprung

Zur Schonung des Pferdes muss der Aufsprung im Schritt immer mit korrekter Hilfestellung erfolgen. Andernfalls hängen die Voltigierer mit ihrem ganzen Körpergewicht seitlich am Gurt. Außerdem wird damit vermieden, dass sich die Voltigierer eine falsche Technik angewöhnen, indem sie sich mit ihrem Oberkörper zuerst hochziehen.

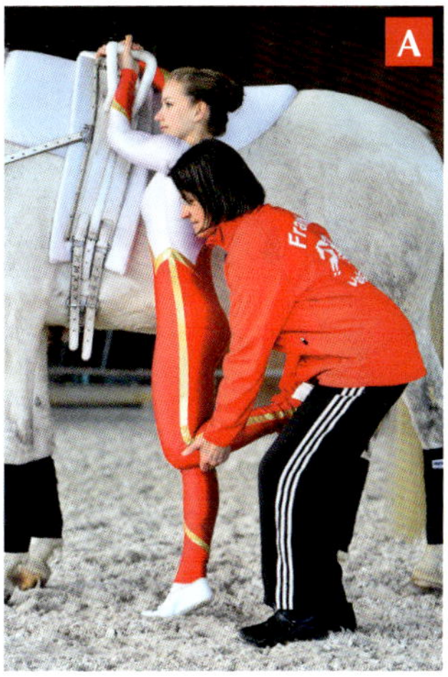

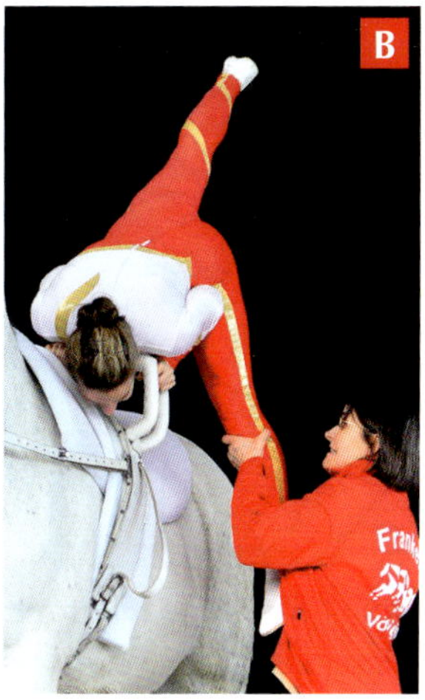

Hilfestellung mit angewinkeltem Bein (A), mit gestrecktem Bein (B).

Abgang nach innen mit Landung und Auslaufen in Bewegungsrichtung

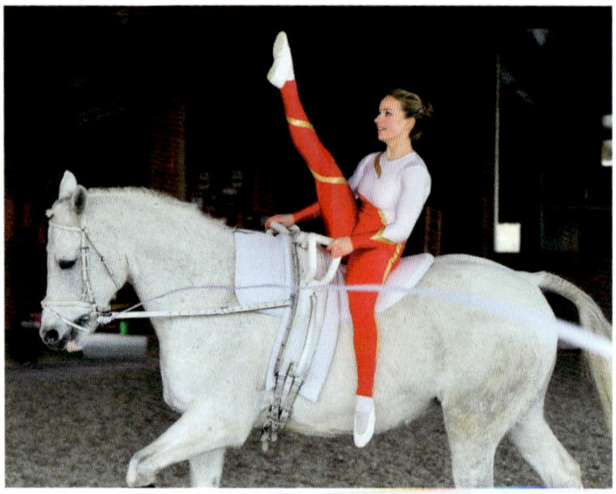

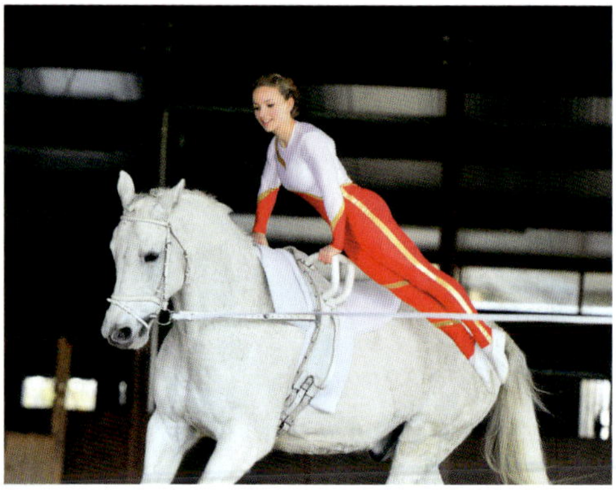

Das ist wichtig:

Ein Abgang mit korrekter Landung schont die Gelenke und vermeidet Verletzungen.
Achte beim Abdruck vom inneren Griff oder von beiden Griffen auf die Streckung und Spannung des ganzen Körpers und eine korrekte, federnde Landung auf beiden Füßen. Die Knie und Füße zeigen dabei nach vorn und sind leicht geöffnet und parallel. Laufe in die Bewegungsrichtung des Pferdes nach vorn aus.

2.3 Die Übungen aus dem Übungskatalog für die Einstiegsabzeichen

- **Grundsitz vorwärts (angefasst oder frei)** (siehe Foto S. 30)
- **Rückwärtssitz hinter dem Gurt (angefasst oder frei)** (ohne Foto)
- **Quersitz innen oder außen (eine Hand frei)** (siehe Fotos S. 31)

- **Sitzen vor dem Gurt vorwärts oder rückwärts**

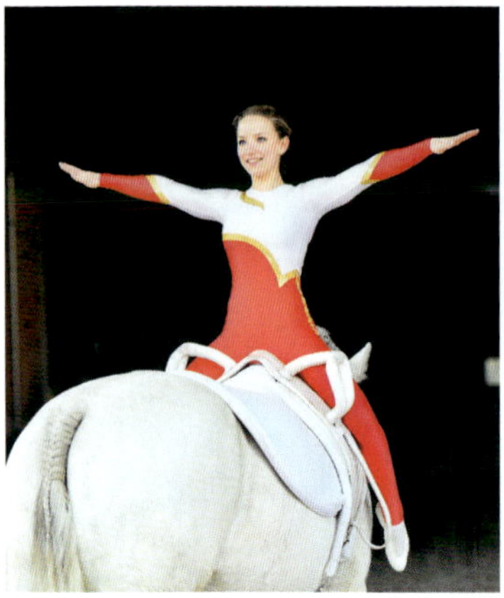

- **Schneidersitz vorwärts oder rückwärts (angefasst oder frei)**

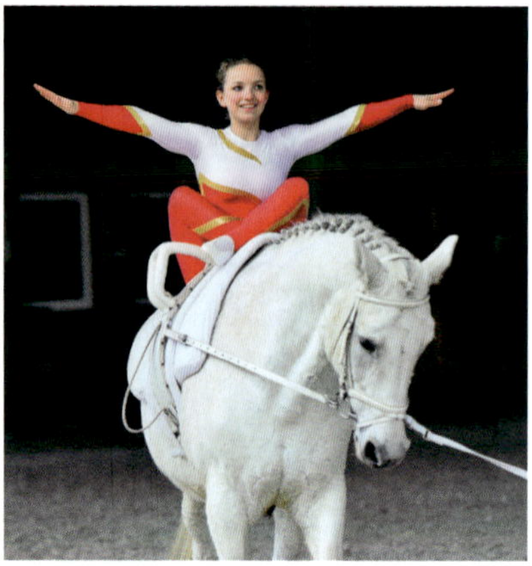

- **Seitsitz angefasst innen oder außen**

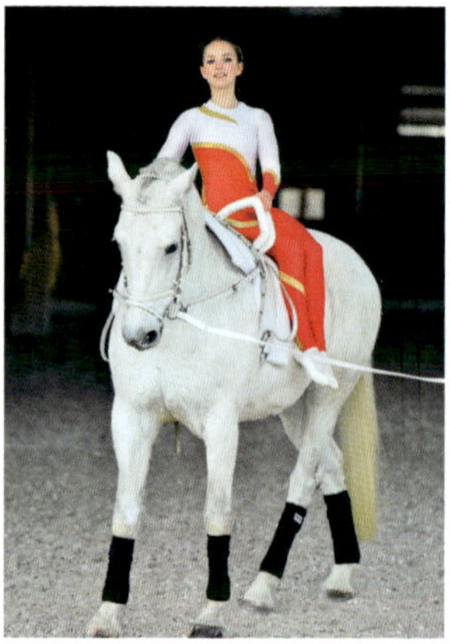

Das ist für alle Sitzübungen wichtig:

Sitze immer aufrecht und ausbalanciert nahe am Gurt auf dem ganzen Gesäß. Gehe in die Bewegung des Pferdes ein und lege beide Beine an das Pferd an. Fußschlaufen nicht benutzen!

■ **Bank vorlings**

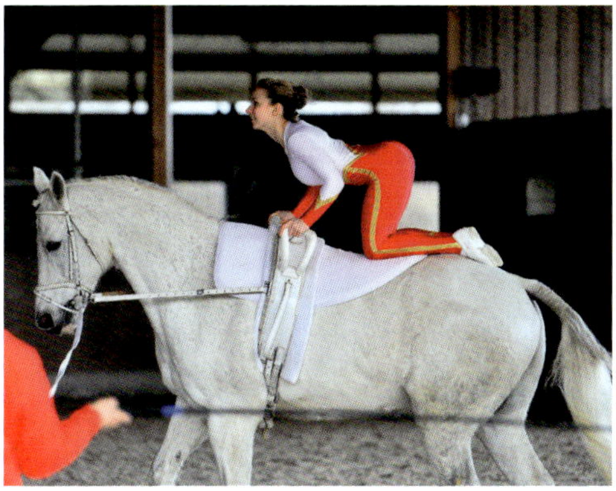

■ **Bank rücklings mit hochgespreiztem Bein**

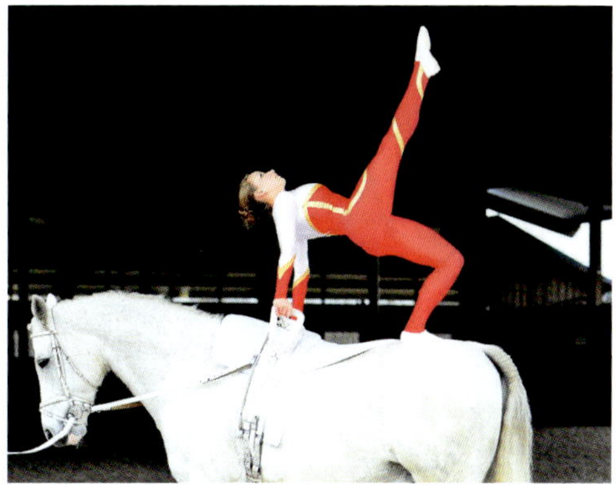

■ **Bank vorlings, innere Hand auf dem Rücken des Voltigierers** (ohne Foto)

■ **Einfache Bank rücklings** (ohne Foto)

Das ist für die Bank wichtig:
Um die Bank im Gleichgewicht und mit Körperspannung halten zu können, musst du beide Unterschenkel ganz auf dem Pferderücken auflegen und die Bewegungen des Pferdes mit den Ellbogen abfedern. Achte auf einen geraden Rücken.

■ **Freies Knien vorwärts oder rückwärts**

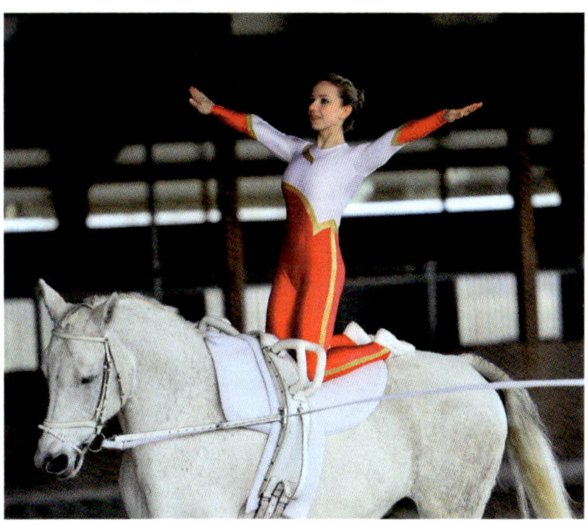

Das ist für das Knien wichtig:
Knie mit beiden Unterschenkeln und Füßen flach auf dem Pferd. Richte dich auf und achte auf eine gestreckte Hüfte.

■ **Umsteiger**

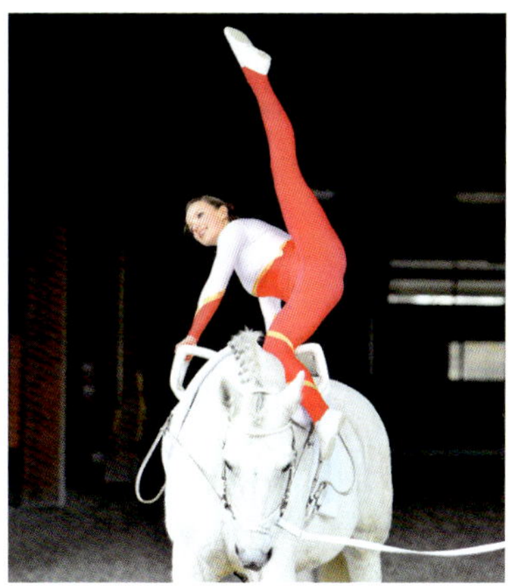

Das ist für alle Umsteiger im Sitzen wichtig:
Steige vom Pferderücken vom Vorwärts- zum Rückwärtssitz auf den Pferdehals oder umgekehrt. Stütze dich kräftig auf beide Arme ab und führe ein Bein hoch und gestreckt über das Pferd.

Liegestütz vorwärts

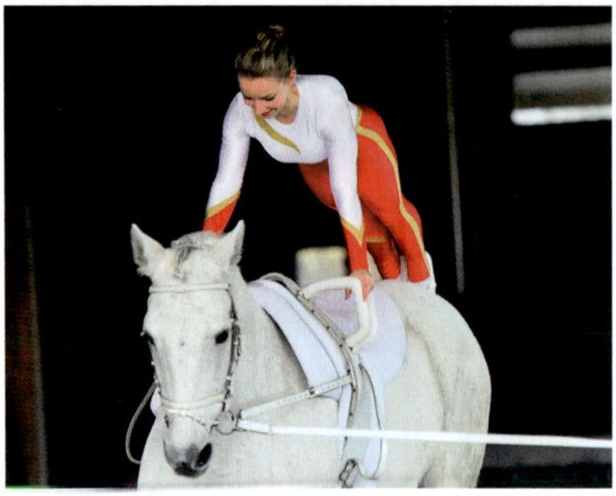

Lieger vorwärts, seitwärts oder quer

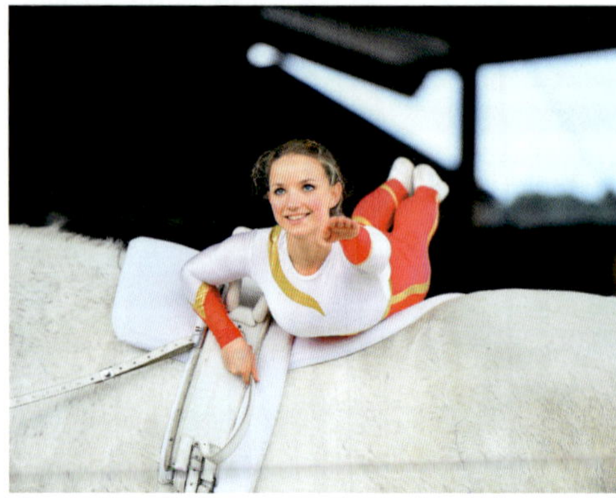

Das ist für den Liegestütz und Lieger wichtig:
Stütze dich beim Liegestütz auf die Arme und spanne den ganzen Körper. Die Ganzkörperspannung ist auch für alle anderen Lieger ganz wichtig.

Standwaage auf dem Pferderücken vor-/rück-/seitwärts (angefasst oder frei)

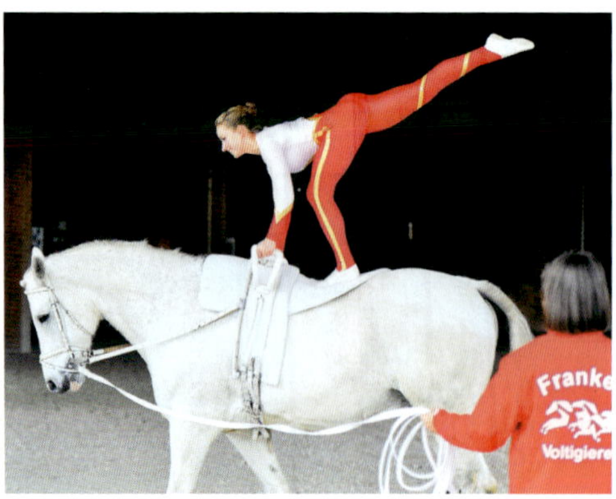

Standwaage in der Schlaufe vor-/rück-/seitwärts (angefasst oder frei)

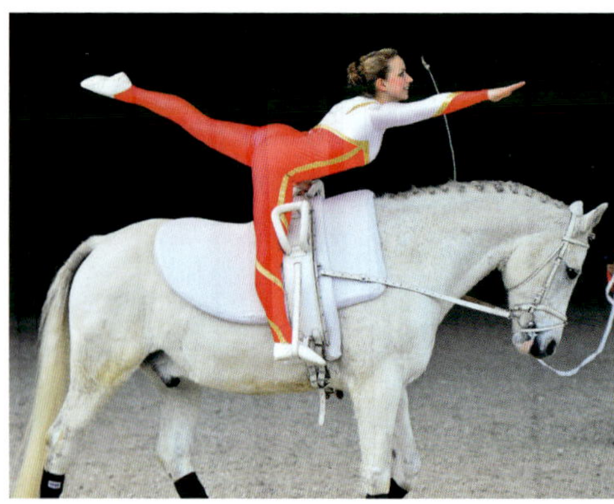

Das ist für die Standwaage wichtig:
Strecke ein Bein weit aus, ohne dich im Rücken und Schultergürtel zu verdrehen. Achte darauf, dass du ganz gespannt bleibst. Federe mit dem Standbein die Bewegungen des Pferdes ab.

2.4 Beispiele für Doppelübungen im Schritt

Hier einige Ideen für Doppelübungen, die ihr für euer Abzeichen entsprechend eures Leistungsstandes frei auswählen könnt:

- Prinzensitz und Stehen

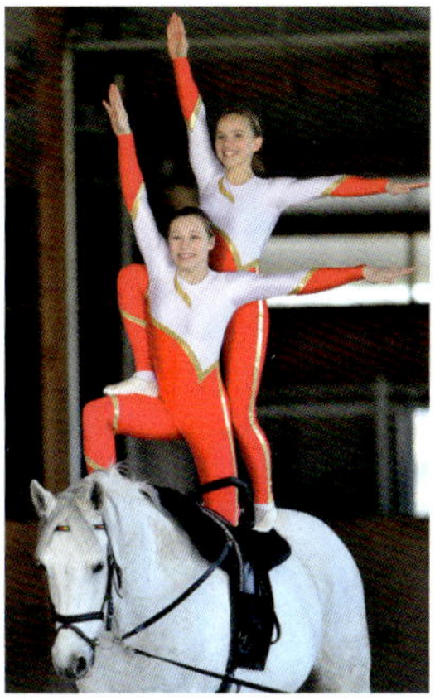

- Querlieger und Fahne

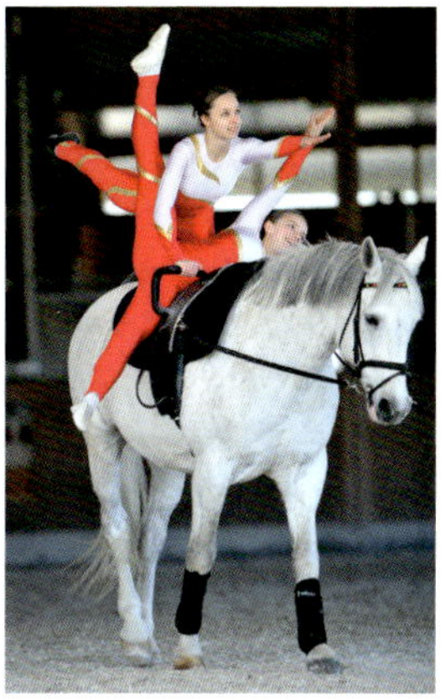

- Doppelter Schlaufenstand

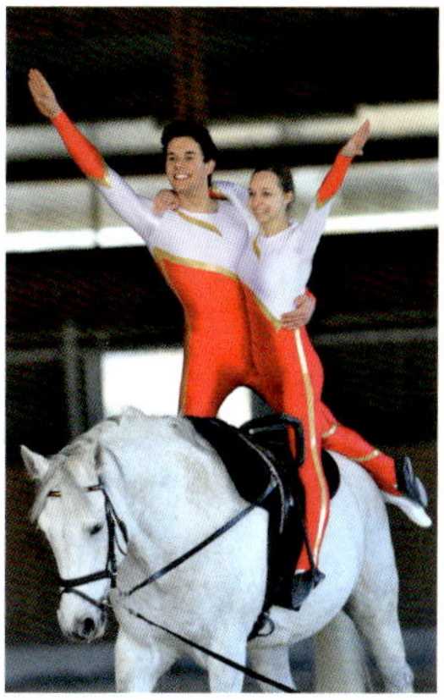

- Standwaage auf der Schulter

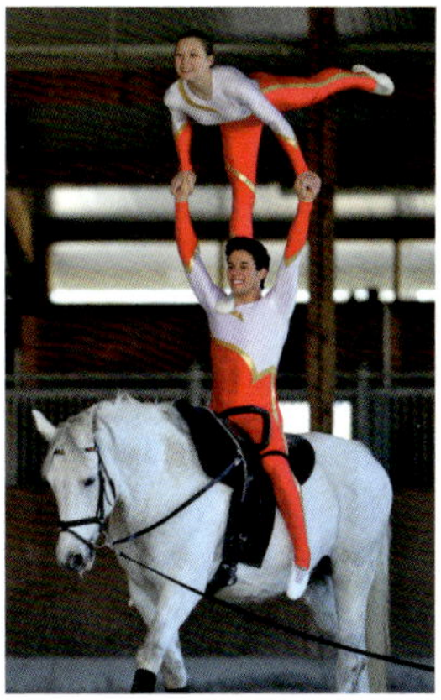

- Querlieger und Standwaage

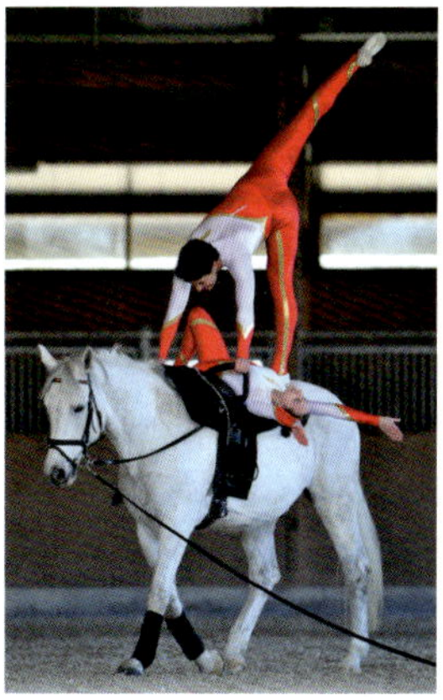

- Fahne und Standwaage

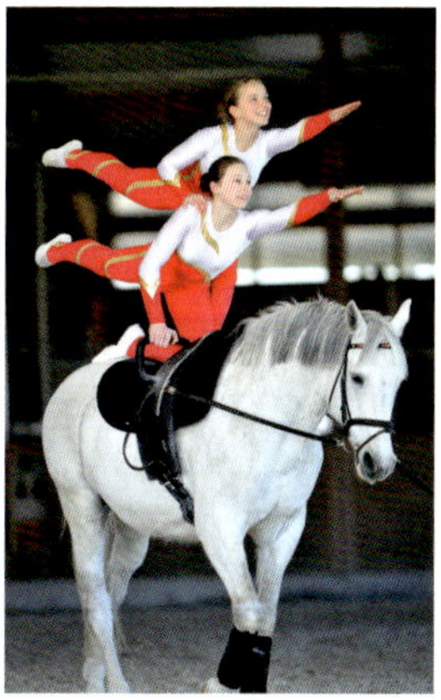

- Handstand und Knien

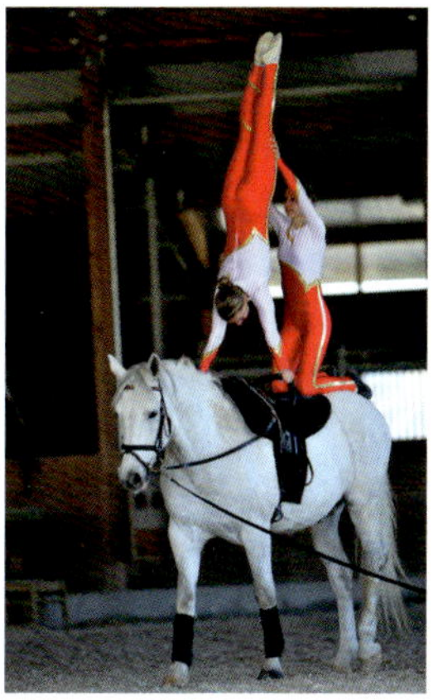

Weitere Beispiele ohne Fotos:

- Schneidersitz und Knien
- Schulterlieger
- Kniestand und Knien
- Doppelter Kniestand
- Bankfahne und Fahne
- Doppelte Bankfahne (auch gegeneinander)
- Zwei Standwaagen vorwärts in den Schlaufen

Die praktische Prüfung im Voltigieren: VA 5, VA 4, VA 3, VA 2 und VA 1

3.1 Das musst du für die Leistungsabzeichen können

Die Pflichtübungen für die verschiedenen Leistungsabzeichen sind im aktuellen *Aufgabenheft Voltigieren* im Kapitel IV aufgeführt (siehe auch Übersicht in Kapitel 1). Sowohl die korrekte Technik und Ausführung der Übungen als auch die Bewertung der einzelnen Übungen und die Abzüge sind im aktuellen Aufgabenheft zu finden (siehe auch Kapitel 5.7, S. 64). Außerdem sind die verschiedenen Übungen in *Voltigieren, Richtlinien für Reiten und Fahren, Band 3* noch genauer beschrieben.
Einen Überblick über die Anforderungen für die Voltigierabzeichen **VA 5** bis **VA 1** erhältst du in der Übersicht im Kapitel 1.3.

Wichtig

- *Schaue die Anforderungen für ein geplantes Abzeichen im **Aufgabenheft** vorher genau an, da sich die Pflichtprogramme von Jahr zu Jahr ändern können!*
  *Alle **Pflichtprogramme** dürfen im Handgalopp entweder **auf der linken oder rechten Hand** ausgeführt werden (vgl. LPO).*
  In diesem Buch sind deshalb alle Übungen von der Zirkelmitte aus gesehen beschrieben und die Positionen/Bewegungsrichtungen mit innen beziehungsweise außen bezeichnet.

- Für das **VA 5, VA 4, V 3** musst du jede Übung im Galopp im Gleichgewicht mit der richtigen Grundtechnik zeigen, um mindestens die erforderliche Wertnoten von **5,0** zu erreichen.
- Wer sich an das **VA 2** wagt, muss die richtige Technik der einzelnen Übungen schon besser beherrschen und schwierigere Übungen im Galopp zeigen können, um insgesamt die Durchschnittsnote **6,5** für die Übungen zu erhalten.
- Für das **VA 1** brauchst du insgesamt einen Durchschnitt von **7,5** für alle Übungen im Galopp . Dieses Ziel wirst du nur erreichen, wenn du über ein sehr gutes turnerisches Können verfügst und alle Übungen mit der korrekten Technik sicher beherrschst.
  Dazu gehört auch, dass du alle Übungen genau, flüssig und harmonisch ausführen kannst.
- ***Beachte:*** Für alle Abzeichen gilt, dass keine Wertnote unter 5,0 liegen darf!

Auf den folgenden Seiten findest du die Übungen, die für die verschiedenen Leistungsabzeichen verlangt werden. Überprüfe im „Aufgabenheft", welche Übungen du für dein Leistungsabzeichen zeigen musst. Beachte dabei unbedingt die ***Hauptkriterien*** der einzelnen Übungen, die jeweils unter dem Punkt ***„Das ist wichtig"*** aufgelistet sind. Im Kapitel 5 dieses Buches findest du noch Fragen zu der Bewertung von Pflichtübungen.

Merke dir

- Entscheidend für eine gute Bewertung einer Übung ist eine korrekte Technik verbunden mit einer sicheren Ausführung.

3.2 Praktische Anforderungen: Die Pflichtübungen im Galopp

Aufsprung

Der Aufsprung setzt sich aus dem Anlaufen, Mitgaloppieren und Aufspringen auf das Pferd zusammen (siehe Fotos Seite 21 oben). Zunächst läufst du an der Longe entlang auf die Schulter des Pferdes zu. Dann nimmst du den Galopprhythmus des Pferdes auf und erfasst die Griffe des Voltigiergurtes. Dein Oberkörper ist nach vorn gewandt und dein Blick geradeaus gerichtet.
Nach einem beidbeinigen Absprung mit einem kräftigen Abdruck vom Boden (Stemmphase), wobei sich deine Füße auf gleicher Höhe befinden und nach vorn zur Longe zeigen, beugst du deine Hüfte und schwingst dein äußeres Bein und dein Gesäß so hoch wie möglich nach oben über das Pferd. Dein inneres Bein zeigt dabei senkrecht nach unten. Am höchsten Punkt senkst du dein gestrecktes äußeres Bein entlang der Außenseite des Pferdes bei gleichzeitigem Aufrichten des Oberkörpers. Nun gleitest du weich direkt hinter dem Gurt in den aufrechten Vorwärtssitz.

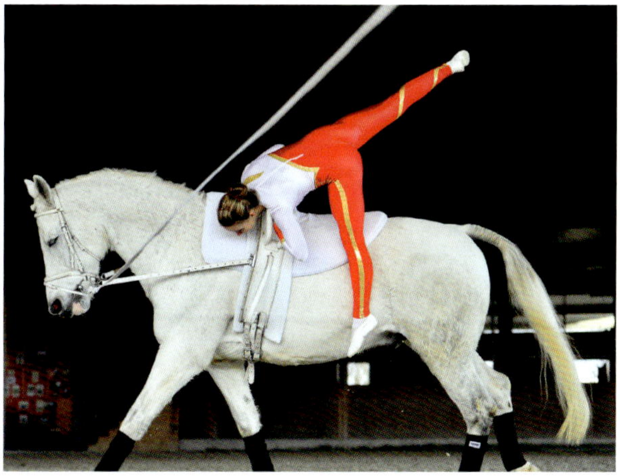

Das ist wichtig:
Bringe eine Hüfte möglichst hoch über das Pferd und stütze dich auf die möglichst gestreckten Arme, sodass du eine optimale Höhe erreichst (Höhe und Lage des Schwerpunkts).

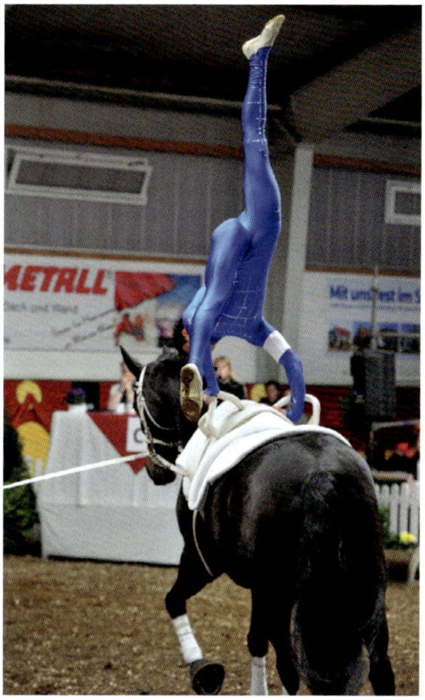

Aufsprung mit Hilfestellung im Galopp (ohne Foto)

Für das Abzeichen **VA 5** darfst du dir beim Aufsprung im Galopp aufs Pferd helfen lassen. Dazu läuft ein Helfer im Galopp mit. Du erhältst jedoch keine Wertnote für den Aufsprung. Die richtigen Griffe für die Hilfestellung zeigen die Fotos auf Seite 21 unten.
Beim allen anderen Abzeichen ist **keine Hilfestellung** erlaubt. Jedoch wird der Aufsprung bei einer Abzeichenprüfung **VA 4** nicht bewertet.

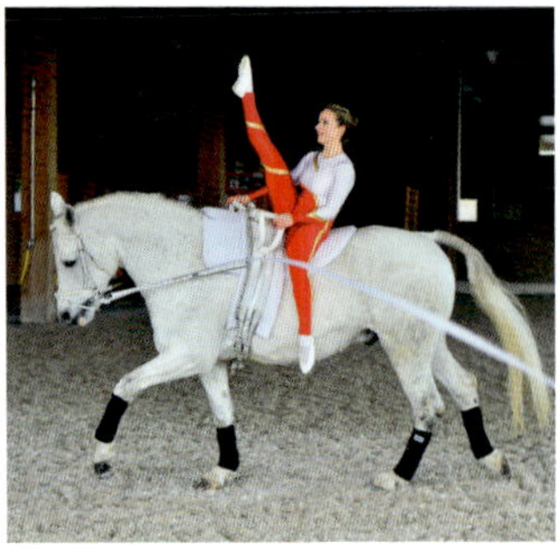

Abgang nach innen

Im aufrechten Vorwärtssitz führst du das gestreckte äußere Bein in einem hohen Bogen über den Pferdehals nach innen. Dabei bleibt dein Oberkörper nahezu aufrecht, die Blickrichtung geradeaus. Das innere Bein liegt ruhig und tief am Pferd. Nun schließt und streckst du beide Beine und drückst dich mit gestreckter Hüfte mit beiden Armen vom inneren Griff oder von beiden Griffen nach oben ab. Wie du richtig landest, wird dir unten erklärt.

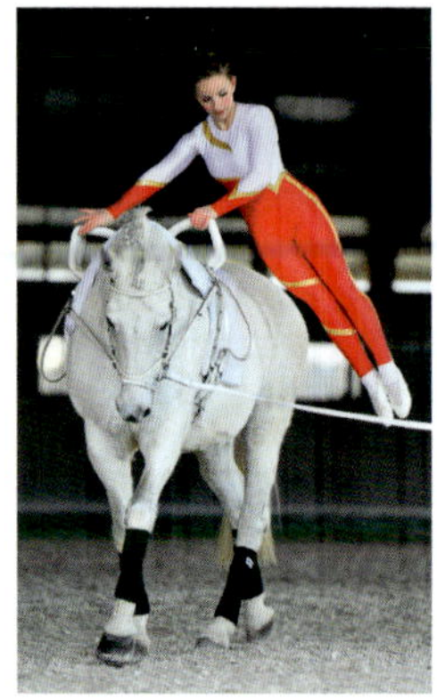

Abdruck von den Griffen

Abgang nach innen aus dem Seitsitz

Aus dem Seitsitz drückst du dich mit gestreckter Hüfte mit beiden Armen von den Griffen nach oben ab. Wie du richtig landest, wird dir auf Seite 29 erklärt.

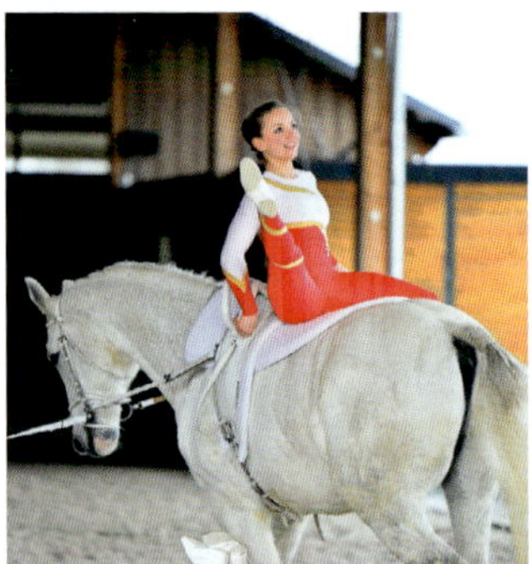

Abgang aus dem Rückwärtssitz nach außen

Im Rückwärtssitz führst du das innere Bein gestreckt im hohen Bogen nach außen. Du löst die innere Hand vom Griff und drehst dich mit geschlossenen Beinen ganz nach vorn in die Bewegungsrichtung des Pferdes. Strecke gleichzeitig die Hüfte, schließe die Beine und drücke dich mit beiden Händen nach oben ab und lande an der Außenseite des Pferdes.

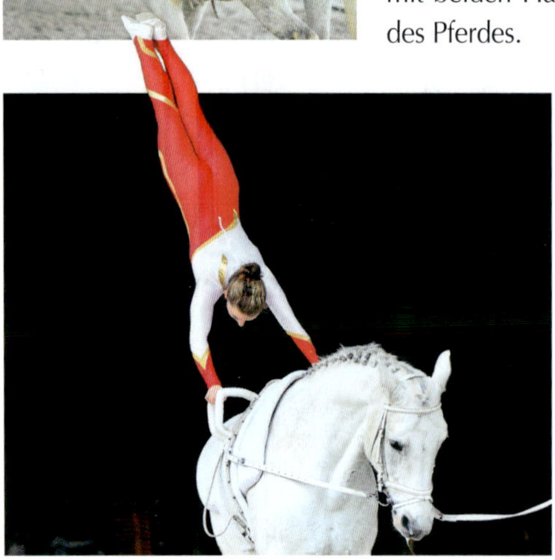

Wende nach außen

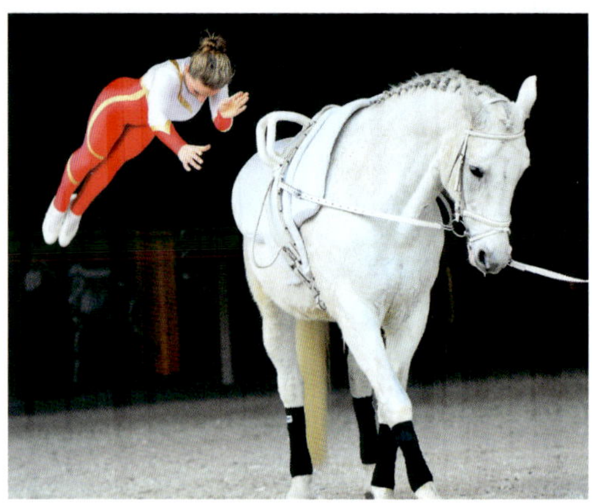

Flugphase mit Abdruck nach außen

Wende nach außen

Du holst mit beiden Beinen kräftig Schwung (siehe Seite 36), schwingst gestreckt aufwärts und schließt die Beine. Strecke die Arme und drücke dich frühzeitig nach außen von den Griffen weg. Achte auf eine korrekte, federnde Landung.

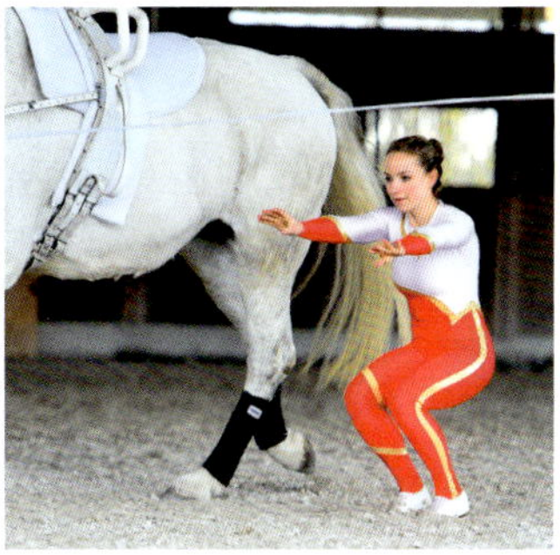

■ **Landung**

Lande mit erhobenem Kopf an der Seite des Pferdes auf beiden Füßen in hüftbreiter, paralleler Fußstellung. Fange den Schwung federnd mit Hüft-, Knie- und Fußgelenken ab. Federe direkt aus der Landung heraus nach oben. Laufe sofort in die Bewegungsrichtung des Pferdes nach vorn aus. Eine korrekte Landung schont die Gelenke und vermeidet Verletzungen!

Das ist für alle Abgänge wichtig:

Maßgeblich ist ein energischer Abdruck von den Griffen in aufrechter, nach vorn gewandter Haltung sowie die Streckung und Spannung des ganzen Körpers (Körperspannung).

Lasse die Griffe frühzeitig los und achte auf eine gerade, achsengerechte Landung. Fange den Schwung durch unmittelbares Hochfedern aus der Landung ab!

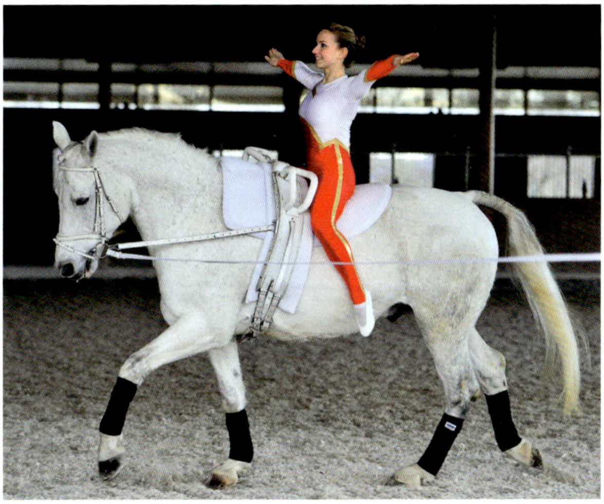

■ **Freier Grundsitz vorwärts, Arme in Seithalte**

Du sitzt hinter dem Gurt im tiefsten Punkt des Pferderückens auf dem ganzen Gesäß. Mit aufgerichtetem Oberkörper, zurückgenommenen Schultern und Blick geradeaus gehst du geschmeidig in die Galoppbewegung ein. Deine Beine liegen am Pferd an und deine Fußspitzen sind nach unten gestreckt. Du löst beide Arme von den Griffen und streckst sie zur Seite aus. Deine geschlossenen Fingerspitzen befinden sich auf Höhe deiner Augen und die Handflächen zeigen nach unten. Schulter, Arm und Fingerspitzen bilden eine gerade Linie.

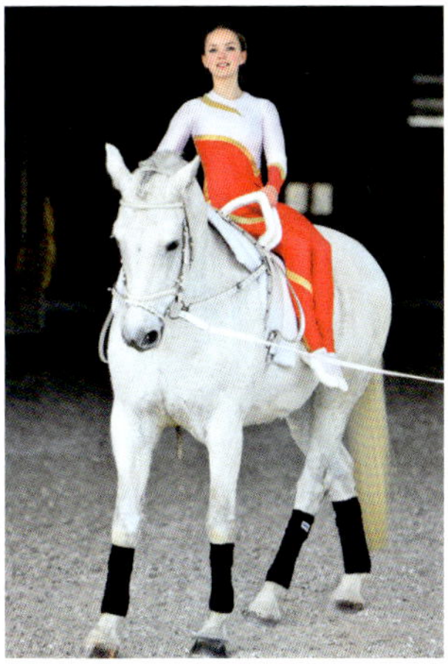

■ **Seitsitz angefasst innen und außen**

Aus dem **Vorwärtssitz** führst du dein äußeres Bein in einem hohen Bogen über das Pferd nach innen zum **Innenseitsitz**. Blickrichtung gerade nach vorn. Nun schließt du die Beine und legst sie an der Innenseite des Pferdes an. Die Fußspitzen sind nach unten gestreckt.

Dann führst das vordere Bein wieder nach außen zum **Vorwärtssitz**. Anschließend führst du dein inneres Bein in einem hohen Bogen über das Pferd nach außen zum **Außenseitsitz**. Blickrichtung gerade nach vorn. Nun schließt du die Beine und legst sie an der Außenseite des Pferdes an. Die Fußspitzen sind nach unten gestreckt. Nun führst das vordere Bein wieder nach innen zum **Vorwärtssitz**.

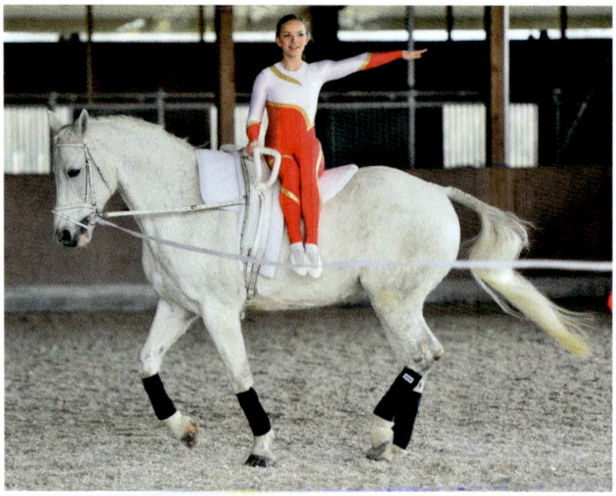

Quersitz innen und außen

Aus dem **Vorwärtssitz** führst du dein äußeres Bein gestreckt in gleichmäßigem Bogen zum **Innenquersitz**. Nun streckst du den hinteren Arm zur Seite aus, die andere Hand bleibt am Griff. Deine Beine liegen geschlossen mit gestreckten Fußspitzen am Pferd an. Beide Gesäßknochen belastest du dabei gleichmäßig und blickst geradeaus nach **innen**.

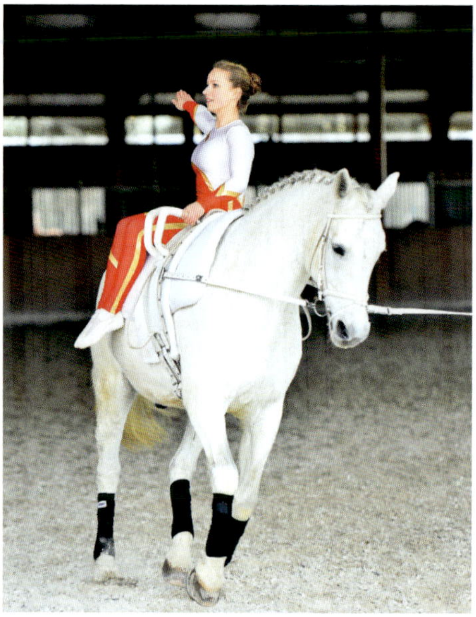

Anschließend fasst du wieder an den Griff und führst das gestreckte vordere Bein in einem Bogen über den Pferdehals zum **Vorwärtssitz**. Nun führst du das innere, gestreckte Bein in einem gleichmäßigem Bogen zum **Außenquersitz**. Du streckst deinen hinteren Arm zur Seite aus, die andere Hand bleibt am Griff. Deine Beine liegen geschlossen mit gestreckten Fußspitzen am Pferd an. Beide Gesäßknochen belastest du dabei gleichmäßig und blickst geradeaus nach **außen**.
Anschließend fasst du wieder an den Griff und führst das vordere Bein gestreckt in gleichmäßigem Bogen über den Pferdehals zum **Vorwärtssitz**.

Das ist wichtig:
Sitze aufrecht auf dem ganzen Gesäß (mit Blick nach innen beziehungsweise außen) in der Balance der Bewegung des Pferdes. Schulter- und Hüftachse sind jeweils parallel zur Längsachse des Pferdes.

Arm-, Hand- und Fingerhaltung
Schulter, Arm und Fingerspitzen bilden eine gerade Linie. Die Handflächen zeigen nach unten. Deine Finger sind geschlossen und auf Augenhöhe.

Das ist für alle Sitzpositionen wichtig:
Achte auf eine ausbalancierte, aufrechte Körperhaltung in der Bewegung des Pferdes im Gleichgewicht. Bleibe jeweils mindestens vier Galoppsprünge sitzen.

Bank vorlings

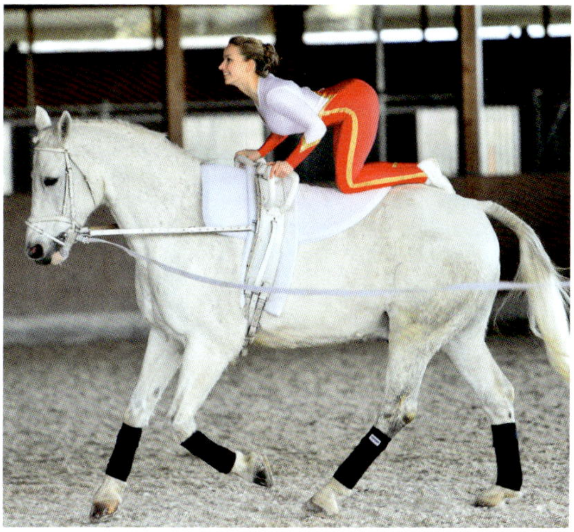

Aus dem Vorwärtssitz kniest du mit beiden Unterschenkeln gleichzeitig in die Bankposition auf. Deine Unterschenkel liegen links beziehungsweise rechts neben der Wirbelsäule des Pferdes. Du stützt dich in waagerechter Haltung senkrecht auf beide Griffe und beugst die Ellbogen. Dein Blick ist nach vorn gerichtet. Achte auf einen geraden Rücken indem du die Körpermitte anspannst, so dass Rücken und Hüfte waagrecht bleiben.

Um die Bank im Gleichgewicht und mit Körperspannung halten zu können, musst du beide Unterschenkel und Füße ganz flach auf dem Pferderücken auflegen und die Bewegungen des Pferdes mit den Ellbogen und den Hüftgelenken abfedern.

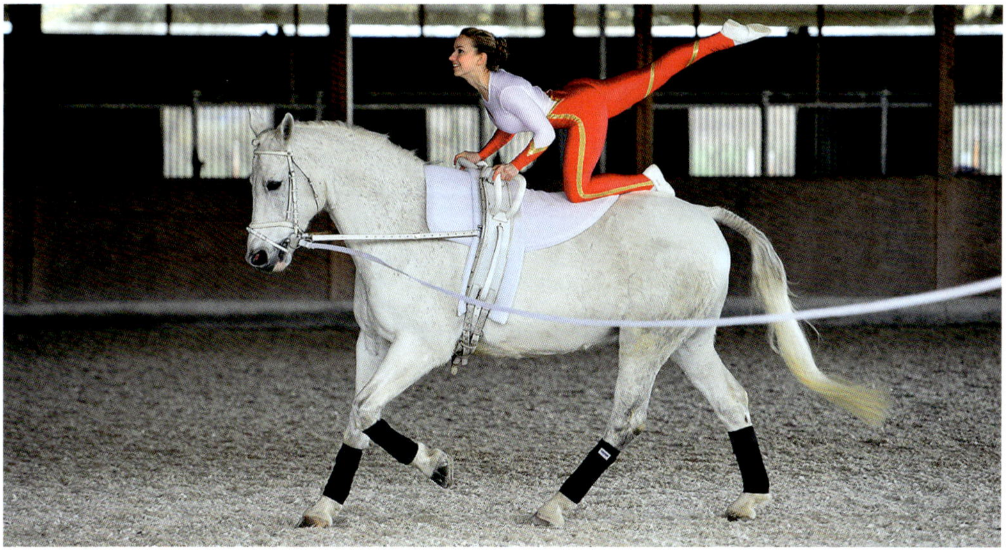

Bank-Fahne

Du kniest mit beiden Unterschenkeln gleichzeitig diagonal in Bankstellung auf und streckst dein äußeres Bein nach hinten oben aus. Deine Schultern sind senkrecht über den Griffen und deine Arme leicht gebeugt. Achte darauf, dass deine Schultern und dein Becken waagerecht bleiben und dein Stützbein flach aufliegt. Dein Gewicht soll gleichmäßig auf beide Arme und das Stützbein verteilt sein. Bei einer korrekten Bank-Fahne bilden Schultern, Rücken und Bein eine gleichmäßig gebogene Linie. Danach stützt du dich auf beide Arme und gleitest weich in den aufrechten Vorwärtssitz oder gehst direkt in den Liegestütz vorlings (siehe Seite 33).

Fahne: Arm und Bein nacheinander ausgestreckt

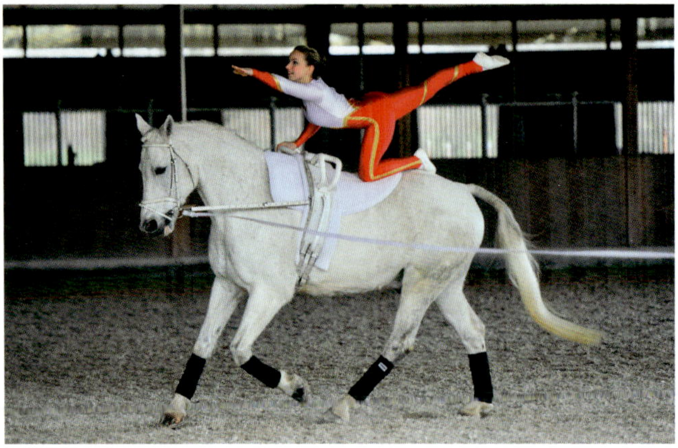

Du baust die Fahne wie bei der Bank-Fahne beschrieben auf. Nachdem du dein äußeres Bein nach hinten ausgestreckt hast, streckst du den inneren Arm nach vorn aus. Bei einer korrekten Fahne bilden Arm, Schultern, Rücken und Bein gleichmäßig gebogene Linie.

Freie Fahne

Du baust die Fahne wie bei der Bank-Fahne beschrieben auf. Dann streckst du dein äußeres Bein und deinen inneren Arm **gleichzeitig** aus. Vom ausgetreckten Arm bis zum Bein und der Fußspitze soll eine gleichmäßig gebogene Linie entstehen.

Das ist wichtig:

Achte auf eine stabile, gerade Haltung. Du schaust nach vorn und deine Längsachse entspricht der des Pferdes (achsengerechte Stellung).

Schulter und Hüfte sollen gerade bleiben (Bewegungsweite im Schulter- und Hüftgelenk).

Die Bewegungen des Pferdes balancierst du mit der Hüfte und den Arm- und Kniegelenken aus (Halten des Gleichgewichts). Die Bank, Fahne und den Liegestütz hältst du mindestens vier Galoppsprünge aus.

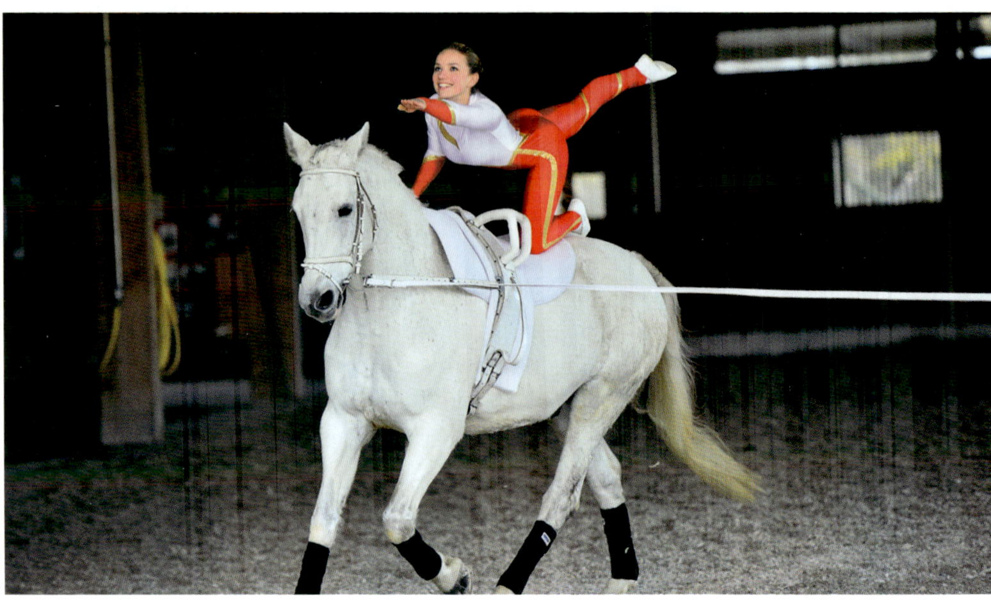

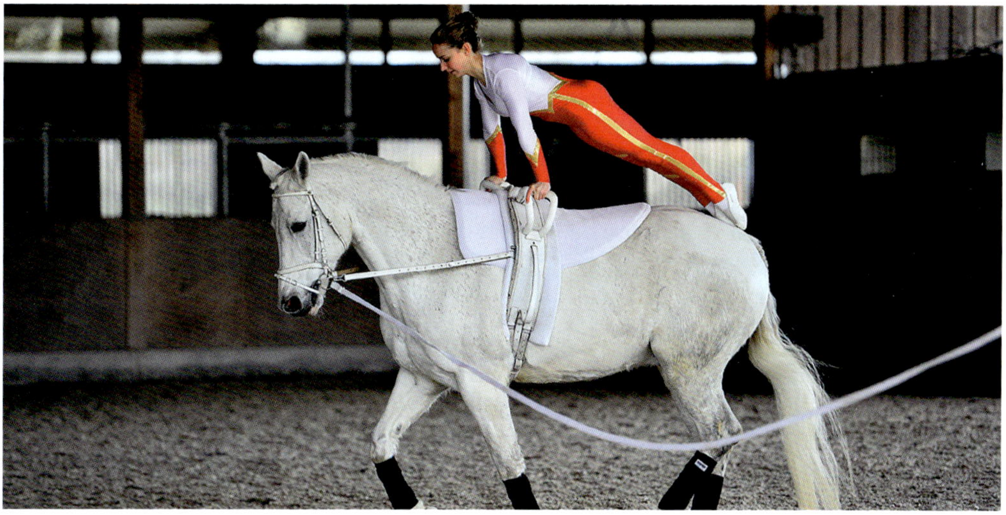

Liegestütz vorlings-vorwärts

Den Liegestütz baust du aus der Bank-Fahne auf. Die Beine legst du nacheinander auf die Kruppe auf, beginnend mit dem noch von der Fahne ausgestreckten Spielbein. Du streckst und schließt beide Beine und stützt dich auf die gestreckten Arme. Dein Körper bildet vom Kopf bis zu den Fußspitzen eine gerade Linie. Behalte dabei die Körperspannung bei!

Das ist wichtig:

Stütze dich fest auf beide Arme, behalte die Ganzkörperspannung beim Liegestütz bei (Stützfähigkeit). Beachte, dass beim Liegestütz auch die Größe des Voltigierers in Bezug auf das Pferd eine Rolle spielt. Deshalb müssen größere Voltigierer die Schultern etwas weiter nach vorn schieben, um noch mit den Füßen auf der Kruppe Platz zu finden.

Abbau über die Bücke

Baue den Liegestütz ab, indem du dein Körpergewicht ganz auf den Schultergürtel und die Arme verlagerst und die Hüfte stark beugst (Bücke). Dazu führst du deine gestreckten Füße oben auf dem Pferderücken möglichst weit nach vorn zum Voltigiergurt. Wenn das Gesäß der höchste Punkt ist, öffnest du die Beine und gleitest mit gestreckten Beinen am Pferd entlang weich in den aufrechten Vorwärtssitz. Gleichzeitig richtest du deinen Oberkörper wieder auf.

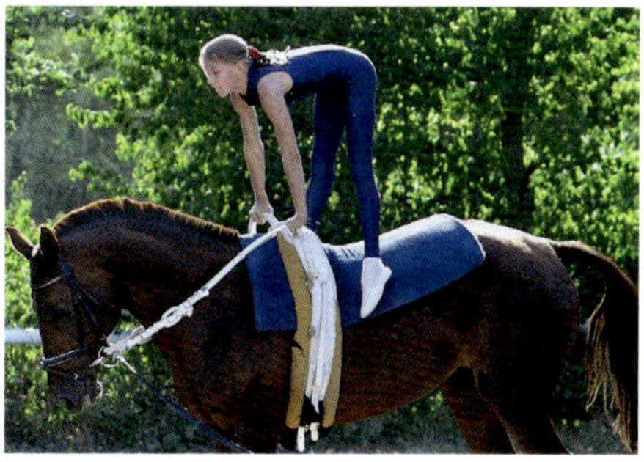

Das ist wichtig:

Das Eingleiten über die Bücke stellt hohe Anforderungen an die Haltekraft im Schultergürtel und die Stützkraft der Arme. Diese Technik bildet auch eine wichtige Voraussetzung zur Schulung des Eingleitens zum Sitz bei Schwungübungen wie zum Beispiel dem Stützschwung (siehe Seite 36) sowie zum Eingleiten aus dem Stehen (siehe Seite 34).

Freies Knien

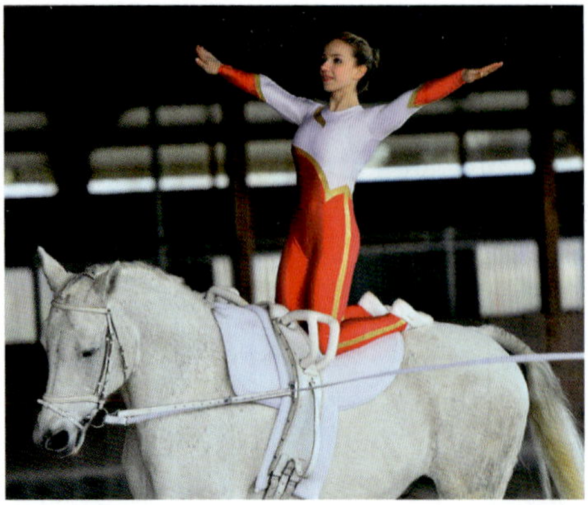

Lege deine Knie und Unterschenkel gleichzeitig und hüftbreit parallel auf den Pferderücken auf. Richte deinen Oberkörper auf, strecke die Hüfte und führe deine Arme in Seithalte. Unterschenkel und Füße sollen flach auf dem Pferderücken aufliegen. Mit aufrechtem Oberkörper, erhobenem Kopf, Blick geradeaus, hältst du das Knien mindestens vier Galoppsprünge aus. Danach gleitest du wieder weich in den Vorwärtssitz hinter den Gurt. Arm-, Hand- und Fingerhaltung wie beim freien Grundsitz (siehe Seite 29).

Das ist wichtig:

Achte auf eine aufrechte Körperhaltung und Hüftstreckung.

Knie ausbalanciert im Einklang mit der Bewegung des Pferdes (Gleichgewicht).

Freies Stehen

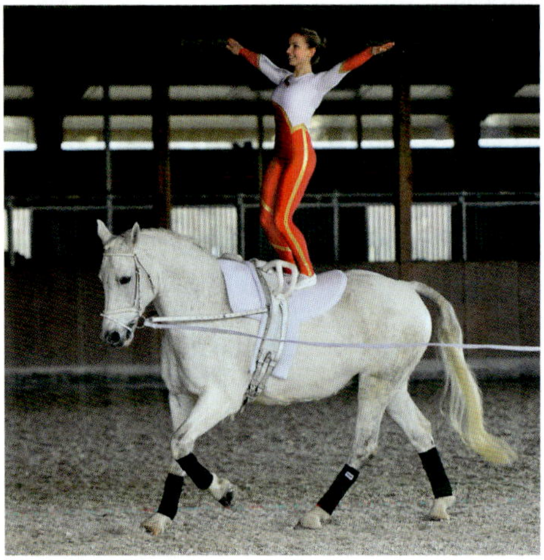

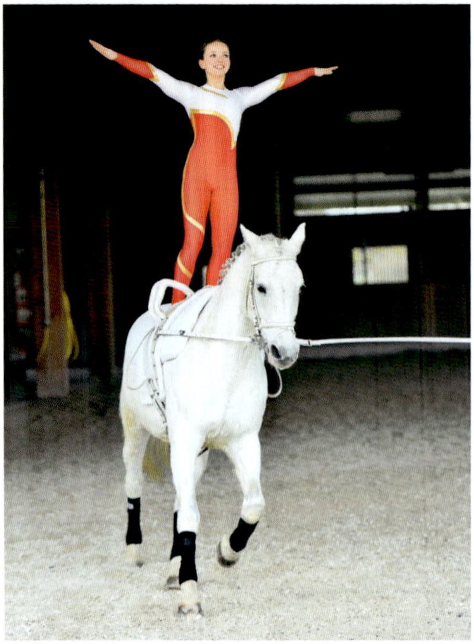

Das Stehen baust du aus der Bankposition über den Hockstand auf. Setze beide Füße parallel mit den ganzen Sohlen hinter dem Gurt auf und verlagere das Gewicht auf beide Füße. Nun lässt du die Griffe los und richtest dich zum aufrechten Stehen auf. Dabei führst die Arme in Seithalte. Beachte, dass eine sicher ausbalancierte Haltung ohne Nachkorrektur maßgeblich für ein gutes Stehen ist. Mit erhobenem Kopf, Blick geradeaus und aufrechtem Oberkörper bleibst du mindestens vier Galoppsprünge frei stehen. Für einen fließenden Abbau führst du die Arme wieder nach vorn, verlagerst dein Körpergewicht auf die Griffe und gleitest mit gestreckten Beinen am Pferd entlang geschmeidig in den Vorwärtssitz. Arm-, Hand- und Fingerhaltung wie beim freien Grundsitz (siehe Seite 30).

Das ist wichtig:

Stehe im Gleichgewicht in der Bewegung des Pferdes auf den ganzen Fußsohlen.

Bleibe in einer aufrechten, entspannten Haltung stehen und federe die Galoppbewegung des Pferdes mit den Hüft-, Knie- und Fußgelenken ab.

Ganze Mühle

Im aufrechten Sitz machst du jeweils eine Vierteldrehung in vier Phasen im Vierertakt. Dabei führst du das jeweilige Bein gestreckt und in einem hohen Bogen über das Pferd.

1. Phase: Vom **Vorwärtssitz** führst du das äußere Bein über den Pferdehals nach innen zum Innenquersitz.
2. Phase: Vom **Innenquersitz** führst du das hintere Bein über die Kruppe zum Rückwärtssitz.
3. Phase: Aus dem **Rückwärtssitz** führst du das innere Bein über die Kruppe zum Außenquersitz.
4. Phase: Vom **Außenquersitz** führst du das vordere Bein über den Pferdehals zum Vorwärtssitz.

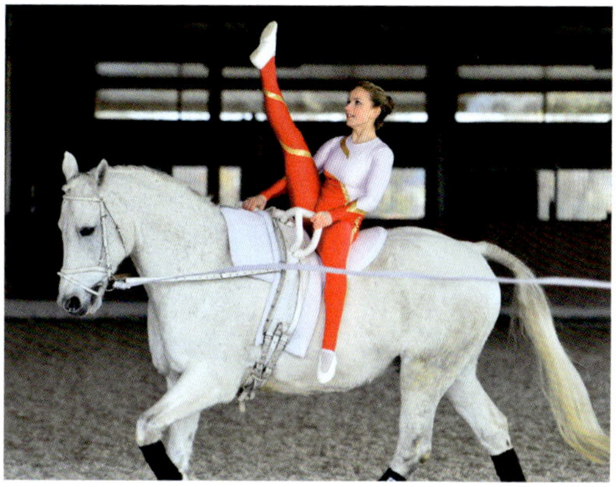

1. Phase

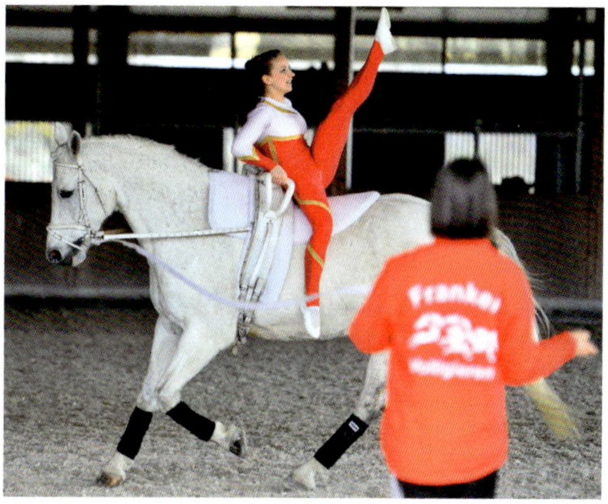

2. Phase

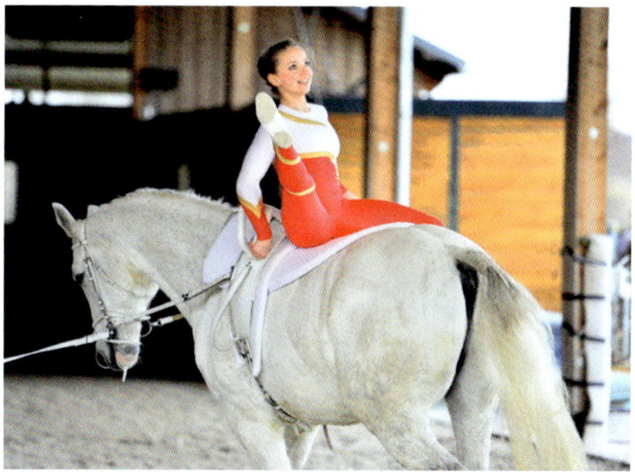

3. Phase

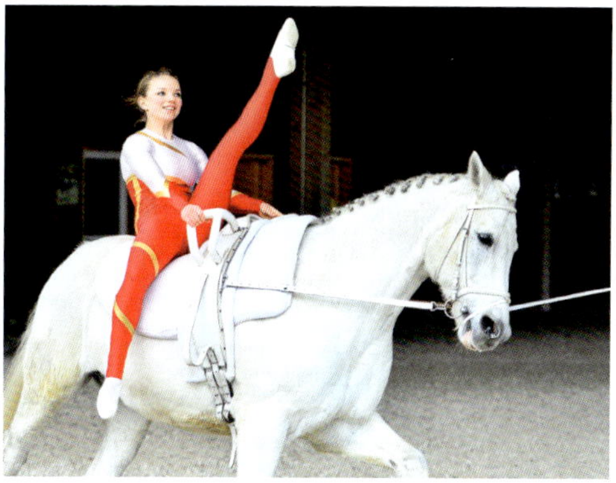

4. Phase

Halbe Mühle

1. Phase: Vom **Vorwärtssitz** über den Pferdehals zum Innenquersitz (siehe Foto Mühle 1. Phase).
2. Phase: Vom **Innenquersitz** über die Kruppe zum **Rückwärtssitz** (siehe Foto Mühle 2. Phase).

Achte darauf, dass die 1. Phase der halben Mühle im Vierertakt erfolgen muss.

Das ist wichtig:

Achte stets auf eine aufrechte Haltung und drehe den Oberkörper in der Bewegung des Pferdes mit. Bleibe dabei auf dem ganzen Gesäß sitzen und führe dein gestrecktes Bein so hoch und weit wie möglich über das Pferd (Bewegungsweite). Achte auch auf den Vierertakt!

■ **Stützschwung vorlings** (ohne Foto)

Im Vorwärtssitz holst mit beiden Beinen schnellkräftig Schwung und schwingst dann mit gestreckter Hüfte und gespanntem Körper nach oben. Im Aufwärtsschwung streckst und schließt du die Beine. Am höchsten Punkt beugst du die Hüfte, öffnest die Beine und gleitest wieder weich in den aufrechten Sitz vorwärts.

■ **Flanke 1. Teil: Wende zum Innenseitsitz**

Hole im Vorwärtssitz mit beiden Beinen Schwung wie oben beim Stützschwung vorlings beschrieben. Schwinge schnellkräftig bis zur maximalen Höhe zum Handstütz. Strecke im Aufwärtsschwung die Arme und Hüfte und strecke und schließe die Beine. Am höchsten Punkt des Aufwärtsschwungs beugst du die Hüfte und führst die geschlossenen Beine gestreckt nach unten vorn. So gleitest du in den aufrechten Innenseitsitz direkt am Gurt. Dein Oberkörper ist dabei nach vorn gerichtet und du legst die geschlossenen Beine ans Pferd an. Siehe Abbildung Innenseitsitz Seite 29. Nun führst du das vordere Bein in einem Bogen über den Pferdehals zum aufrechten Vorwärtssitz.

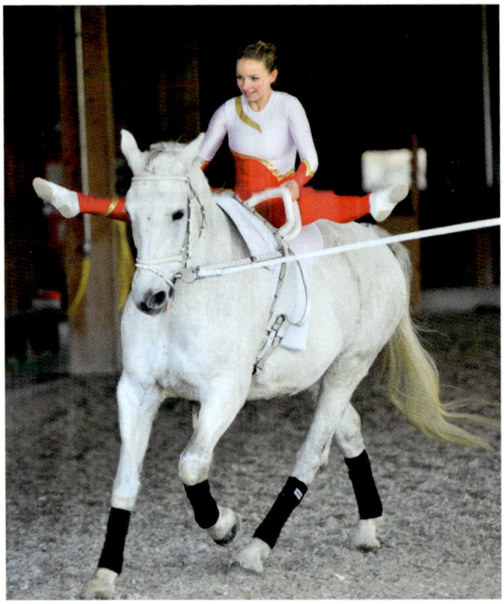

Das ist für den Stützschwung, die Flanke 1. Teil und die Schere wichtig:

Durch die richtige Übertragung der Ausholbewegung der Beine auf deinen Körper erreichst du den notwendigen Auftrieb für den Aufwärtsschwung (Koordination der Schwungübertragung). Die Höhe und Lage des Schwerpunkts und die Körperspannung sind ausschlaggebend für deine Schwunghöhe. Strecke die Arme im Laufe der Aufwärtsbewegung. Achte auf eine weiche, kontrollierte Landung auf dem Pferd und verbinde beide Teile der Schere beziehungsweise die Flanke 1. Teil mit dem Abgang aus dem Seitsitz nach innen flüssig miteinander.

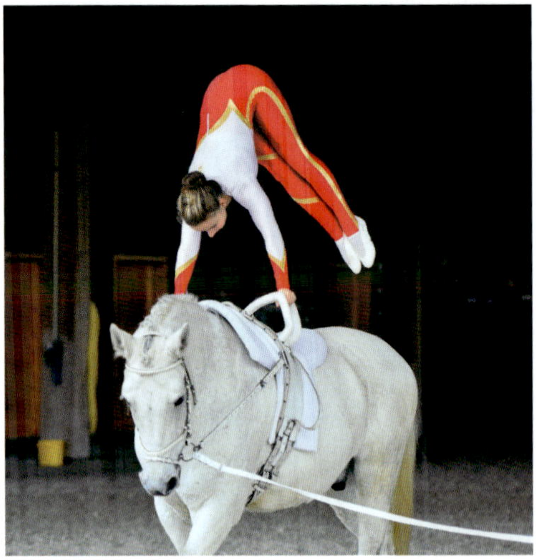

Flanke 1. Teil

■ **Schere 1. Teil: Vorwärtsschere**

Hole mit beiden Beinen Schwung wie beim Stützschwung vorlings. In der Aufwärtsbewegung drückst du die Arme durch und öffnest die Beine hüftbreit. Kurz vor Erreichen des höchsten Punkts beginnst du, dein Becken nach innen zu drehen. Für die Scherbewegung verlagerst du dein Körpergewicht auf den äußeren Arm und führst das innere Bein nach hinten und das äußere Bein nach vorn. Nach Vollendung der halben Beckendrehung gleitest du mit gestreckten Beinen in den aufrechten **Rückwärtssitz**.

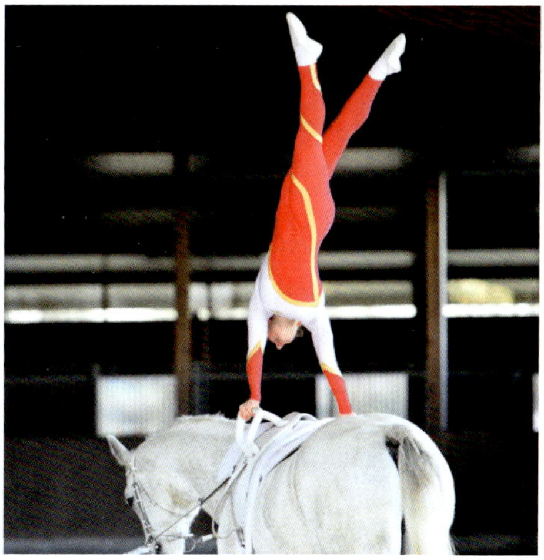

Vorwärtsschere

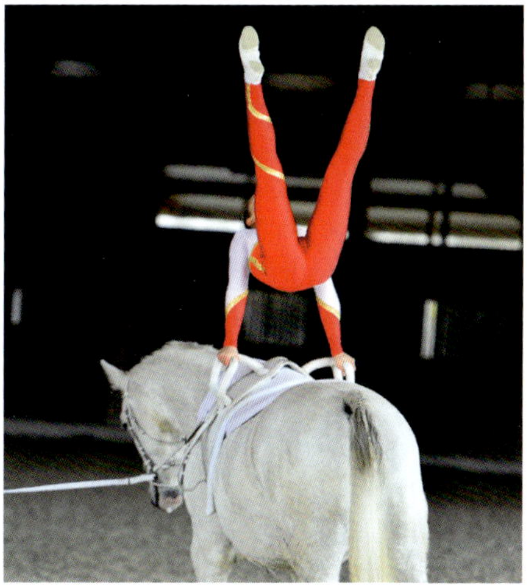

Stützschwung rücklings

■ **Stützschwung rücklings**

Schwinge dich aus dem Rückwärtssitz über die Bogenspannung schnellkräftig nach oben. Beuge im Aufwärtsschwung die Hüfte zum Winkelstütz: Rücken und Gesäß sollen sich parallel über dem Pferderücken befinden. Deine Beine bleiben schulterbreit geöffnet. Stütze die Schwungbewegung mit beiden Armen ab und gleite wieder weich in den Rückwärtssitz. Der Abgang aus dem Rückwärtssitz nach außen ist auf Seite 28 beschrieben.

Das ist wichtig:

Die richtige, schnellkräftige Schwungbewegung und das Abstützen mit den gestreckten Armen sind entscheidend für die optimale Höhe des Winkelstützes.

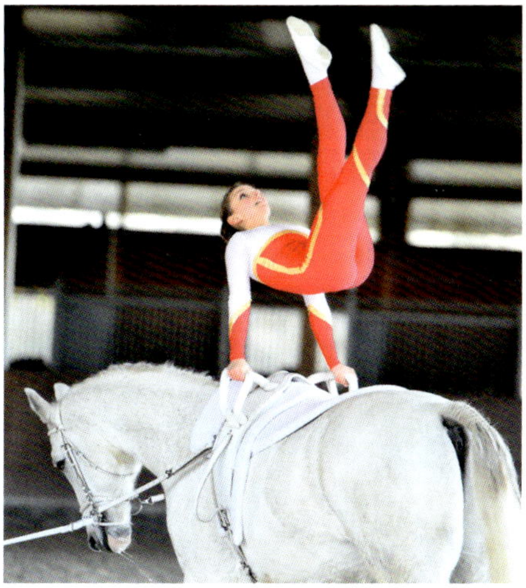

Rückwärtsschere

■ **Schere 2. Teil: Rückwärtsschere**

Hole mit beiden Beinen Schwung wie beim Stützschwung rücklings. Im Aufwärtsschwung beugst du deine Hüfte zum Winkelstütz. Kurz vor Erreichen des höchsten Punkts beginnt die Scherbewegung mit dem Drehen des Beckens nach innen und dem Beinwechsel. Dazu verlagerst du dein Körpergewicht auf den inneren Arm und führst das innere Bein nach hinten (außen) und das äußere Bein nach vorn (innen). Nach Vollendung der halben Drehung **nach innen** gleitest du mit gestreckten Beinen in den aufrechten **Vorwärtssitz**.

So gelingt die praktische Prüfung

Dein Ziel ist es, alle erforderlichen Übungen so gut und sicher zu beherrschen, dass du auch ruhig und gelassen in die Prüfung gehen kannst. Dazu gehört, dass du die richtige **Bewegungsvorstellung** – also ein Idealbild der richtigen Technik und Ausführung jeder einzelnen Voltigierübung – im Kopf hast und die Hauptkriterien kennst, die in Kapitel 3 unter den Punkten ***„Das ist wichtig"*** schon erklärt wurden.

Richtig üben und trainieren

Nichts geht über die praktische Übung! Du lernst und trainierst in den regelmäßigen Voltigierstunden unter Anleitung eures Voltigierausbilders alle erforderlichen Übungen für das jeweilige Abzeichen. Durch zusätzliche Übungsstunden machst du noch schnellere Fortschritte. Das regelmäßige Üben und Trainieren gibt dir mehr Sicherheit und Selbstvertrauen!

> **Wichtig**
>
> - *Übe den Bewegungsablauf jeder einzelnen Übung auch öfter auf dem Übungspferd (siehe Kapitel 5.6). Lasse dich dabei von deinem Ausbilder oder erfahrenen Voltigierern korrigieren.*
>   *Halte dich auch durch Zusatztraining und Gymnastik fit (siehe Kapitel 4.2)!*

Du gehst auf Nummer sicher, wenn du die statischen Übungen fünf oder sechs Galoppsprünge lang trainierst. Dann wird es dir leichter fallen, die verlangten vier Galoppsprünge bei der Prüfung durchzuhalten. Wenn du so weit bist, dass du jede einzelne Voltigierübung sicher auf dem Pferd ausführen kannst, musst du lernen, die einzelnen Übungen flüssig miteinander zu verbinden.

Zuerst musst du deine groben Fehler, die Hauptfehler (zum Beispiel falsche Technik beim Schwungholen zum Stützschwung) und dann erst die kleineren Fehler (zum Beispiel krumme Fußspitzen) verbessern. Ist einmal der Hauptfehler beseitigt, werden meist die damit zusammenhängenden Folgefehler verbessert.

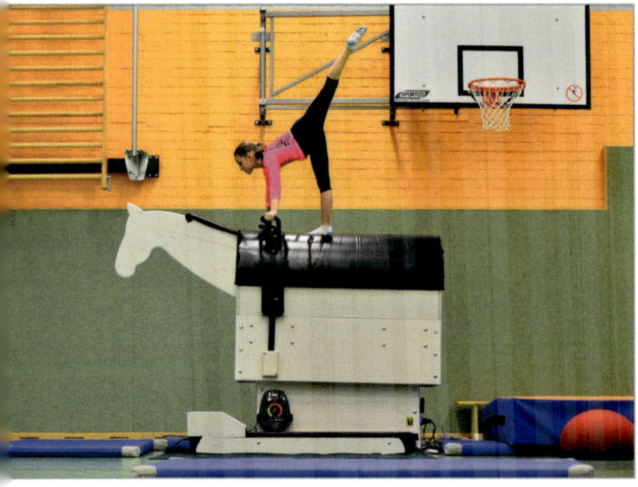

Mit dem richtigen Training auf dem Pferd und dem Übungspferd sowie mit regelmäßigem Üben wirst du dein **Bewegungsgefühl** auf dem Pferd sowie deine Übungsausführung immer weiter verbessern. Du entwickelst eine genaue Bewegungsvorstellung der Übungen und lernst deine Ausführung selbst einzuschätzen: Was ist dir gut gelungen und was kannst du noch besser machen?

Besprich deine Leistungen stets mit deinem Ausbilder.

Nur mit einer guten und sicheren Ausführung, der richtigen Bewegungstechnik und der notwendigen **Konzentration** wird es dir gelingen, die Voltigierübungen im entscheidenden Augenblick klar und sicher vorzuführen. Für deine Abzeichenprüfung heißt es also, fleißig zu üben und so viel wie möglich über das Voltigieren zu lernen!

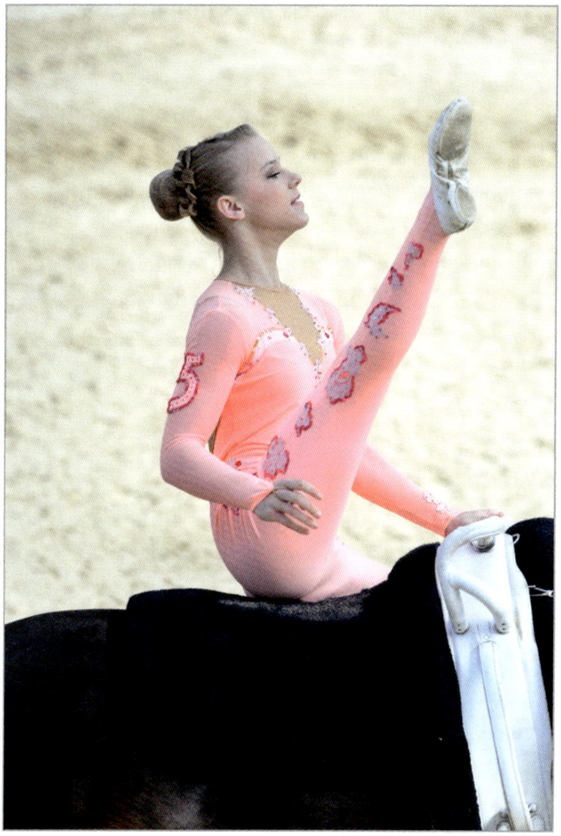

Merke dir

- Du kannst mehr darüber lernen, wie du richtig und abwechslungsreich üben und trainieren kannst, wenn du auch gute Lehrbücher zurate ziehst und Lehrgänge besuchst. Siehe dir auch Videos von guten Voltigierern an. Oder noch besser: Schaue den Könnern beim Training oder bei einem Turnier zu!

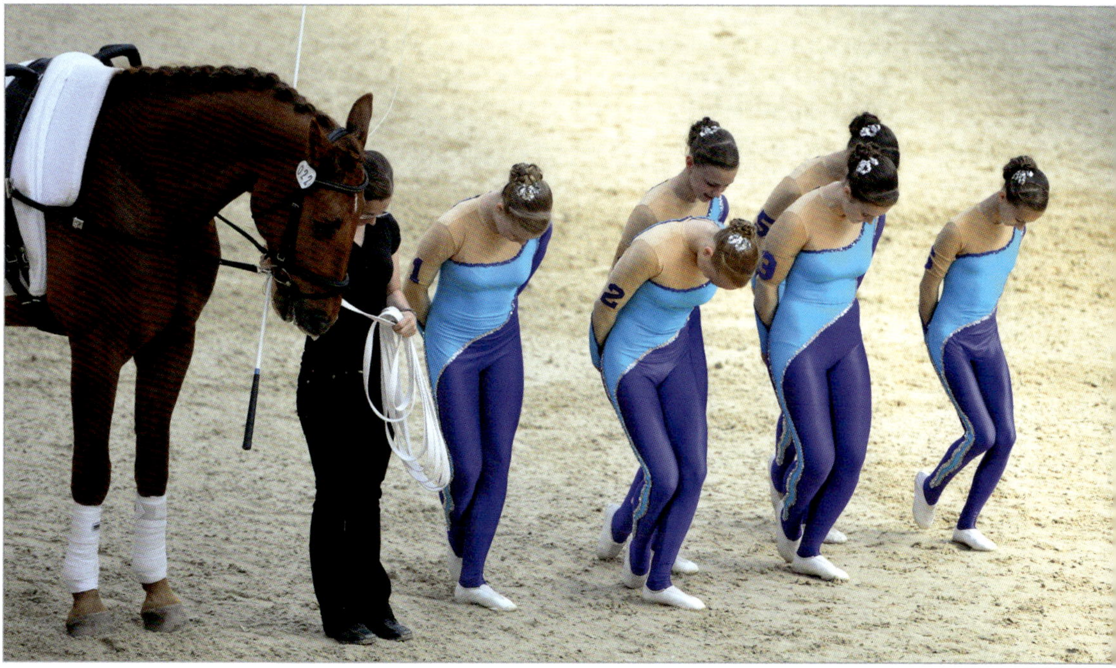

4.1 Tipps für die praktische Prüfung

Achte darauf, dass

- du stets eine korrekte, aufrechte Körperhaltung beibehältst; richte dich in allen Sitz- und Zwischenphasen immer auf und nimm den Kopf hoch.
- du die Beine streckst, weich im Galopprhythmus des Pferdes voltigierst und dem Pferd nicht in den Rücken fällst.
- du jede statische Voltigierübung mindestens vier Galoppsprünge aushältst – besser sogar fünf oder sechs Galoppsprünge; sie wirken dann viel sicherer – bei einer Abzeichenprüfung läuft nämlich keine Stoppuhr mit.
- du die einzelnen Übungen ohne Verzögerungen flüssig miteinander verbindest und nach den Abgängen weich landest.
- du besonders vorsichtig an den Stellen des Voltigierzirkels bist, wo euer Pferd vor etwas scheut. Baue dort keine Übungen auf!

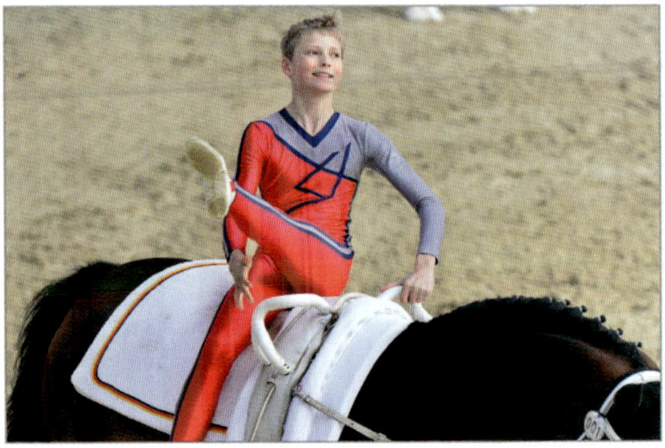

Und wenn etwas schief geht ...?

Bleibe ruhig, wenn dir eine Übung misslingt! Konzentriere dich sofort auf die nächste Übung und mache einfach weiter. Wenn du die erforderliche Wertnote einer oder zweier Pflichtübungen für das **VA 5 oder VA 4** beziehungsweise bei einer Pflichtübung für das **VA 3** nicht erreichst, ist nicht alles verloren, denn du **bekommst noch eine Chance**! Die Richter werden dir die Möglichkeit geben, diese Übungen einmal zu wiederholen. Am Ende der praktischen Prüfung wirst du erfahren, welche Übungen das sind. Du musst nur noch diese Übungen zeigen. Wenn zu diesen Übungen kein Abgang gehört, dann kannst du einen beliebigen Abgang wählen.
Reicht dein Notendurchschnitt für **VA 2 oder VA 1** nicht aus, dann kannst du selbst wählen, welche Übung du noch einmal zeigen möchtest, um den verlangten Notendurchschnitt zu erlangen.

Sei zuversichtlich, bei der Wiederholung klappt es dann bestimmt!

Prüfe dich selbst!

- ❑ ***Kennst du alle Übungen genau für dein geplantes Abzeichen?***
- ❑ ***Kennst du den richtigen Bewegungsablauf, die korrekte Technik und die Hauptkriterien jeder Übung?***
- ❑ ***Warum musst du zuerst deine Hauptfehler vor den kleineren Fehlern verbessern?***
- ❑ ***Weißt du, wo du die Bewertung und die Abzüge für die Fehler der einzelnen Pflichtübungen nachlesen kannst?***

4.2 Fit für die praktische Prüfung

Wenn du die praktische Prüfung erfolgreich meistern möchtest, musst du körperlich fit sein. Neben der Aufwärmgymnastik (siehe Kapitel 5.3) solltest du genügend Zeit für ein **regelmäßiges Zusatztraining** einplanen. Förderlich ist jede zusätzliche sportliche Betätigung zur Verbesserung von Kondition, Koordination, Beweglichkeit und Kraft. Viele andere Sportarten eignen sich zur Ergänzung deines Trainings und zum Ausgleich.

Das Zusatztraining wirkt sich auch vorteilhaft aus, wenn du an Turnieren teilnehmen möchtest. Je besser du trainiert bist, desto besser und schneller werden dir auch die Voltigierübungen gelingen. Nur so kannst du gute sportliche Leistungen vollbringen und weich und rücksichtsvoll voltigieren. Euer Voltigierpferd wird es euch danken, wenn alle fit und beweglich sind. Die folgenden Fragen und Antworten geben dir wichtige Hinweise, wie du dich optimal für die praktische Prüfung vorbereiten kannst. Gleichzeitig können dir solche Fragen natürlich auch in den Stationsprüfungen gestellt werden.

Warum ist das körperliche Training für das Voltigieren so wichtig?

- Weil ein allgemeines vielseitiges Training notwendig ist, um die für das Voltigieren erforderlichen turnerischen gymnastischen Grundlagen zu erwerben.
- Weil ein regelmäßiges Konditionstraining zur Verbesserung der Ausdauer führt, die du für das Voltigieren brauchst. Je mehr Ausdauer du besitzt, desto besser ist dein Durchhaltevermögen im Training und Turnier!
- Durch ein spezielles Zusatztraining werden alle für das Voltigieren notwendigen Fähigkeiten verbessert: Haltung, Körperspannung, Stütz- und Sprungkraft, Beweglichkeit, Reaktionsschnelligkeit, Koordination, Gleichgewicht und Rhythmusgefühl.

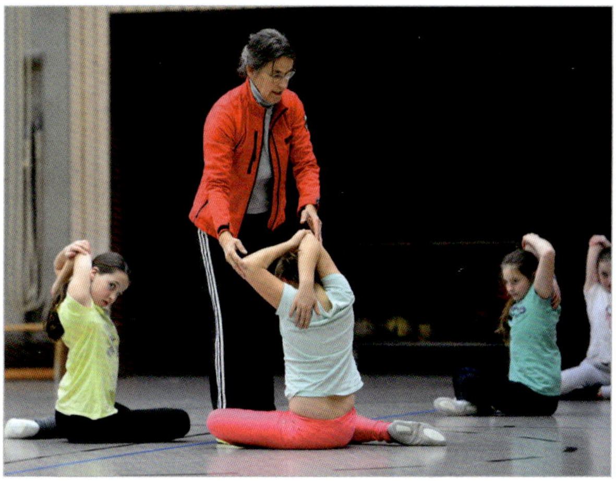

Dehnübungen

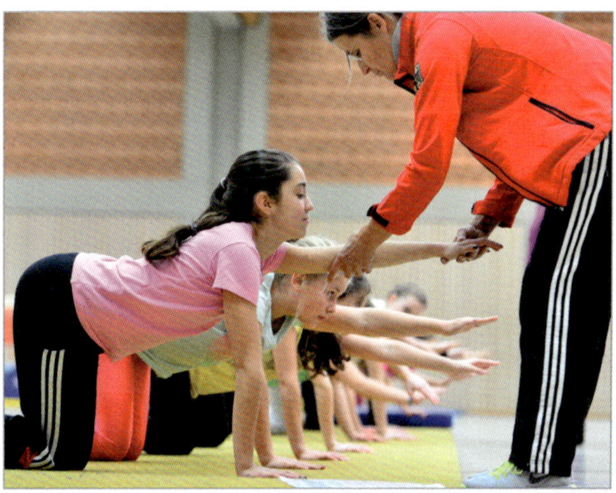

Bewegungskorrektur

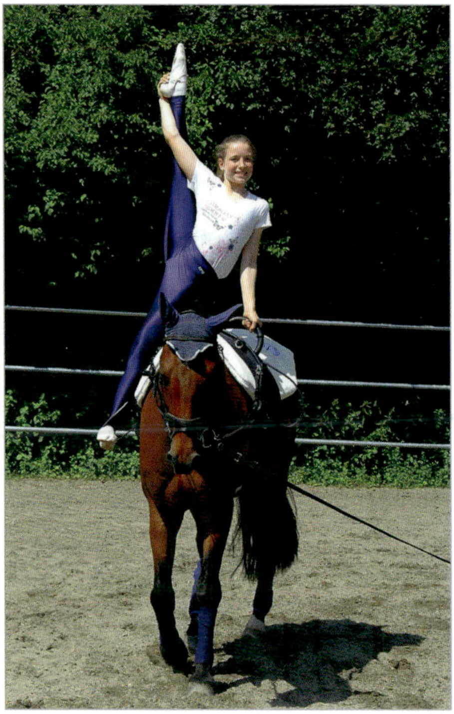

Welche koordinativen Fähigkeiten sind im Voltigiersport besonders wichtig?
Besonders wichtig sind die Anforderungen an das Balancevermögen. Deshalb ist die Gleichgewichtsfähigkeit von großer Bedeutung. Je besser du das Gleichgewicht auf dem Pferd halten kannst, desto sicherer werden dir die einzelnen Übungen gelingen. Mit einem ausgeprägten Gleichgewichtsgefühl bist du auch in der Lage, Unregelmäßigkeiten im Galopp auszugleichen, schwierigere und höhere Übungen wie zum Beispiel Schulterstand, Standwaagen sicher auszuführen.

Du brauchst ein gutes Rhythmusgefühl, um alle Übungen in Harmonie mit dem Pferd auszuführen und dich bei Partnerübungen mit den anderen Voltigierern abzustimmen.

Für alle Voltigierer ist ein schnelles Reaktionsvermögen nötig. Sie müssen den Fliehkräften entgegenwirken, sich stets auf wechselnde Gleichgewichtsbedingungen einstellen und in der Lage sein, blitzschnell auf Unregelmäßigkeiten in Tempo und Rhythmus des Pferdes zu reagieren.

Wie kannst du deine Leistungen verbessern und deine Schwächen beheben?
Die Ursachen von Ausführungs- und Technikfehlern liegen meist an den mangelnden körperlichen Voraussetzungen. Die knappe Zeit mit einer Aufwärmgymnastik vor der Voltigierstunde reicht für eine Verbesserung beim Voltigieren selbstverständlich nicht aus.
Wenn dir eine Übung einfach nicht richtig gelingen will, überlege dir, woran es liegen könnte. Mit einem speziellen auf dich abgestimmten Trainings- und Gymnastikprogramm, das dir dein Trainer zusammenstellt, kannst du gezielt an deinen Schwächen arbeiten. Je gezielter du die entsprechenden Muskelgruppen kräftigst und dehnst sowie deine Beweglichkeit verbesserst, desto sicherer werden dir im Laufe der Zeit die Voltigierübungen gelingen. Dazu musst du noch nicht auf dem Voltigierpferd trainieren!

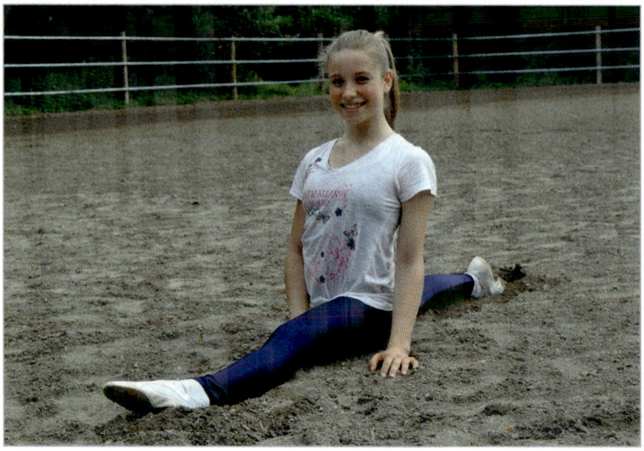

Welches Zusatztraining wird dir weiterhelfen?

Ein Zusatztraining lässt sich am Boden, am Übungspferd und – wenn möglich – in der Turnhalle durchführen. Vergiss aber niemals das Aufwärmen! Außerdem kannst du dich außerhalb der Voltigierstunden zu Hause mit einem eigenen Gymnastikprogramm vorbereiten. Am meisten Erfolg wirst du haben, wenn du es regelmäßig durchführst. Du wirst sehen, dass du so die Anforderungen bei der praktischen Voltigierabzeichen-Prüfung leichter schaffen kannst!

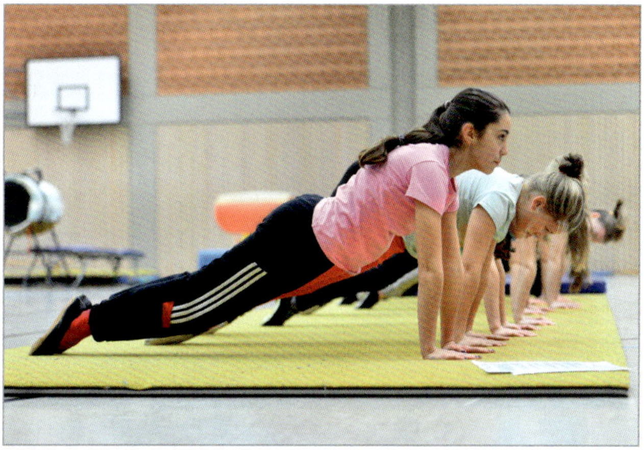

Kräftigungsübungen

Wo liegen die Schwerpunkte einer speziellen Voltigiergymnastik?

Dein Ausbilder kann dir sicher zeigen, welche speziellen Dehn- und Kräftigungsübungen sich für die unterschiedlichen Voltigierübungen besonders eignen. Versuche einmal Koordinations- und Balanceübungen mit geschlossenen Augen durchzuführen und dich ganz auf die Übung zu konzentrieren. Du wirst sehen, dass du so dein Körper- und Gleichgewichtsgefühl wesentlich verbessern kannst!

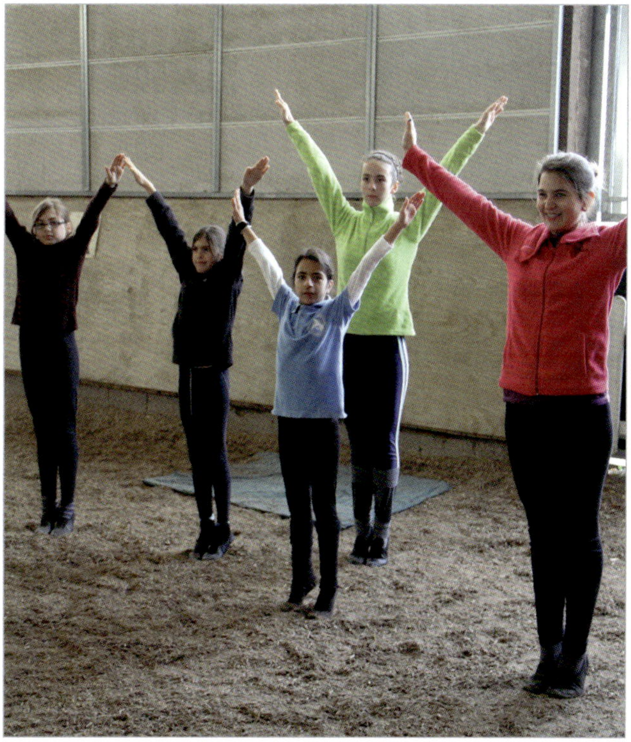

Gleichgewichtsübungen

Prüfe dich selbst!

- ❑ ***Welche speziellen körperlichen Fähigkeiten brauchst du für das Voltigieren?***
- ❑ ***Kennst du die Schwerpunkte einer Voltigiergymnastik?***
- ❑ ***Warum ist ein Zusatztraining erforderlich?***
- ❑ ***Welches spezielle Training kannst du durchführen, um deine eigenen Leistungen zu verbessern?***

Voltigierlehre: Stationsprüfungen

5.1 Die Voltigierübungen

Die Zahl der Voltigierübungen ist nahezu unerschöpflich. Aus wenigen Grund- und **Einzelübungen** können viele neue Variationen und Übungsverbindungen entwickelt werden. Mit zwei oder drei Voltigierern gibt es eine Vielfalt von Partnerübungen mit weiteren Kombinations- und Variationsmöglichkeiten. Zur Übersicht wurden die Übungen in verschiedene Rubriken eingeteilt.

Wie sind die Voltigierübungen geordnet?
Voltigierübungen werden in dynamische und statische Übungsformen eingeteilt. Sie umfassen Einzel-, Doppel- und Dreierübungen sowie Pflicht- und Kürübungen aus verschiedenen Übungskategorien, sogenannten Strukturgruppen.

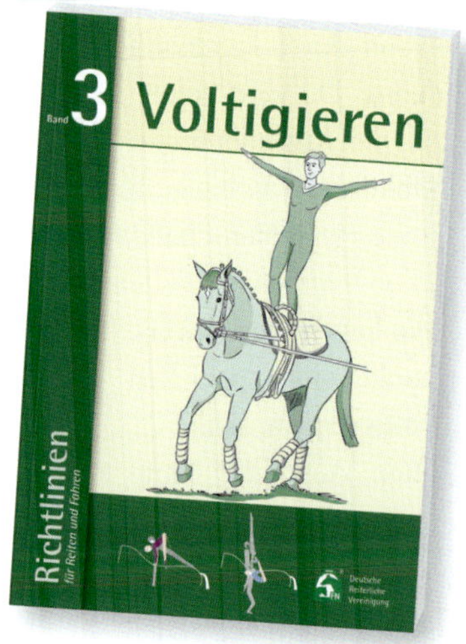

Erkläre, was man unter einer dynamischen Übung versteht.
Eine Übung, bei der sich der Voltigierer in Bewegung befindet. Während des Bewegungsablaufs verändern sich Haltung, Position und damit auch der Körperschwerpunkt des Voltigierers. Beispiele für dynamische Übungsformen sind Aufsprünge, Abgänge, Schwünge wie Schere und Flanke.

Was ist eine statische Übung?
Eine statische Übung wird über eine bestimmte Zeit ruhig ausgehalten; zum Beispiel bei den Pflichtübungen über vier Galoppsprünge. Der Voltigierer verändert dabei seinen Körperschwerpunkt in Bezug auf das Pferd nicht. Beispiele für statische Übungen sind Stehen, Knien, Liegestütz und Fahne.

Merke dir

- Du musst zwischen dynamischen und statischen Übungen sowie Pflicht- und Kürübungen unterscheiden können. Die Turnierregeln verlangen, dass statische Pflichtübungen mindestens vier und statische Kürübungen mindestens drei Galoppsprünge ausgehalten werden müssen. Mehr über die Bewertung von Pflicht- und Kürübungen in den Kapiteln 5.6 und 5.7.

Was sind Pflichtübungen und welchen Zweck haben sie?
Pflichtübungen sind für den Turniersport im *Aufgabenheft Voltigieren* vorgeschriebene Übungen mit einer festgelegten Reihenfolge. Sie haben einen genau beschriebenen Bewegungsablauf. Bei jeder Pflichtübung werden bestimmte Grundfertigkeiten und körperliche Fähigkeiten geprüft. In den Turnierregeln gibt es für jede Klasse verschiedene Pflichtübungen.

Wodurch unterscheiden sich Kürübungen von Pflichtübungen?
Alle Übungsteile, die im Turniersport nicht zur Pflicht der jeweiligen Leistungsklasse gehören, werden als Kürübungen bezeichnet. Sie können frei erfunden und gestaltet werden und umfassen frei gewählte Einzel-, Doppel- und Dreierübungen aus allen Strukturgruppen. Näheres ist im „Kürkatalog Voltigieren" des *Aufgabenhefts Voltigieren* aufgeführt.

Was versteht man unter Strukturgruppen?
Die dynamischen und statischen Übungsformen werden in sogenannte Strukturgruppen eingeteilt. Übungen mit ähnlichem Bewegungsablauf werden jeweils einer gleichen Strukturgruppe zugeordnet. Eine Übersicht der verschiedenen Strukturgruppen wie Stände, Schwünge usw. findest du im *Aufgabenheft Voltigieren* und ausführliche Beschreibungen dazu in *Voltigieren, Richtlinien für Reiten, Fahren und Voltigieren, Band 3*.

Ordne Übungen in die richtige Kategorie und Strukturgruppe ein. Einige Beispiele:

Übung	Dynamische Übung	Statische Übung	Strukturgruppe
Aufsprung	x		Sprung
Stehen		x	Stand
Querlieger		x	Lieger
Schulterstand		x	Stand
Schere	x		Schwung
Rolle rückwärts	x		Drehung
Fahne		x	Waage
Knien		x	Knien
Flanke	x		Schwung

Finde Übungsbeispiele für die folgenden Strukturgruppen:

Strukturgruppe	Übungsbeispiel
Sitz	Rückwärtssitz
Stütz	Liegestütz
Knien	Rückwärtsknien
Waage	
Stand	
Hang	
Sprung	
Schwung	
Drehung	
Rolle	

5.2 Voltigierübungen richtig ausführen

Eine korrekte und genaue Ausführung bedeutet sicheres, ausbalanciertes Voltigieren in Harmonie mit dem Pferd. Dazu gehört eine korrekte Technik, ein flüssiger **Auf- und Abbau, harmonische Übergänge** (Bewegungsfluss) und eine große Bewegungsweite (Höhe und Weite in der Ausführung).

Wie gelingt es dir, während des Voltigierens möglichst viel Rücksicht auf das Pferd zu nehmen?
Durch eine **korrekte Technik und Ausführung** kannst du alle Übungen leichter und sicherer ausbalancieren und somit viel „pferdefreundlicher" voltigieren. Dazu musst du auch **körperlich fit** sein! Wenn du dein Gleichgewicht sicher auf dem Pferd halten kannst, wird es dir auch gelingen, weich auf die Bewegungen des Pferdes einzugehen und es nicht in seinem **Rhythmus** zu stören. Bedenke, dass Pferde in der Nierenpartie meist empfindlich sind. Deshalb musst du in dieser Körperregion besonders behutsam sein.

Welche Fehler musst du vermeiden, damit das Pferd nicht gestört wird?

- alle **ruckartigen und harten Bewegungen**: ungenügendes Abfangen von Schwüngen, harte Landungen auf dem Pferd, zum Beispiel nach einem Aufsprung, Stützschwung oder dem Stehen
- das Klammern beim Aufsprung oder anderen Übungen auf dem Pferd
- Knie, Fersen oder Zehen in den Pferderücken bohren
- bei der Übung Stehen: ungenügendes Mitfedern in den Knien, Hüpfen oder Schritte auf dem Pferd
- in den Ausbindern hängen bleiben
- längeres Stehen in den Griffen bei Kürübungen

Welches ist die wichtigste Fähigkeit, die du beim Voltigieren brauchst?
Ein ausgeprägtes Gleichgewichtsgefühl spielt für alle Voltigierübungen die wichtigste Rolle. Im *Aufgabenheft Voltigieren* wird dieses Hauptkriterium auch als **„Balance in der Bewegung des Pferdes"** bezeichnet.
Bei allen Übungen musst du dich immer wieder neu auf dem Pferd ausbalancieren, damit du das Gleichgewicht nicht verlierst. Doppel- und Dreierübungen erfordern besonders hohe Gleichgewichtsleistungen. Bei Stütz- und Hebeübungen müssen die tragenden Voltigierer nicht nur sich selbst, sondern gleichzeitig ihren Partner auf dem Pferd ausbalancieren können.

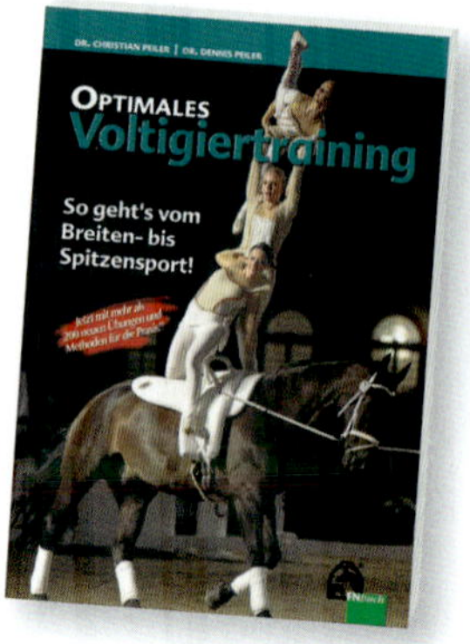

Was bedeutet der Körperschwerpunkt und welche Rolle spielt dieser im Voltigiersport?
Der Körperschwerpunkt ist ein **gedachter zentraler Punkt im Körper**. Für das Gleichgewicht beim Voltigieren spielt dieser eine entscheidende Rolle, weil die Schwerkraft bei jeder Bewegung dort ansetzt. Im aufrechten Stand mit herabhängenden Armen befindet sich der Körperschwerpunkt ungefähr in Hüfthöhe im Körperinneren. Jede Veränderung beziehungsweise Bewegung des Körpers bringt eine veränderte Lage des Körperschwerpunkts mit sich.

Welche Übung ist die wichtigste Grundübung im Voltigieren und warum?

Jeder Voltigierer muss das Gleichgewicht auf dem Pferd halten können, ohne es zu stören. Ein korrekter, unabhängiger Sitz ist die Grundvoraussetzung für harmonisches Voltigieren. Deshalb ist der korrekte Grundsitz die wichtigste Gleichgewichts- und Haltungsübung, die jeder Voltigierer gleich zu Beginn lernen muss. Viele Voltigierübungen werden aus dieser Position aufgebaut.

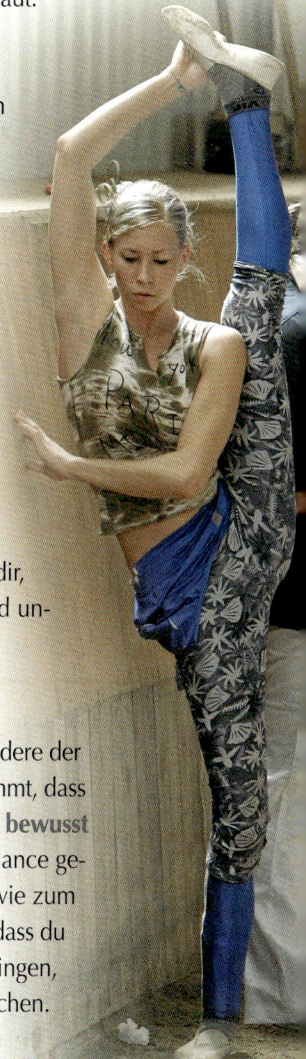

Welche typischen Sitzfehler gibt es?

Haltungsfehler, Verkrampfungen und Gleichgewichtsmängel führen zu folgenden typischen Sitzfehlern:

- **Stuhlsitz:** Der Voltigierer zieht die Knie hoch und der Oberkörper hängt nach hinten.
- **Spaltsitz:** Der Voltigierer sitzt auf den Oberschenkeln und hängt nach vorn.
- **Schiefer Sitz:** Die Hüfte ist zur Seite eingeknickt.

Wie kannst du deine Körperhaltung und deine Balance verbessern?

Die korrekte **Körperhaltung** ist für alle Voltigierübungen erforderlich. Maßgeblich dafür ist die richtige Stellung des Beckens und eine gut trainierte Rumpfmuskulatur (Bauch-, Rücken-, Hüft- und Gesäßmuskulatur). Eine verkürzte, schwache Muskulatur ist die Ursache für die meisten Fehlhaltungen, wie zum Beispiel Hohlkreuz oder Rundrücken. Deshalb musst du diese Muskelgruppen speziell kräftigen und dehnen. Verschiedene **Sitz- und Balanceübungen** helfen dir, dich in die Bewegungen des Pferdes besser einzufühlen und aufrecht, locker und unverkrampft zu voltigieren.

Warum ist Körperspannung beim Voltigieren so wichtig?

Körperspannung bedeutet, die Muskelanspannung des ganzen Körpers (insbesondere der Rumpf- und Beckenmuskulatur) über eine gewisse Zeit zu halten. Du spürst bestimmt, dass du deinen Körper leichter ausbalancieren kannst, wenn du deine **Körpermitte bewusst anspannst**. Wenn die Körperspannung verloren geht, wirst du schnell aus der Balance geraten. Dies kann sogar einen Sturz zur Folge haben. Bei dynamischen Übungen wie zum Beispiel den Schwungübungen (Wende, Schere, Flanke) musst du darauf achten, dass du während der Stützphase die Körperspannung nicht aufgibst. Nur so wird es dir gelingen, diese korrekt auszuführen und eine größere Höhe beim Aufwärtsschwung zu erreichen.

Was musst du über die Hauptkriterien der Voltigierübungen wissen?

Die wichtigsten technischen Merkmale, die zum Gelingen einer Übung ausschlaggebend sind, werden als „Hauptkriterien" bezeichnet. Wenn du diese kennst, wirst du besser verstehen, **worauf es bei jeder Übung ankommt** und auf welche Kriterien die Richter bei der Bewertung besonders achten. Die Hinweise ***„Das ist wichtig"*** bei jeder Übung in den Kapiteln 2 und 3 zeigen dir, was damit gemeint ist. Dabei wird dir auffallen, dass die für das Voltigieren typischen Kriterien bei vielen Übungen immer wieder vorkommen. Es ist klar, dass Übungen mit einem ähnlichen Bewegungsablauf die gleichen Hauptkriterien haben.

Was sind Technikfehler?

Wenn die Ausführung der Übung **grobe Mängel** aufweist und die Hauptkriterien der Übung nur mangelhaft erfüllt sind, spricht man von technischen Fehlern. Beispiele sind: Gleichgewichtsmängel beim Stehen oder falsche Schwungtechnik beim Stützschwung.

Merke dir

- Du findest die Übungsbeschreibungen mit den Hauptkriterien in *Voltigieren, Richtlinien für Reiten und Fahren, Band 3* und im *Aufgabenheft Voltigieren*. In den Kapiteln 5.6 und 5.7 werden dir Fragen zur Beurteilung und Bewertung von Pflicht- und Kürübungen beantwortet.

Welche Grundgriffe gibt es beim Voltigieren und wie sehen diese aus?

- **Ristgriff**: Der Handrücken zeigt nach oben, die Finger zeigen nach unten.
- **Kammgriff**: Die Handinnenseite und die Finger zeigen nach oben.
- **Zwiegriff**: Die Handinnenseite der einen Hand und der Handrücken der anderen Hand zeigen nach oben.

Was müsst ihr beim Aufbau von Partnerübungen beachten?

Alle Partnerübungen müssen technisch korrekt und gut abgestimmt ausgeführt werden:

- Baut die Übungen zügig, aber nicht zu hastig auf!
- Konzentriert euch auf das Pferd und eure/n Partner und übernehmt Verantwortung füreinander.
- Achtet stets auf eine aufrechte Haltung, besonders wenn ihr einen anderen Voltigierer heben, stemmen und tragen müsst.

  Balanciert die Übungen sorgfältig in der Bewegung des Pferdes aus und baut sie sauber und weich wieder ab.

Merke dir

- Mit einer korrekten aufrechten Körperhaltung und einer gut trainierten Rumpfmuskulatur kannst du am besten die Belastungen bei Stütz- und Hebeübungen abfangen und damit gesundheitliche Probleme vermeiden.

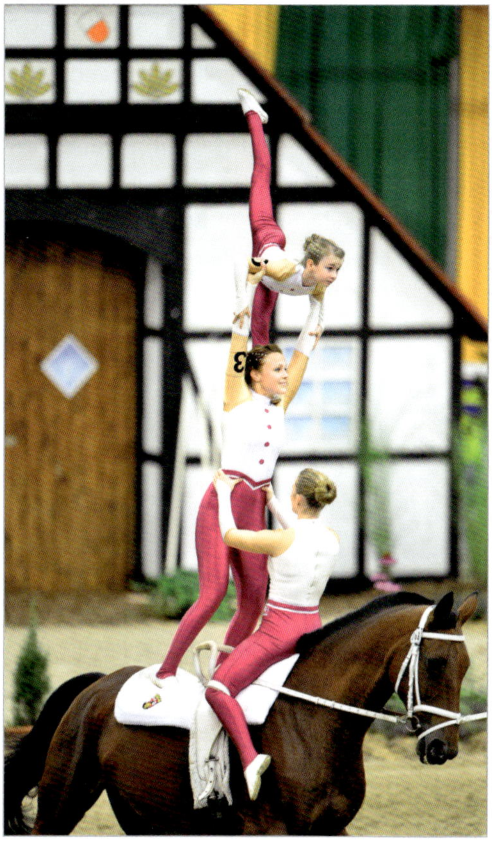

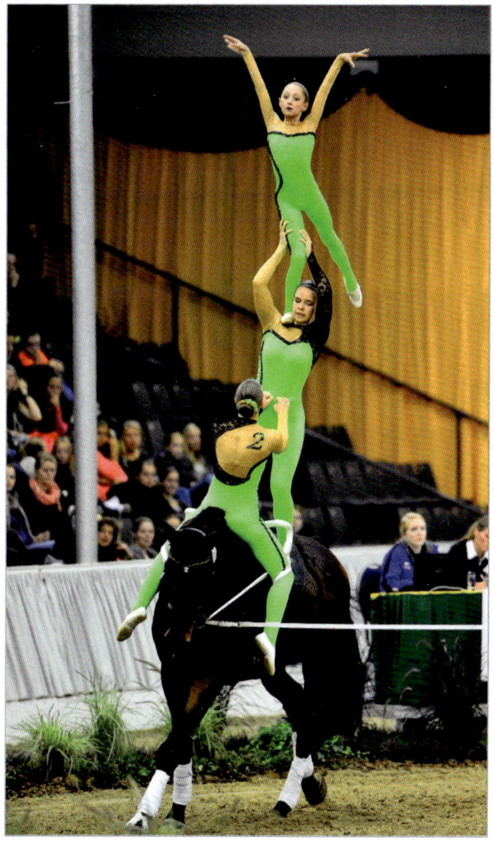

Beschreibe, wie ihr Stütz- und Hebeübungen korrekt ausführt.
Bei Stütz- und Hebeübungen werden **hohe Anforderungen an Gleichgewicht, Körperspannung und Beweglichkeit** gestellt. Wenn du die Position eines „Untermannes" einnimmst, ist die korrekte Körperhaltung und -spannung besonders wichtig. Um Überbelastungen und Rückenschäden zu vermeiden, musst du auf eine gerade Rückenhaltung achten.

Prüfe dich selbst!

- ❑ *Kennst du die Einteilung der Voltigierübungen in verschiedene Strukturgruppen?*
- ❑ *Erkläre den Unterschied zwischen statischen und dynamischen Übungen.*
- ❑ *Weißt du, wie du rücksichtsvoll voltigieren kannst?*
- ❑ *Welche Kriterien gehören zu einer korrekten Ausführung?*
- ❑ *Was versteht man unter Hauptkriterien von Voltigierübungen und warum sind diese wichtig?*
- ❑ *Warum ist der Grundsitz die wichtigste Voltigierübung?*
- ❑ *Wie baut ihr Partnerübungen richtig auf und wieder ab?*
- ❑ *Auf was müsst ihr achten, damit ihr Stütz- und Hebeübungen korrekt ausführt?*

5.3 Der Voltigierunterricht

Eine **harmonische Zusammenarbeit aller Voltigierer** mit ihrem Ausbilder und ihrem Pferd bildet die wichtigste Grundvoraussetzung für einen erfolgreichen Voltigierunterricht. Eine Voltigierstunde unterscheidet sich von anderen Sportstunden, denn sie beginnt schon mit der **Vorbereitung des Pferdes** vor dem eigentlichen Unterricht und endet erst nach der Versorgung des Pferdes. Damit dir der Voltigierunterricht Spaß macht und ohne Unfälle abläuft, musst du einige **Verhaltens- und Sicherheitsregeln** beachten. Wenn du schon einige Zeit voltigierst und regelmäßig an den Voltigierstunden teilgenommen hast, wird es dir bestimmt nicht schwer fallen, die folgenden Fragen zu beantworten und dein Wissen auch in der Praxis anzuwenden.

Was gehört alles zum Voltigierunterricht?

- das Voltigierpferd mit Ausrüstung (siehe Kapitel 6.6)
- der Trainer/Longenführer und möglichst ein Helfer
- die Voltigierer beziehungsweise die Voltigiergruppe mit richtiger Kleidung
- ein geeigneter Übungsplatz
- ein Übungspferd aus Holz oder Metall und andere Kleingeräte

Zu einem guten Voltigierunterricht gehört auch, den Umgang mit dem Pferd und die Pferdepflege (vergleiche Kapitel 6.2 und 6.5) zu erlernen. In Theoriestunden werden dir Kenntnisse über die Pferdekunde und das Voltigieren vermittelt. Das Aufwärmen zu Beginn der Voltigierstunde, ein gymnastisches Zusatztraining, das Training am Übungspferd sowie das Einhalten von Verhaltens- und Sicherheitsregeln sind weitere Bestandteile eines guten Voltigierunterrichts.

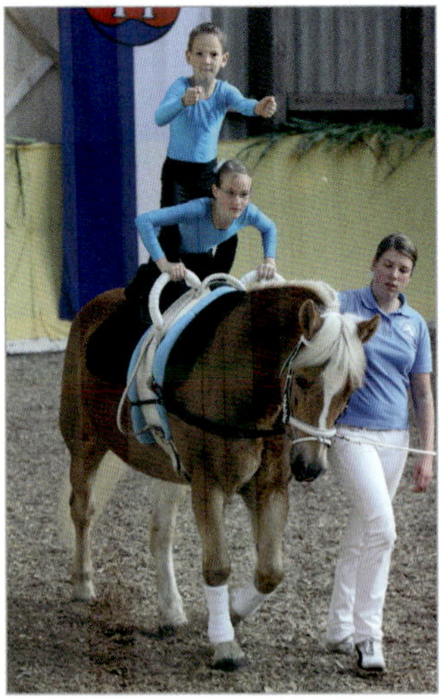

Was sind die Aufgaben des Helfers beim Voltigieren?

Es ist eine große Hilfe und Entlastung für den Ausbilder, wenn ein geschulter Helfer bei der Vorbereitung des Pferdes, dem Aufwärmen der Gruppe und anderen Zusatzaufgaben zur Verfügung steht. Diese sind: Hilfestellung für Anfänger am Pferd, Beaufsichtigung der Voltigierer und Sicherheitsstellung am Übungspferd, Korrekturen von außerhalb des Zirkels.

Wie muss ein geeigneter Voltigierplatz beschaffen sein (Größe, Boden)?

Der Durchmesser eines Übungsplatzes sollte mindestens 20 m betragen, damit bei einem 15 m großen Zirkel ein ausreichender Sicherheitsabstand zur Umgrenzung besteht. Stangen, Übungsgeräte und andere feste Gegenstände müssen sich in einem sicheren Abstand zur Zirkellinie befinden. Bei überdachten Plätzen sollte die lichte Höhe mindestens 5 m betragen. **Ein geeigneter Boden ist für die Gesundheit der Voltigierer (und des Pferdes) eine wichtige Grundvoraussetzung**, vor allem wegen der Belastung der Gelenke bei den Landungen. Dieser muss eben (ohne Steine und Löcher), federnd und trittfest sein. Der Boden darf also weder zu tief noch zu fest sein.

Beschreibe die richtige Kleidung für das Voltigieren.

Dazu gehören

- bequeme, **eng anliegende, elastische, pflegeleichte Kleidung**: Gymnastikhose, T-Shirt, Pulli oder ein Gymnastikanzug. Jegliche Kleidung, mit der man leicht hängen bleiben kann, kann eine Gefahr darstellen. Ungeeignet sind auch rutschige, weite oder zu enge Kleidungsstücke. Mit einer zu weiten Kleidung sind Ausführungsfehler schwer zu erkennen, während eine zu enge Kleidung bei Partnerübungen unzweckmäßig ist, da man sich nicht daran festhalten kann.
- **Gymnastikschuhe** (am besten spezielle Voltigierschuhe) für einen guten Halt auf dem Pferd mit weichen, rutschfesten Sohlen. Feste Sportschuhe sind zu schwer und haben zu harte und profilierte Sohlen, sodass man dem Pferd damit wehtun kann. Außerdem lassen sich die Füße damit nicht strecken.
- ein warmer **Trainingsanzug** zum Überziehen bei kalter Witterung und dicke Socken, damit der Körper nicht so schnell auskühlt.

Woran musst du vor der Voltigierstunde für deine Sicherheit noch denken?

Aus Sicherheitsgründen bindest du deine Haare zusammen und legst jeglichen Schmuck ab. Uhren und Armbänder sind vor allem bei Aufsprüngen und Partnerübungen hinderlich. Lange Ohrringe können ausreißen! Außerdem findet sich verlorener Schmuck in einer Reithalle so gut wie nie wieder! Klebe Piercings und Ohrringe gegebenenfalls mit Pflaster zu. Achte auf kurze Fingernägel, denn ihr könntet euch gegenseitig verletzen. Kaue während der Übungsstunde niemals Kaugummi oder lutsche Bonbons!

Was zeichnet eine sympathische, kameradschaftliche Voltigiergruppe aus?

- Fürsorge und Rücksichtnahme gegenüber dem Pferd
- Höflichkeit und Respekt gegenüber dem Longenführer und anderen Vereinsmitgliedern
- Disziplin, Hilfsbereitschaft und gute Zusammenarbeit beim Unterricht
- ein freundlicher Umgangston untereinander
- ein guter Zusammenhalt (Keiner lässt seine Gruppe beim Training für einen Turnierstart oder eine Schaunummer im Stich.)
- Fairplay auch anderen Gruppen und Voltigierern gegenüber

Welche Aufgaben sind vor der Übungsstunde zu erledigen?

Wenn du Pferdedienst hast, kommst du mindestens **eine halbe Stunde früher** und hilfst bei der Vorbereitung des Pferdes mit: Das Pferd wird geputzt, die Hufe werden ausgekratzt, Decke und Gurt aufgelegt. Der Gurt wird vorerst nur leicht angezogen. Bandagen oder Gamaschen werden angelegt. Dann wird das Pferd aufgetrenst und zum Übungsplatz geführt. Vergesst nicht, den Gurt fest anzuziehen, bevor ihr mit dem Voltigieren beginnt!

Merke dir

- Verhalte dich auf der gesamten Anlage allzeit ruhig und besonnen. Vermeide laute Geräusche und hektische Bewegungen, damit andere Pferdesportler nicht gestört werden.

Wie verhältst du dich richtig, wenn du die Reithalle betrittst?
Du kennst und beachtest die **Bahnordnung**. Du rufst immer zuerst laut „Tür frei bitte". Wenn du die Antwort „Tür frei" erhältst, öffnest und schließt du möglichst ruhig die Hallentür. Öffne die Türen immer ganz, damit sie nicht zurückschlagen und das Pferd sich erschrecken oder daran hängen bleiben kann! Nun beobachtest du, was in der Halle vor sich geht und achtest darauf, dass du andere in der Halle nicht störst. Halte den Hufschlag stets frei!

Warum ist ein intensives Aufwärmtraining vor der Übungsstunde unbedingt notwendig? Wie führt ihr das Aufwärmen durch?

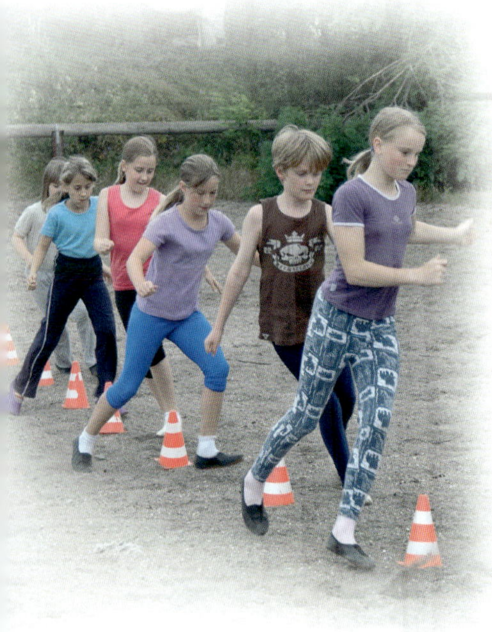

Die Voltigierstunde beginnt immer mit einem **Aufwärmprogramm** von etwa 10 bis 15 Minuten. In dieser Zeit wird das Pferd ablongiert. Das Aufwärmen dient zur Vorbereitung der Voltigierer auf die sportlichen Anforderungen im Hauptteil der Übungsstunde. Der **Kreislauf** wird angeregt und die **Muskeln** werden besser durchblutet. Sie werden geschmeidiger und reagieren schneller. Dadurch wird euer Körper leistungsbereiter und das **Verletzungsrisiko verringert** sich. So klappen die Übungen auf dem Pferd besser.
Ideal ist es, wenn ein Helfer die Aufwärmgymnastik mit euch durchführt. Achtet aber unbedingt auf einen ausreichenden **Sicherheitsabstand** zum Voltigierzirkel. Ihr beginnt mit einer allgemeinen Erwärmung des ganzen Körpers. Laufen, Hüpfen und Springen, Spielen oder ein kleiner Tanz bringen euch richtig in Schwung! Danach folgen Dehnübungen und Kräftigungsübungen für Arme, Beine und den Rumpf. Führt das Aufwärmen mindestens zehn Minuten durch. Ihr solltet dabei ins Schwitzen kommen, aber noch nicht müde werden.

Nenne die wichtigsten Verhaltensregeln während der Voltigierstunde!
Es hängt auch von dir und der Zusammenarbeit mit deiner Gruppe ab, wie oft du aufs Pferd kommst und wie viel du in einer Voltigierstunde lernst. Eine gewisse Disziplin ist für einen reibungslosen und sicheren Unterricht unerlässlich. Wichtig ist, dass du regelmäßig und pünktlich zu den Voltigierstunden kommst.

- Um ein zügiges Üben zu ermöglichen und Unfälle zu vermeiden, müssen alle Voltigierer **konzentriert im Unterricht** mitmachen und den Anweisungen des Ausbilders folgen. Hört den Erklärungen des Ausbilders immer aufmerksam zu, damit dieser nicht alles mehrmals erklären muss!
- Der Longenführer muss sich im Unterricht gleichzeitig um das Longieren des Pferdes kümmern. Damit er dabei nicht gestört wird, dürfen sich nicht mehr als drei Voltigierer gleichzeitig in der Zirkelmitte befinden. Du redest nicht mit dem Longenführer, wenn er gerade andere Voltigierer korrigiert.
- Wenn du während der Voltigierstunde dringend zur Toilette musst, gibst du deinem Ausbilder Bescheid, denn er hat die Aufsichtspflicht.

Wo stehst und wartest du, bis du an der Reihe bist?
Du stehst bei den anderen Voltigierern außerhalb des Zirkels und hältst genügend Abstand zur Zirkellinie. Von deinem Platz läufst du in ausreichendem Abstand hinter dem Pferd zügig in die Zirkelmitte und stellst dich dann neben dem Longenführer auf. Denke daran: **Laufe niemals vor dem Pferd in den Zirkel!**

Wie läufst du von deinem Standort neben dem Longenführer ans Pferd?
Achte darauf, dass du **zügig anläufst** und im Tempo und Takt des Pferdes mitkommst, sodass du vorn am Pferd **auf der Höhe des Voltigiergurtes** ankommst. Damit das Pferd nicht unnötig ohne Voltigierer geht, musst du ans Pferd anlaufen, wenn der vor dir Übende zum Abgang ansetzt. Dadurch wird Zeit gespart und jeder kommt öfter in der Stunde dran.

Merke dir

- Wer ständig seinen Einsatz verpasst oder seine Aufgabe auf dem Pferd nicht kennt, verzögert den ganzen Unterricht und verhält sich unkameradschaftlich!

Wie kann jedes Gruppenmitglied dazu beitragen, dass die Voltigierstunde möglichst zügig abläuft?
Ihr könnt lange Wartezeiten vermeiden, wenn jeder immer weiß, wann er an der Reihe ist und rechtzeitig zum Pferd läuft. Ihr müsst wissen, **welche Übung gerade dran ist**, um eine Aufgabe auf dem Pferd zügig zu beginnen. Dazu müsst ihr stets aufmerksam beobachten, was auf dem Pferd geschieht. Jeder ist auf dem Pferd voll konzentriert und verschwendet keine Übungszeit, damit das Pferd nicht unnötig lange gehen muss. Ihr geht korrekt und zügig vom Pferd ab und lauft wieder direkt zu eurem Platz.

Was ist nach der Voltigierstunde noch zu tun?

- Nach dem Training schnallst du sofort die Ausbindezügel aus, lockerst den Gurt oder nimmst ihn gleich ab.
- **Eine Voltigierstunde endet erst, nachdem das Pferd versorgt ist.** Deshalb kümmert ihr euch nach der Stunde um sein Wohlergehen. Ihr bedankt euch bei eurem Pferd mit einem Leckerbissen, führt es trocken, putzt es und kratzt die Hufe aus.

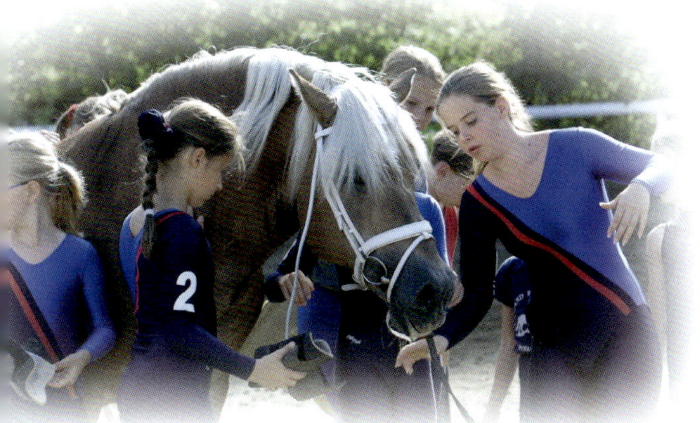

- Die Ausrüstung des Pferdes wird gereinigt und aufgeräumt.
- Der Hufschlag wird mit Rechen und Schaufel wieder eingeebnet.
- Sammelt in der Halle/auf dem Übungsplatz oder im Stall alle Gebrauchsgegenstände (Kleider, Geräte, Ausrüstung usw.) wieder ein und räumt diese auf.

5.4 Lernen und Üben am Übungspferd

Das Training auf dem Übungspferd **(zum Beispiel auf einem Holzpferd)** ist eine ideale Ergänzung zum Training auf dem lebenden Pferd, denn es bietet zusätzliche Übungsmöglichkeiten. Es dient zur **Einstimmung auf die Voltigierstunde** am Stundenanfang und zum **Einüben von neuen Übungen**. Voltigierstunden können damit effektiver gestaltet werden.

Auf welche Sicherheitsmaßnahmen müsst ihr achten, bevor ihr auf dem Übungspferd voltigiert?

> **Sicher ist sicher!**
>
> - Wir empfehlen, ein stabiles, TÜV-geprüftes Übungspferd zu verwenden. Übt immer nur unter Aufsicht eines Helfers, der jederzeit Hilfe- und Sicherheitsstellung leisten kann.

Das Übungspferd muss in einem einwandfreien Zustand sein. Es muss fest auf dem Boden stehen und darf nicht wackeln. Außerdem muss es genügend Abstand zur Wand haben und es muss ausreichend Platz für Auf- und Abgänge vorhanden sein. Wenn das Gerät auf einem harten Untergrund steht, müssen Matten um das Gerät gelegt werden. Achtet stets darauf, dass der Gurt fest angezogen ist. Falls ihr ein Trampolin verwendet, muss dieses ebenfalls in einem einwandfreien Zustand sein und fest auf dem Boden stehen.

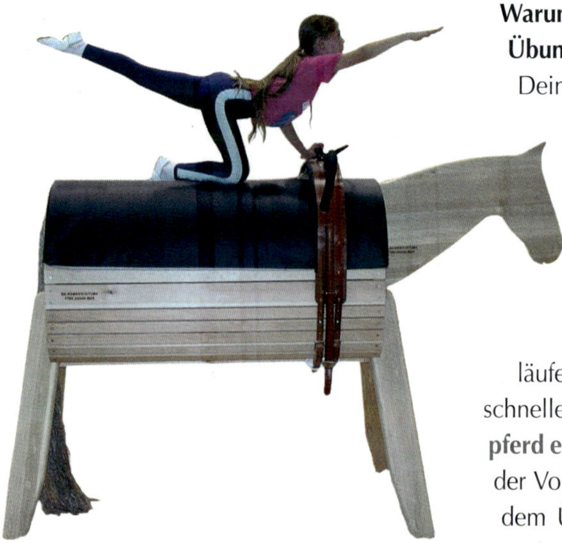

Warum sollte jeder Voltigierer regelmäßig auf dem Übungspferd trainieren?

Dein Trainer kann dir den richtigen Bewegungsablauf einer Übung am Übungspferd viel ausführlicher erklären und deine Bewegungen genauer korrigieren. Du verbesserst deine **Bewegungsvorstellung** und dein **Bewegungsgefühl** und wirst immer sicherer in der Übungsausführung. Durch ständiges Wiederholen der Bewegungsabläufe auf dem Übungspferd wirst du im Voltigieren schneller vorwärtskommen. So **wird euer Voltigierpferd entlastet**. Wenn du noch zusätzlich außerhalb der Voltigierstunden die Übungsmöglichkeiten mit dem Übungspferd nutzt, wirst du mit Sicherheit weitere Fortschritte machen.

Wie stellt ihr euch am besten am Übungspferd auf?

Die ganze Gruppe stellt sich am besten in einem Halbkreis mit genügend Abstand zum Übungspferd auf. Jeder Voltigierer soll den Erklärungen und Korrekturen des Ausbilders beziehungsweise des Helfers gut folgen und die übenden Voltigierer beobachten können.

Wozu kann ein Übungspferd während der Voltigierstunde eingesetzt werden?

- Unter Anleitung des Ausbilders können alle Bewegungsabläufe in Ruhe erklärt, gezeigt, ausprobiert und korrigiert werden, ohne gleichzeitig auf die Bewegungen des Pferdes achten zu müssen.
- Ein Helfer kann am Übungspferd auch leichter Hilfe- und Sicherheitsstellung geben als beim Voltigieren auf dem Pferd, da er besser zupacken kann.
- Mit dem Minitrampolin lässt sich am Übungspferd auch ein Ab- und Aufsprungtraining durchführen. Die korrekte Landetechnik und das richtige Verhalten bei Stürzen können eingeübt werden.
- Wer gerade nicht auf dem Pferd ist, kann die Wartezeit durch Zusatzaufgaben am Übungspferd sinnvoll nutzen und bleibt in Bewegung.

Wie kann das Übungspferd für zusätzliche Trainingseinheiten außerhalb des Voltigierunterrichts genutzt werden?

- zum selbstständigen Erlernen von neuen Einzel- und Partnerübungen
- zum Verbessern von Pflicht- und Kürübungen
- als Sicherheitstraining für den sicheren Auf- und Abbau der Übungen
- für das richtige Anwenden von Hilfe- und Sicherheitsstellung
- für die Zusammenstellung und Gestaltung einer Kür
- zum Trainieren und Verfeinern einer kompletten Kür und zur Abstimmung der Gestaltung auf die Musik

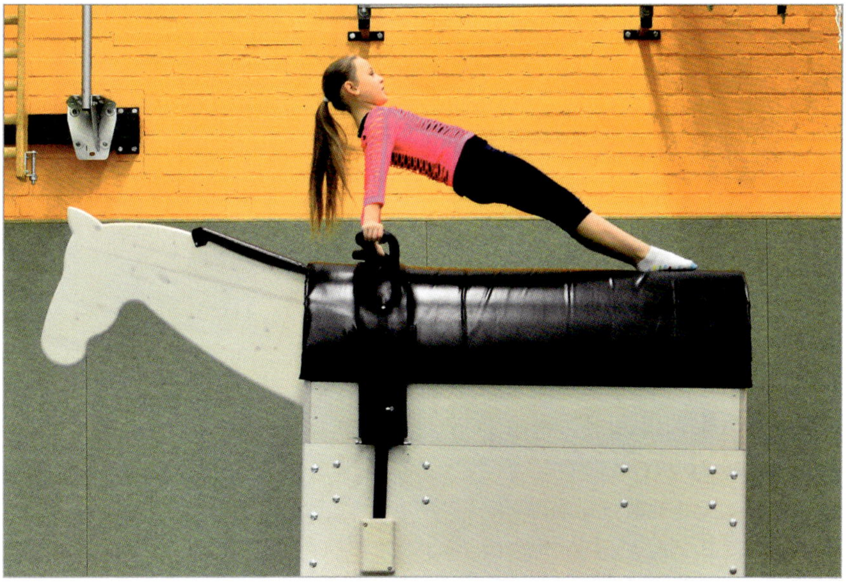

Merke dir

- Schone euer Pferd, indem du nur Übungen ausführst, die auf dem Übungspferd schon richtig klappen!

5.5 Sicherheits- und Hilfestellung

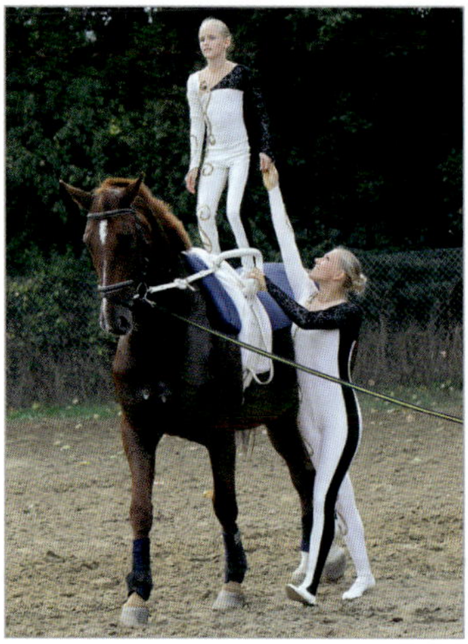

Wie könnt ihr euch Sicherheits- und Hilfestellung geben? Warum ist das wichtig?

Die richtige Hilfestellung gibt euch Sicherheit und hilft Unfälle zu vermeiden. Euer Ausbilder zeigt euch am Übungspferd, wie ihr gegenseitig richtig Hilfestellung geben könnt. **Im Schritt** geht ein Helfer neben dem Pferd mit und kann – wenn nötig – Hilfestellung leisten. **Im Galopp** laufen größere Voltigierer neben dem Pferd mit und helfen den kleineren beim Auf- und Abspringen. **Auf dem Pferd** können sich die Voltigierer auch gegenseitig Sicherheits- und Hilfestellung geben, zum Beispiel indem ein Voltigierer vor dem Gurt sitzt und andere dabei sichert.

Merke dir

- Wer Hilfestellung leistet, muss die entsprechenden Helfergriffe schnell und effektiv anwenden können sowie zuverlässig und stets einsatzbereit sein.

Was musst du für eine richtige Hilfestellung beachten?

Du musst den Bewegungsablauf der betreffenden Übung kennen und aufmerksam beobachten. Du weißt, wo und wann die rumpfnahe Hilfestellung ansetzen muss, sodass du jederzeit eingreifen kannst. Dabei verfolgst du genau: In welche Richtung bewegen sich die Übenden? Welche Griffe wendest du wann an?

Wie kannst du in gefährlichen Situationen am schnellsten das Pferd verlassen?

Mit dem sogenannten „Notabgang". Du hältst dich an den Griffen fest und rutschst an der Seite des Pferdes nach innen ab, sodass du auf den Füßen landen kannst. Lasse die Griffe rechtzeitig los!

Wie verhältst du dich, wenn du das Gleichgewicht verlierst?

- Klammere dich nicht am Gurt oder Partner fest!
- Vermeide nach hinten zu fallen. Versuche immer, auf beiden Füßen **vorwärts** und möglichst weit weg vom Pferd zu landen und auszulaufen.
- Wenn du zu viel Schwung hast, rolle dich am Boden ab.

Prüfe dich selbst!

- ❑ ***Was braucht man zum Voltigieren?***
- ❑ ***Welche Ausrüstung benötigst du für das Voltigieren?***
- ❑ ***Welche Aufgaben müssen vor und nach der Voltigierstunde erledigt werden?***
- ❑ ***Warum ist ein geschulter Helfer für die Voltigierstunde notwendig?***
- ❑ ***Was kannst du beitragen, damit die Voltigierstunde zügig abläuft?***
- ❑ ***Warum ist das Aufwärmen am Anfang der Stunde so wichtig?***
- ❑ ***Welche Verhaltens- und Sicherheitsregeln im Voltigierunterricht kennst du?***
- ❑ ***Welche Vorteile hat das Training am Übungspferd für jeden Voltigierer?***
- ❑ ***Wie gebt ihr euch gegenseitig richtige Hilfe- und Sicherheitsstellung?***

5.6 Regelwerk und Turnieranforderungen

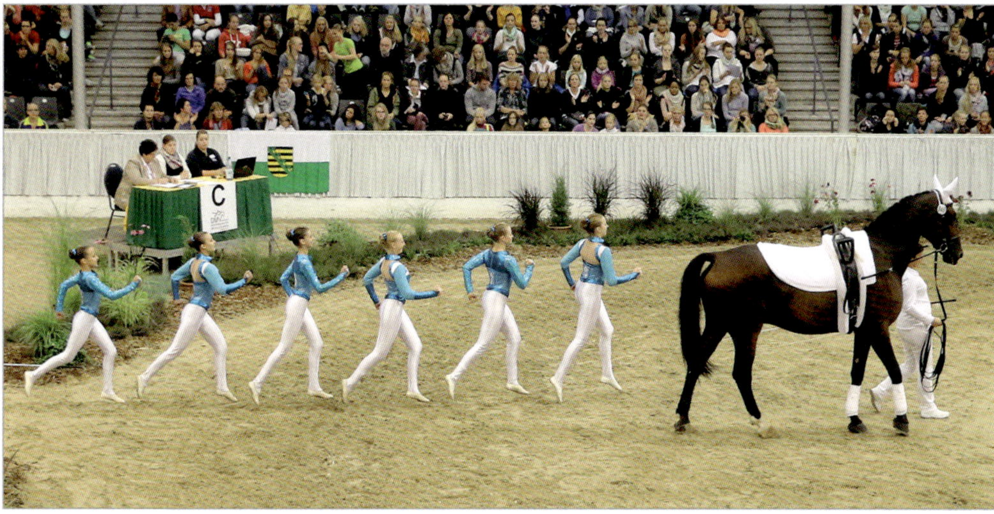

Bei Breitensportlichen Wettbewerben und später auf Turnieren können alle Voltigierer zeigen, was sie in den Übungsstunden gelernt haben. Auch beim Voltigieren geht es nicht ohne feste Regeln. Die deutschen Turnierbestimmungen für Voltigierturniere sind Bestandteil der *Leistungs-Prüfungs-Ordnung (LPO)*. Die speziellen Anforderungen und die Bewertung der verschiedenen Klassen im **Einzel-, Doppel- und Gruppenvoltigieren** sind im *Aufgabenheft Voltigieren* zu finden. Ergänzend dazu ist der „Band 3, Voltigieren der Richtlinien für Reiten und Fahren" der FN auch für den Turniersport verbindlich.

Was versteht man unter Breitensportlichen Wettbewerben?

Breitensportliche Wettbewerbe unterscheiden sich in den Anforderungen und der Bewertung deutlich von den regulären Turnieranforderungen, zum Beispiel kann oft mit einer beliebigen Gruppengröße gestartet werden. Die Angebote sind sehr vielfältig. Sie reichen von spielerischen Wettbewerben mit und ohne Pferd bis hin zu Wettbewerben, die zum Turniersport hinführen sollen. Ziel ist, die Voltigierer zu motivieren und den korrekten Umgang mit dem Pferd spielerisch zu fördern. Breitensportliche Wettbewerbe können in allen Gangarten und auf der rechten und linken Hand ausgeschrieben werden.

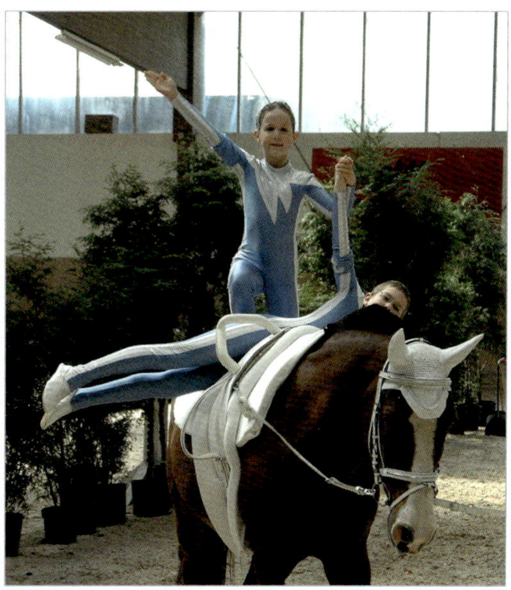

Was beinhaltet die Wettbewerbsordnung für den Breitensport (WBO)?
Die WBO regelt die Durchführung von **Breitensportlichen Wettbewerben**. Die WBO richtet sich nach den gleichen Ausbildungsgrundlagen wie im *Aufgabenheft Voltigieren* und den „Richtlinien Band 3, Voltigieren". Es werden weder Jahresturnierlizenzen noch Voltigier- oder Longierabzeichen verlangt. Die Teilnehmer müssen keinem Pferdesportverein angehören.
Jeder Veranstalter kann auf Basis der **WBO** selbst gewählte, sportlich faire und pferdegerechte Breitensportliche Veranstaltungen ausschreiben. Sie können als eigenständige Veranstaltung oder im Rahmen von Voltigierturnieren durchgeführt werden. Näheres regeln die besonderen Bestimmungen der jeweils zuständigen Landeskommission.

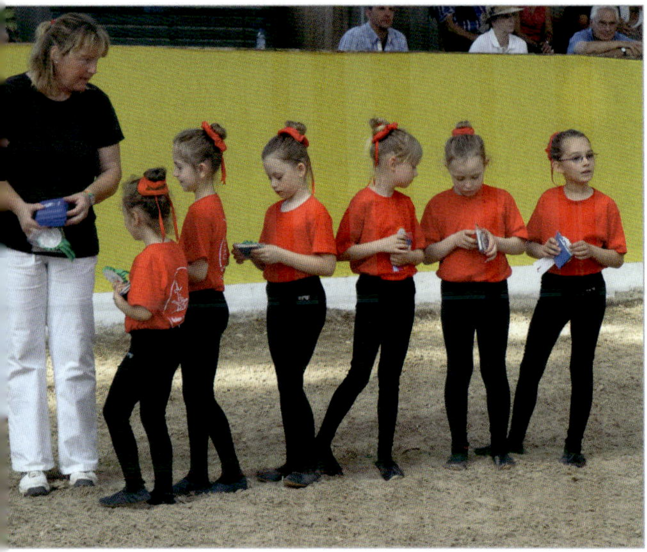

Wo sind die Regeln für alle Disziplinen des Pferdesports zu finden und warum solltest du die wichtigsten Turnierbestimmungen kennen?
In der *Leistungs-Prüfungs-Ordnung (LPO)* der FN. Sie ist das Regelwerk für den Reit-, Fahr- und Voltigiersport und wird vom Bereich Sport der FN herausgegeben. Das Reglement wurde aus praktischen Erfahrungen entwickelt. Es hat zum Ziel, dass alle Turniere unter **fairen Bedingungen** ablaufen. Die LPO hat die Gesundheit und Sicherheit von Pferden und Pferdesportlern im Blick. Deshalb ist es wichtig, dass du dich auch damit beschäftigst.

In welche Hauptteile ist die LPO gegliedert und wo sind die Regeln für das Voltigieren zu finden?

Teil A Allgemeine Bestimmungen: Grundbestimmungen, Voraussetzungen, Durchführung und Teilnahmeberechtigung für Turniere, Ausrüstung von Teilnehmern und Pferden

Teil B Besondere Bestimmungen: Die Bestimmungen für Voltigierprüfungen sind auf den Seiten mit rotem Rand aufgeführt. Weitere Rubriken sind: Bestimmungen für spezielle Disziplinen (zum Beispiel Distanzreiten), Basis- und Aufbauprüfungen, Dressur und Springen

Teil C Rechtsordnung: allgemeine Bestimmungen, Einsprüche und Ordnungsmaßnahmen

Teil D Durchführungsbestimmungen: nähere Erläuterungen zu einzelnen Paragraphen

Anhang Empfehlungen, Umrechnungstabellen, alphabetisches Sachverzeichnis

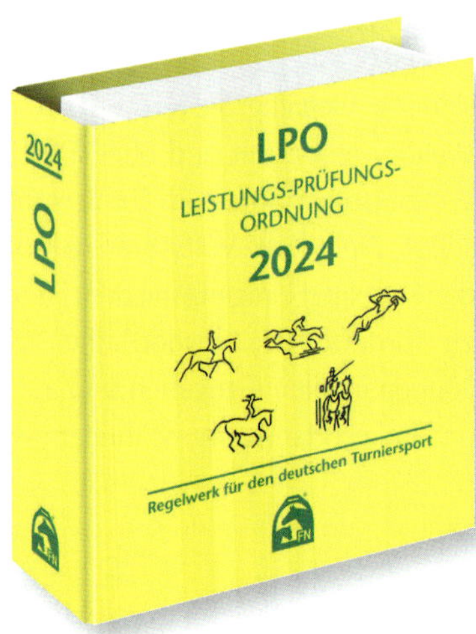

Was ist im Aufgabenheft Voltigieren geregelt?
Das *Aufgabenheft Voltigieren* enthält die Turnieranforderungen, Bewegungsbeschreibungen und Bewertungskriterien für die Pflichtübungen in allen Klassen mit Richtwerten. Auch für die Pferdenote sind Richtwerte aufgeführt.

Was ist der Kürkatalog und wo ist dieser zu finden?
Der Kürkatalog ist eine Auflistung von Kürübungen, die in verschiedene Strukturgruppen und Schwierigkeitsgrade aufgeteilt sind.
Der Kürkatalog Voltigieren ist kostenlos auf der Homepage www.pferd-aktuell.de/turniersport/regelwerke-und-merkblaetter verfügbar und ist Bestandteil des *Aufgabenheft Voltigieren*.

Wie erfährst du Neuerungen zur LPO und zum Aufgabenheft Voltigieren?
Über die Bekanntmachungen der FN, die im Internet unter www.pferd-aktuell.de/bekanntmachungen und im „Aktuellen Voltigierzirkel" veröffentlicht werden.

Welche Voraussetzungen müssen alle Turnierteilnehmer für einen Turnierstart erfüllen?
Alle Longenführer und Voltigierer benötigen eine FN-Jahresturnierlizenz (Longenführer-/Voltigierausweis). Diese muss jedes Jahr neu und rechtzeitig vor dem ersten Turnierstart bei der FN beantragt werden.

Wo sind alle notwendigen Informationen über ein Voltigierturnier zu finden?
In der Ausschreibung des Veranstalters. Sie enthält Angaben über den Termin, Veranstaltungsort und alle dort ausgeschriebenen Prüfungen sowie den Nennungsschluss. Die Ausschreibungen werden von der FN (für bundesweite Veranstaltungen) oder von der zuständigen Landeskommission genehmigt und über deren Organe (Verbandszeitschrift, Internet) veröffentlicht.

Welche Turnierdisziplinen gibt es beim Voltigieren?
Einzel-, Doppel- und Gruppenvoltigieren in verschiedenen Leistungsklassen (siehe Tabelle)

Leistungsklassen gemäß LPO 2024, Durchführungsbestimmungen zu § 63:	
Gruppen	Lkl. 1 startet in LP der Kl. S**
	Lkl. 2 startet in LP der Kl. S*
	Lkl. 3 startet in LP der Kl. M**
	Lkl. 4 startet in LP der Kl. M*
	Lkl. 5 startet in LP der Kl. L
	Lkl. 6 startet in LP der Kl. A
	Lkl. 7 startet in LP der Kl. E
Einzelvoltigieren	Lkl. 1 startet in LP der Kl. S
	Lkl. 2 startet in LP der Kl. M
	Lkl. 3 startet in LP der Kl. L

Gibt es getrennte Prüfungen für Mädchen und Jungen beim Voltigieren?
Ja, beim Einzelvoltigieren können getrennte Leistungsprüfungen (LP) ausgeschrieben werden. Beim Gruppenvoltigieren können Jungen und Mädchen zusammen in einer Mannschaft starten.

Wie setzt sich eine Turniergruppe zusammen?
Eine Gruppe besteht aus dem Pferd, dem Longenführer und mehreren Voltigierern. Je nach den ausgeschriebenen Prüfungen sind sechs beziehungsweise sechs bis acht Voltigierer vorgeschrieben.

Weißt du, welche Übungen in den Klassen E bis S verlangt werden?
Du kannst die Antworten im aktuellen *Aufgabenheft Voltigieren* finden.

Welche Altersgrenzen kennst du für Gruppenvoltigierer?
- Höchstalter 16 Jahre in Klasse E und in altersbegrenzter Klasse A
- Höchstalter 18 Jahre in Juniorgruppen und in altersbegrenzter Klasse L

Welche Anforderungen und Noten gibt es bei Turniergruppen?
Alle Voltigierer müssen alle **Pflichtübungen** zeigen. Jede Pflichtübung erhält eine Wertnote. Die Kür wird nach der **Schwierigkeit** beziehungsweise **Wert der Kürelemente, Gestaltung** und **Ausführung** bewertet. Alle Voltigierer müssen mit mindestens einer Übung an der Kür beteiligt sein.
Außerdem gibt es noch je eine **Pferdenote** für die Pflicht und für die Kür.

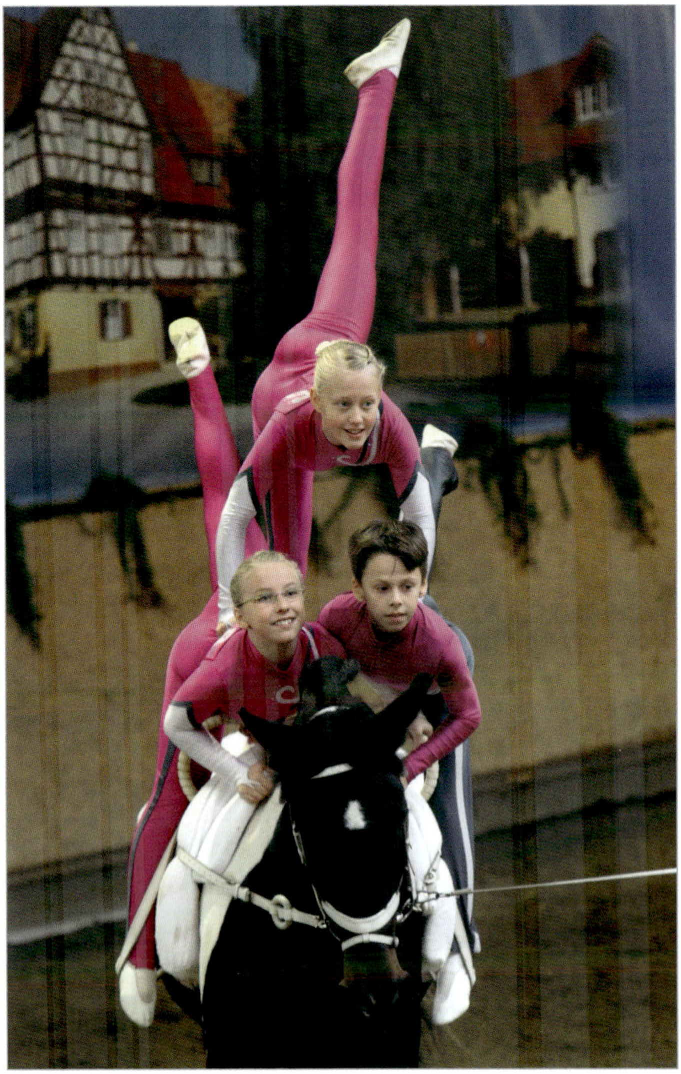

Ab welchem Zeitpunkt beginnt beim Gruppenvoltigieren die Zeitmessung bei Pflicht und Kür?
Die Zeitmessung beginnt, wenn der erste Voltigierer die Griffe beziehungsweise das Pferd berührt.

Wer darf an Prüfungen für Einzelvoltigieren teilnehmen?
Startberechtigt sind Voltigierer mit **VA 3** oder mit **goldenem Voltigierabzeichen**, die im laufenden Kalenderjahr **mindestens 12 Jahre** alt werden (auch wenn sie zugleich in der Gruppe voltigieren).

Merke dir

- Beim Einzelvoltigieren darf sich kein zweiter Voltigierer in der Zirkelmitte befinden. Erst wenn der vorherige Voltigierer die letzte Übung beginnt, darf der nächste Voltigierer für seinen Start in die Zirkelmitte laufen.

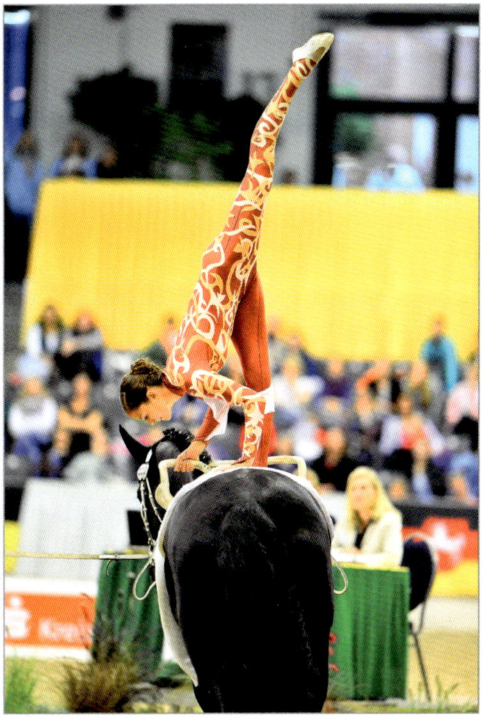

Einzelvoltigieren

Welche Klassen gibt es im Einzelvoltigieren?
Es gibt die Klassen L, M und S.

Welche Anforderungen gibt es beim Einzel- und Doppelvoltigieren?
Einzelvoltigierprüfungen bestehen aus **Pflicht und Kür oder Pflichtkür und/oder Technikprogramm**. Für die Pflicht gibt es keine Zeitgrenze. Sind zwei Durchgänge ausgeschrieben, kann in Klasse S im zweiten Durchgang das **Technikprogramm** verlangt werden. Die Höchstzeit für Kür und Technikprogramm beträgt eine Minute.
Bei Doppelvoltigierprüfungen gibt es nur eine **Kür von zwei Minuten Dauer** beziehungsweise beim Doppelvoltigieren Junioren eine **Kür von eineinhalb Minuten Dauer.**

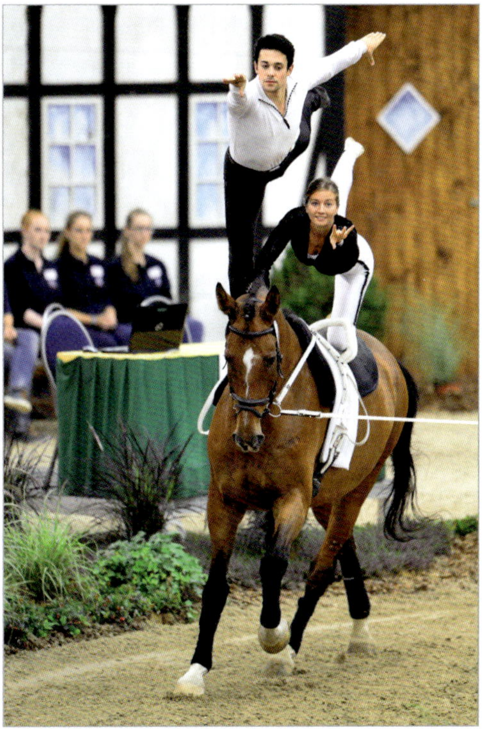

Doppelvoltigieren

Welche Vorbereitungen müssen vor einem Turnierstart getroffen werden?

- die Nennung bis zum Nennungsschluss online an den Veranstalter senden (www.nennung-online.de)
- den Transport des Pferdes organisieren und das Zugfahrzeug vorbereiten
- die Ausrüstung des Pferdes reinigen und einpacken; im Equidenpass den Influenza-Impfschutz kontrollieren und den Equidenpass mitnehmen
- die Ausrüstung der Voltigierer (Trikots und Nummern, Gymnastikschuhe mit Socken, Trainingsanzüge, Haargummis) mitnehmen
- das Pferd für den Turnierstart und den Transport vorbereiten (Pferd gründlich putzen, Transportgamaschen anlegen usw. (siehe auch Kapitel 6.2)).

Wie und wo wird die Startbereitschaft erklärt?

Die Startbereitschaft muss spätestens **eine Stunde vor dem Start** beziehungsweise vor Prüfungsbeginn (ausschlaggebend ist die Ausschreibung und die Zeiteinteilung) an der **Meldestelle** erklärt werden. Dabei ist auch die Turniermusik abzugeben.

Wie sollt ihr euch auf einem Turnier verhalten?

Alle Turnierteilnehmer sollen sich **sportlich fair** verhalten. Lautstarke Kommentare über Vorführungen anderer Teilnehmer oder die Wertnoten sowie Lärmen und andere Störungen auf dem Ablongierzirkel oder in der Nähe des Turnierzirkels sind unsportlich.

Was ist nach einem Turnierstart als Erstes zu tun?

Nach dem Start wird **zuerst das Pferd versorgt**. Die Ausbindezügel werden sofort gelöst und der Gurt wird gelockert. Dann wird das Pferd im Schritt geführt, bei kühler Witterung mit Abschwitzdecke. Zwischendurch den Gurt und die Bandagen abnehmen. Nach dem Abschwitzen und der Normalisierung der Atemfrequenz wird dem Pferd Wasser angeboten. Anschließend sollte es in einer Box oder auf dem Anhänger seine verdiente Ruhe erhalten. Bleibt das Pferd auf dem Anhänger, ist es wichtig, regelmäßig nach ihm zu sehen.

Wann müsst ihr spätestens in den Turnierzirkel einlaufen?

Spätestens eine Minute nach dem Klingelzeichen zur Startfreigabe von Richter A, andernfalls erfolgt der Ausschluss.

Ab welchem Zeitpunkt beginnt die Zeitmessung bei der Kür beim Einzelvoltigieren?

Die Zeitmessung beginnt, wenn der Voltigierer die Griffe beziehungsweise das Pferd berührt, beziehungsweise spätestens, wenn die 90 Sekunden ab Startfreigabe/Klingelzeichen abgelaufen sind.

Wie viel Zeit hat ein Einzelvoltigierer zwischen Pflicht und Kür, wenn er auf einem Pferd alleine am Start ist?

Die Pause zwischen Pflicht und Kür beträgt 30 Sekunden.

5.7 Bewertung eines Turnierstarts

Die Richter halten sich an die Regeln der LPO und des *Aufgabenheftes Voltigieren*. Sie orientieren sich auch an den dort und in *Voltigieren, Richtlinien für Reiten und Fahren, Band 3* festgelegten **Bewertungs- und Hauptkriterien** (siehe auch Kapitel 3). Für die praktische Voltigierabzeichenprüfung musst du auch über die Ausführung und Bewertung der einzelnen Pflichtübungen Bescheid wissen. Wenn du die Abzüge für Ausführungsfehler kennst, wird dir klar, welche Fehler du auf alle Fälle vermeiden musst!

Welche Wertnoten gibt es und was bedeuten sie?
Ganze, halbe und Zehntelnoten sind bei allen Prüfungen möglich.

10 = ausgezeichnet
9 = sehr gut
8 = gut
7 = ziemlich gut
6 = befriedigend
5 = genügend
4 = mangelhaft
3 = ziemlich schlecht
2 = schlecht
1 = sehr schlecht
0 = nicht ausgeführt

Wie lange muss eine statische Übung in der Pflicht beziehungsweise der Kür mindestens ausgehalten werden?
Jede statische Pflichtübung muss mindestens **vier Galoppsprünge** ausgehalten werden. Pro fehlendem Galoppsprung wird ein Punkt abgezogen. Jede statische Kürübung muss mindestens **drei Galoppsprünge** gezeigt werden, andernfalls wird sie beim Wert der Schwierigkeit nicht gezählt.

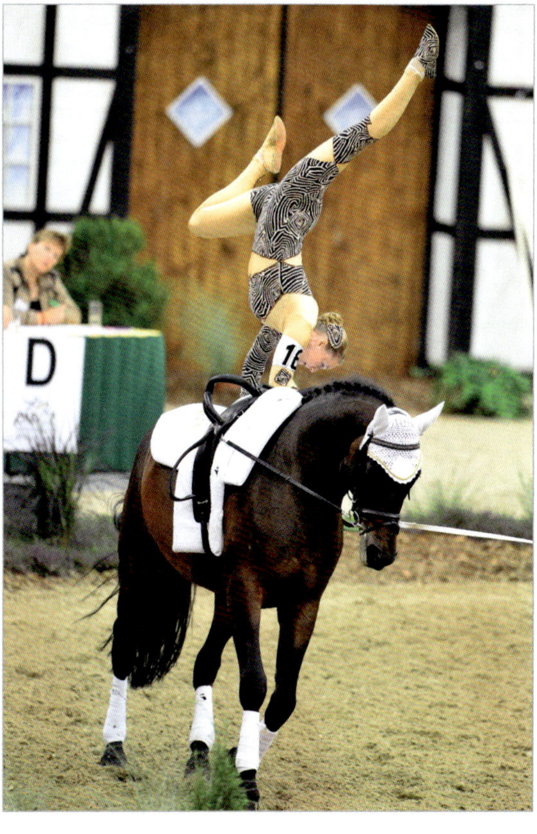

In welchem Takt müssen die Phasen der Übung Mühle gezeigt werden und wie werden die Takte korrekt gezählt?
Die Phasen der Mühle müssen in einem gleichmäßigen Vierertakt aufeinander folgen. Dabei entspricht ein Galoppsprung einem Takt. Eine neue Phase beginnt, wenn das jeweilige Bein angehoben wird, und endet jeweils nach vier Galoppsprüngen. Der letzte Takt endet im Grundsitz vorwärts.

Welche Note erhältst du für das Stehen, wenn du die Griffe zweimal berührst und wieder loslässt, anschließend aber sicher vier Galoppsprünge stehst?

Die Übung gilt als nicht ausgeführt. Du bekommst wegen zweimaliger Wiederholung die Wertnote 0.

Was machst du, wenn du bei einer Pflichtübung das Pferd verlassen musst?

Du springst so schnell wie möglich wieder auf und setzt die Pflicht mit der nächsten Pflichtübung fort.

Welche Standardabzüge gibt es bei den Pflichtübungen?

Eine Note Abzug	Zwei Noten Abzug	Wertnote 0
für jeden fehlenden Galoppsprung bei einer statischen Pflichtübung = G	für Wiederholen bzw. erneutes Ansetzen einer Pflichtübung = W	für jede nicht (oder nicht richtig) ausgeführte Pflichtübung (auch wenn einzelne Phasen fehlen bzw. falsch gezeigt werden)
für fehlendes Knien vor der Fahne und vor dem Stehen = K	für eine in der falschen Reihenfolge angesetzte Pflichtübung, die noch korrigiert wird	für zweimaliges Wiederholen einer Pflichtübung
für jeden Taktfehler in der Mühle = T	für das Zusammenbrechen einer Übung = Z	für jede nicht vollständig im Handgalopp ausgeführte Pflichtübung
für Bodenberührung nach einem Abgang (jede Landung, die nicht nur auf den Füßen erfolgt) = B	für jede harte Landung auf dem Pferd = L	für den Aufsprung ab Klasse A, wenn dieser nicht im Handgalopp oder mit Hilfestellung ausgeführt wird
für das Berühren des Pferdehalses mit der Hand (z.B. bei Fahne oder Stehen) = H	für das Loslassen und nochmaliges Erfassen der Griffe vor dem Aufsprung = W	Verlassen des Pferdes während einer Pflichtübung (Sturz)
		für die zuerst gezeigte Pflichtübung bei Vertauschen zweier Pflichtübungen
		für eine Übung, wenn sich durch Abzüge die Wertnote 0 ergibt
		für die nachfolgende Pflichtübung, falls der Aufsprung in Klasse E nicht im Handgalopp erfolgt (Hilfestellung erlaubt)

Wichtig

- *Wenn mehrere Abzüge für verschiedene Fehler von einer Übung zusammenkommen, kann dies sogar die Wertnote 0 ergeben.*

Was bedeutet es, wenn Richter A während der Prüfung klingelt?
Dies bedeutet, dass du die Vorführung sofort unterbrechen musst. Du darfst diese erst dann wieder fortsetzen, wenn der Richter A den Start wieder freigibt. In der Regel wird eine Vorführung unterbrochen, wenn Gefahr für den Voltigierer oder das Pferd besteht und/oder die Ausrüstung in Ordnung gebracht werden muss.

Wie handelst du, wenn beim Einzelvoltigieren die Zeit nach einem Sturz angehalten wird?
Du setzt die Kür sobald wie möglich fort (spätestens nach einer Minute). Die Zeit läuft weiter, sobald du die Griffe wieder für den Aufsprung ergreifst.

Wann müssen im Einzel- und Doppelvoltigieren die Voltigierer bei der Kür das Pferd spätestens verlassen haben?
Der Abgang muss spätestens innerhalb von drei Galoppsprüngen nach dem Abläuten begonnen werden. Dieser wird nur für den Wert der Schwierigkeit noch berücksichtigt, wenn er innerhalb der nächsten drei Galoppsprünge nach Ablauf der Zeit begonnen wurde. Erfolgt der Abgang später, ergibt dies einen Abzug von 0,5 Punkten von der Gestaltungsnote.

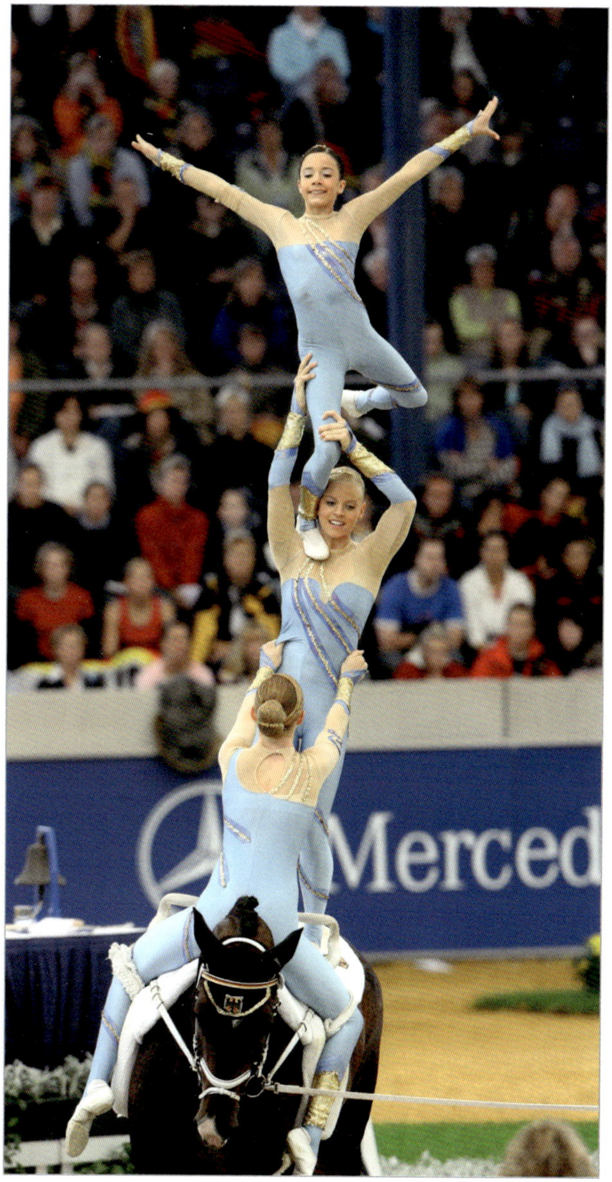

Was geschieht, wenn beim Gruppenvoltigieren nach der erlaubten Zeit noch Kürübungen beziehungsweise der letzte Abgang gezeigt wurden?
Die Regeln verlangen, dass alle Voltigierer, die sich beim Abläuten noch auf dem Pferd befinden, direkt aus ihrer Position abgehen. Die zu diesem Zeitpunkt begonnene Übung sowie die direkt angeschlossenen Abgänge werden für den Wert der Schwierigkeit noch berücksichtigt. Alle nach dem Abläuten begonnenen Kürübungen bleiben ohne Bewertung. Zudem wird ein Punkt von der Gestaltungsnote abgezogen.

Dürfen auch Pflichtübungen in einer Kür enthalten sein?

Ja, aber nur in Kombinationen, Verbindungen und Variationen. Sonst zählen sie nicht für den Schwierigkeitsgrad einer Kür.

Nach welchen Kriterien richtet sich der Schwierigkeitsgrad einer Kürübung?

Folgende Kriterien spielen für die Einstufung der Übungen eine Rolle:

- die Lage des Voltigierers auf dem Pferd (vor-, rück- oder seitlings)
- die Bewegungsrichtung der Übung (vor-, rück- oder seitwärts)
- die Haltung bei der Übung (angefasst, einarmig/einbeinig oder ganz frei)
- die Bewegungsebene bei Partnerübungen (untere, mittlere, obere Ebene, Abstand zum Pferd, Höhe des Schwerpunkts)
- die Anzahl und Art der Haltepunkte: Wo hält sich der Voltigierer fest oder stützt sich ab (Griffe, Decke, Pferderücken, Schlaufe, Pferdehals, Partner)?
- die Stand- beziehungsweise Unterstützungsfläche (Gesäß, Füße, ganzer Rücken, Schultern)
- die Komplexität einer Übung

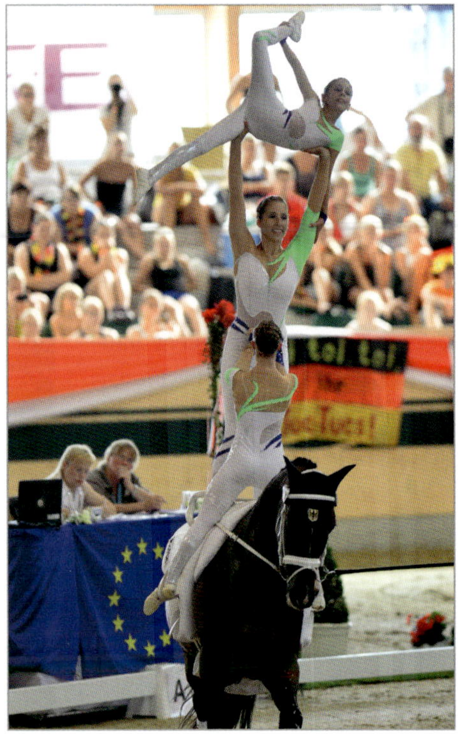

Ordne die folgenden Übungen einem Schwierigkeitsgrad zu

Vergleiche die folgenden Übungsbeispiele mit der Klassifikation der Kürübungen im Kürkatalog Voltigieren.

Übung	Schwierigkeitsgrad (S, M, L)
Standspagat angefasst	
Rolle rückwärts auf den Hals	
Übersprung über einen sitzenden Partner	
Knien seitwärts frei	
Standwaage in der Schlaufe angefasst	
Schulterstand rückwärts	
Handstand auf der Kruppe gestützt	
Sprung im Stehen mit halber Drehung	

Was passiert, wenn die gleiche Kürübung zweimal in einer Kür gezeigt wird?
Sie wird beim Wert der Schwierigkeit nur einmal berücksichtigt. Wenn der gleiche Übungsteil in zwei verschiedenen Formen gezeigt wird, zählt nur die schwierigere Variante.

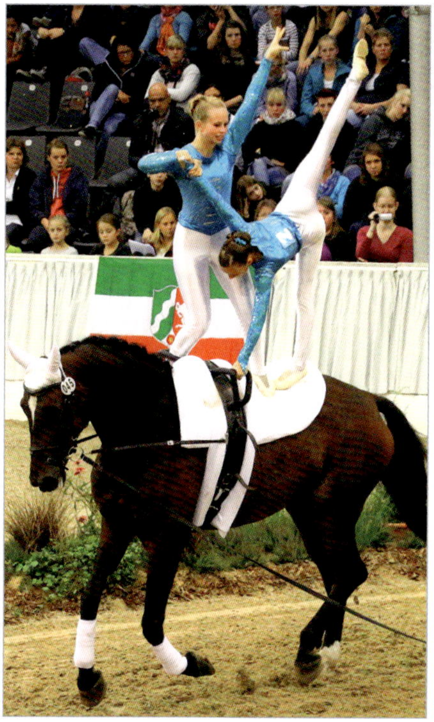

Welche Übungsteile werden als Höchstschwierigkeit (HS) eingestuft?
Höchstschwierigkeiten werden nur beim Einzelvoltigieren gewertet. Dabei handelt es sich um sehr schwere Übungsteile, die sich durch besonders hohe **Anforderungen an Gleichgewicht, Koordination, Rhythmusanpassung sowie Kraft und Beweglichkeit** auszeichnen. Sie bilden die Höhepunkte einer Einzelkür.

Wie wird der Wert der Schwierigkeit für eine Einzelkür (bis auf Klasse L) ermittelt?
Es werden nur die zehn schwierigsten Übungen gewertet. Dabei zählen **L (leicht) = 0 Punkte, M (mittel) = 0,4 Punkte, S (schwer) = 0,9 Punkte und HS (Höchstschwierigkeit) = 1,3 Punkte**.

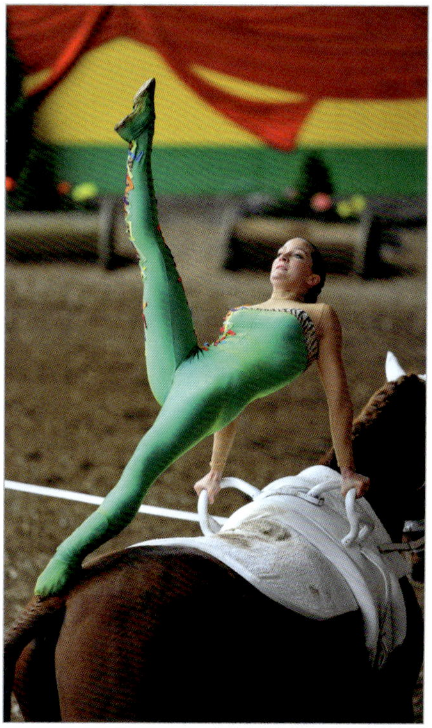

Wie wird im Einzelvoltigieren das Technikprogramm bewertet?
Es müssen fünf vorgeschriebene Technikübungen gezeigt werden, die je eine Wertnote erhalten. Junge Einzelvoltigierer (U 21) haben nur drei der fünf vorgeschriebenen Technikübungen zu zeigen. Die zurzeit gültigen Technikübungen werden von der FEI festgelegt. Du findest sie unter www.fei.org. Zusätzlich gibt es eine Gestaltungs-, Ausführungs- und Pferdenote.

Wie wird der Wert der Schwierigkeit für das Doppelvoltigieren ermittelt?
Es zählen nur die 13 schwierigsten Übungen.
Dabei zählen **M-Übungen = 0,4 Punkte**
S-Übungen = 0,8 Punkte
Beim Doppelvoltigieren **Junioren** zählen die 10 schwierigsten Übungen.
Dabei zählen **M-Übungen = 0,5 Punkte**
S-Übungen = 1,0 Punkte

Welche Kriterien müssen für die Zusammenstellung einer Kür und einer guten Kürgestaltung beachtet werden? Nenne die wichtigsten Aspekte!

Die Gestaltungsnote im *Aufgabenheft Voltigieren* setzt sich aus athletischen, artistischen und künstlerischen Aspekten zusammen:

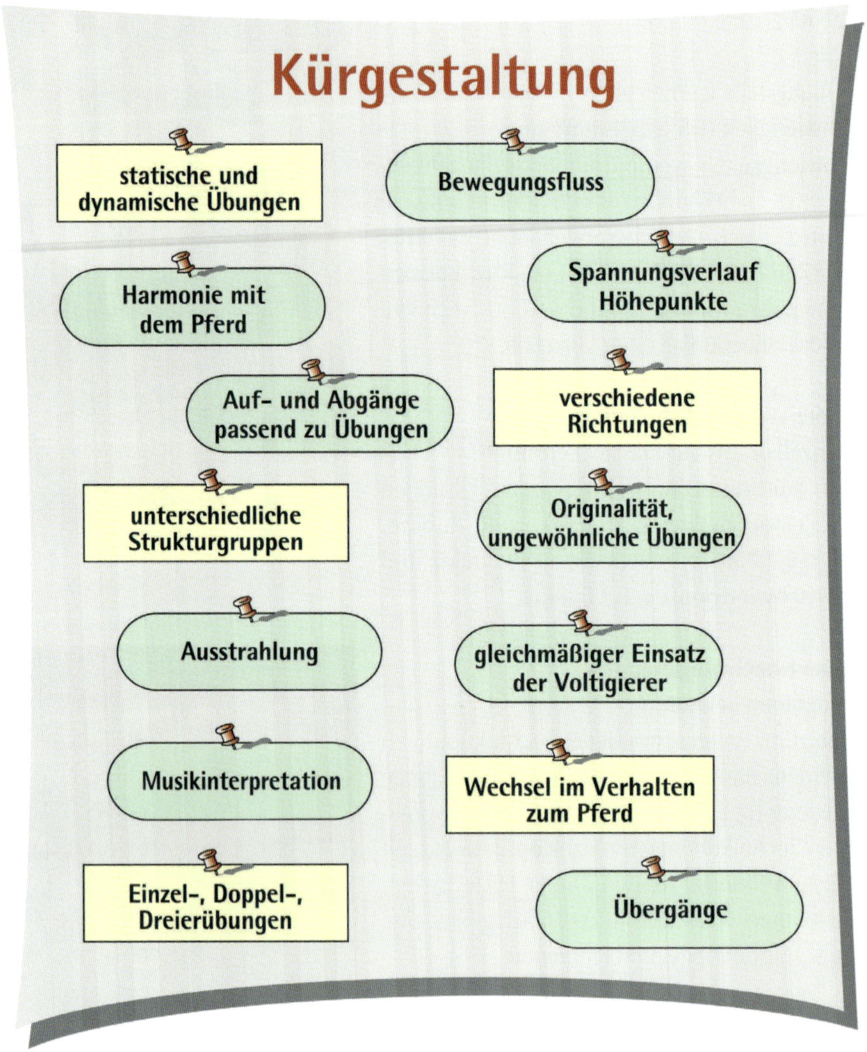

Welche Abzüge gibt es von der Gestaltungsnote bei den Gruppen?

- 0,5 Punkte Abzug für nicht sportgerechte Kleidung
- 0,5 Punkte Abzug für Grußaufstellung mit Showelementen
- 0,5 Punkte Abzug bei E-, A- und L-Gruppen für den Einsatz von Vokalmusik
- 1 Punkt Abzug für nach dem Abläuten begonnene Kürübungen
- 1 Punkt Abzug für jeden in der Kür nicht eingesetzten Voltigierer
- 1 Punkt Abzug bei Juniorgruppen, wenn mehr als sechs statische Dreierübungen gezeigt werden
- 1 Punkt Abzug bei M-Gruppen, wenn mehr als sechs Dreierübungen gezeigt werden

Was sind die Merkmale einer gut ausgeführten Kür?
Es gelten die „Allgemeinen Bewertungskriterien" des *Aufgabenheftes Voltigieren*:

- Bewegungssicherheit und Ausführung im Gleichgewicht
- Harmonie und Leichtigkeit der Bewegungen
- Harmonie mit dem Pferd
- Bewegungsgenauigkeit
- Bewegungsweite (Höhe und Weite in der Ausführung)
- harmonische Übergänge
- Bewegungsfluss (Aufbau, Abbau, Übergänge, Übergänge in Pflicht und Kür)

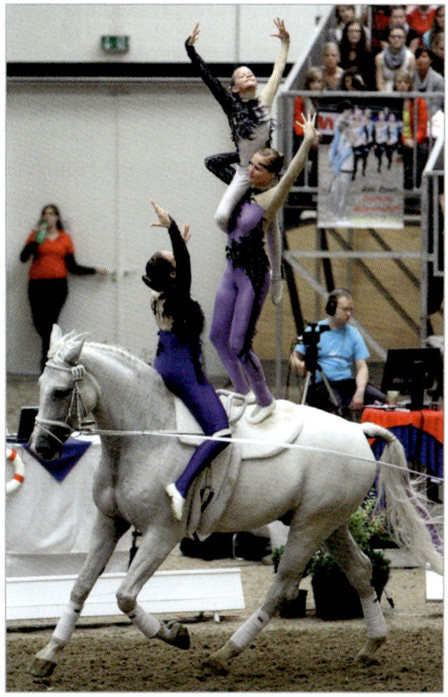

Wie wirkt sich ein Sturz in der Kürbewertung aus?
Es gibt bis zu drei Noten Abzug je nach Schwere des Sturzes. Dies ist im Aufgabenheft Voltigieren bei der Ausführungsnote für das Einzel-, Doppel- und Gruppenvoltigieren unterschiedlich geregelt.

Kennst du die Farben der Schleifen für die Platzierung?

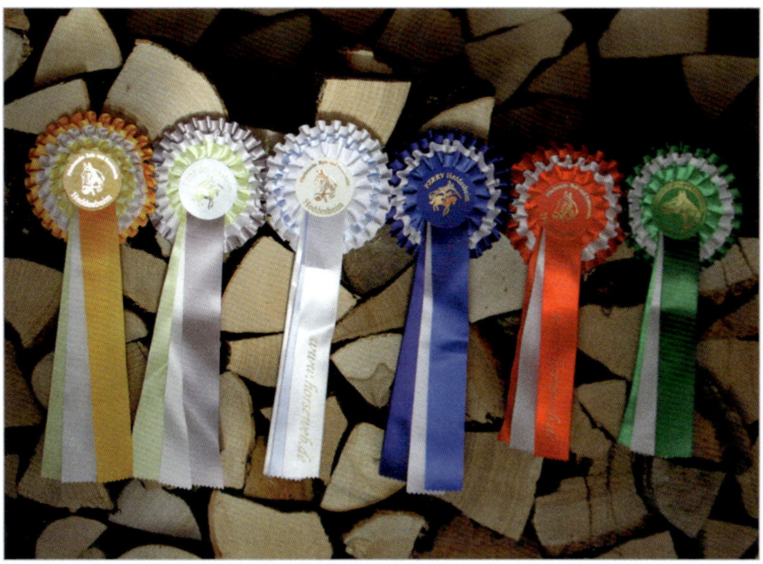

1. Platz: Gold
2. Platz: Silber
3. Platz: Weiß
4. Platz: Blau
5. Platz: Rot
6. Platz und alle weiteren Plätze erhalten grüne Schleifen.

Als Andenken können Schleifen in anderen Farben überreicht werden.

Was musst du tun, wenn du aus triftigem Grund nicht an der Siegerehrung teilnehmen kannst?
Die Teilnahme an der Siegerehrung ist gemäß § 59 LPO für alle Teilnehmer und Pferde verpflichtend. Du musst den LK-Beauftragten informieren, denn er entscheidet zusammen mit der Turnierleitung über Ausnahmen. Ansonsten wird die Platzierung aberkannt.

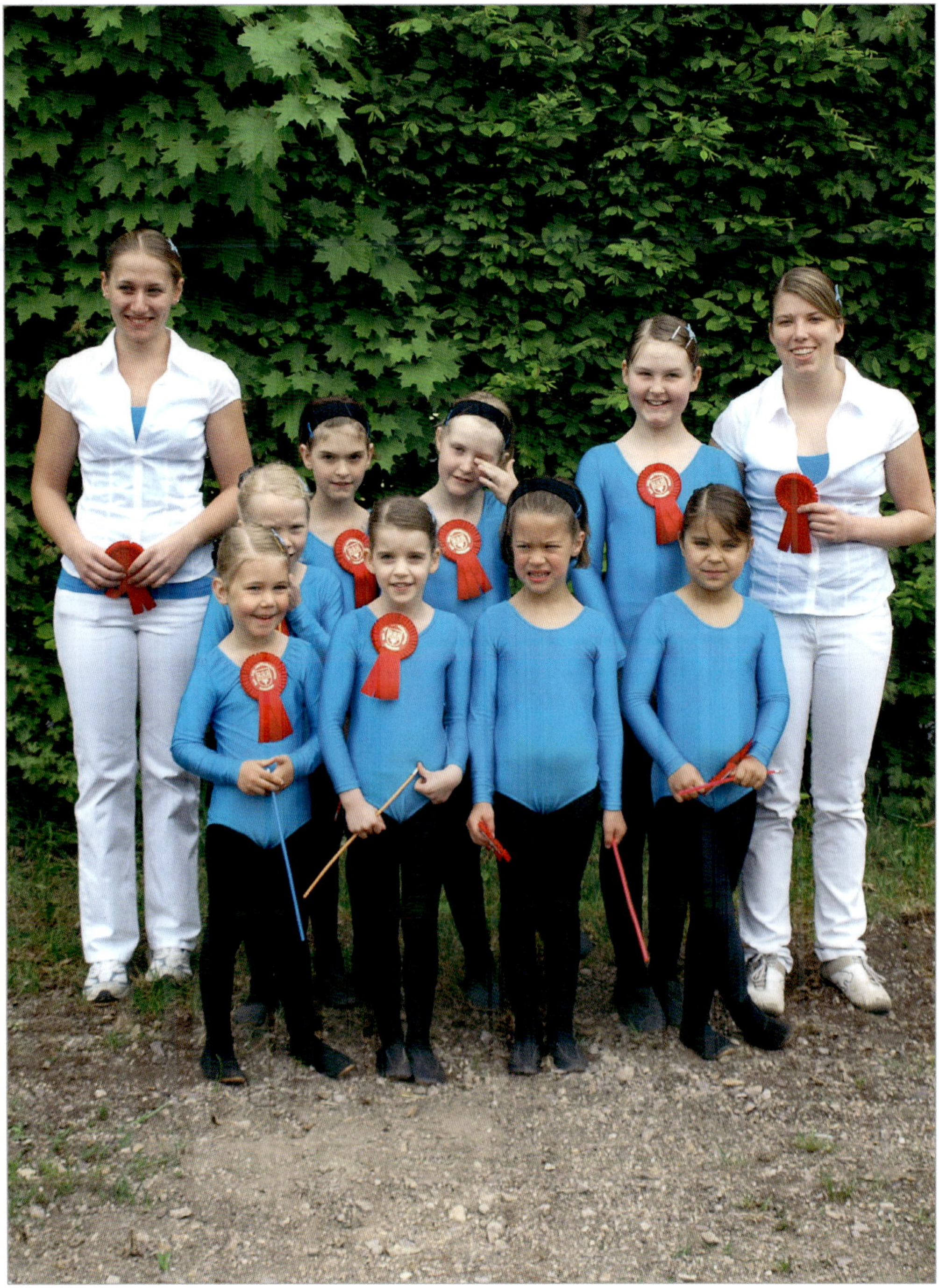

Wie müssen die Voltigierer bei einem Turnierstart und bei der Siegerehrung gekleidet sein?

Die Ausrüstung der Voltigierer und Voltigierpferde ist in § 72 LPO geregelt. Die Kleidung muss **sportgerecht und zweckmäßig sein**. Die Voltigierer müssen eine gut sichtbare, 10 bis 12 cm große Nummer am äußeren **Arm oder Rücken** tragen. Die Kleidung des Longenführers sollte auf die Gruppe abgestimmt sein. Auch für die Siegerehrung gilt, dass alle Teilnehmer in ordentlicher Turnierkleidung oder in Trainingsanzügen erscheinen müssen.

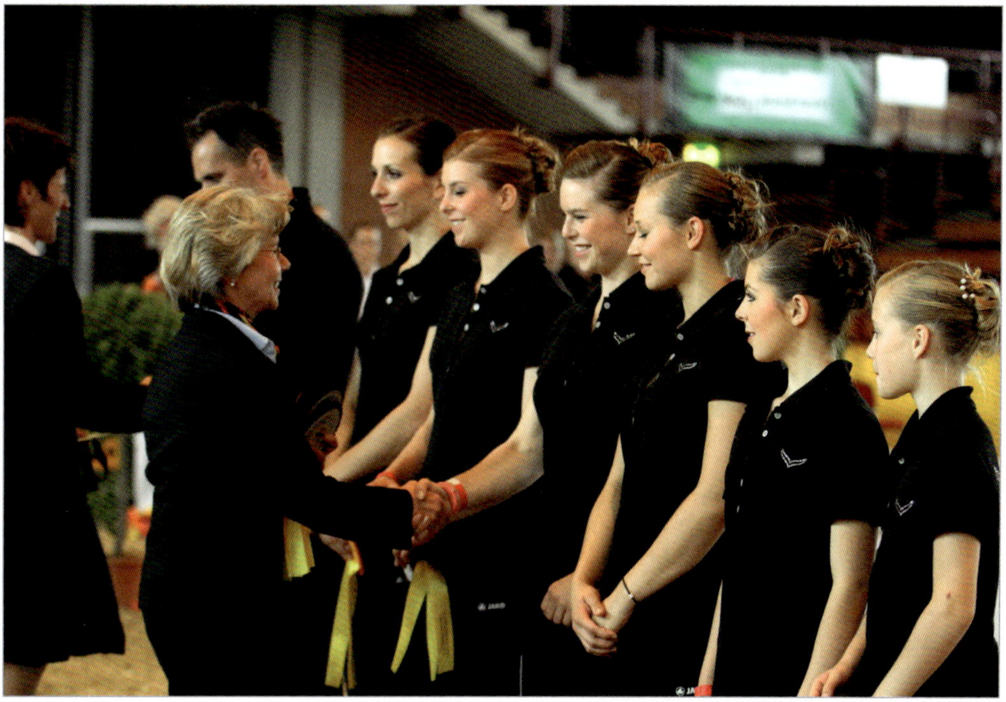

Prüfe dich selbst!

- ❑ *Wo findest du die deutschen Turnierbestimmungen und Regeln für ein Voltigierturnier?*
- ❑ *Welche Klassen und welche Leistungsklassen gibt es?*
- ❑ *Was ist eine Ausschreibung und was beinhaltet sie?*
- ❑ *Was sind Breitensportliche Wettbewerbe?*
- ❑ *Wo findest du die Bestimmungen für Breitensportliche Wettbewerbe?*
- ❑ *Nenne die Pflichtübungen der Klassen A-, L-, M-/S-Gruppen in der richtigen Reihenfolge.*
- ❑ *Wo ist die Ausführung der Pflichtübungen genau beschrieben?*
- ❑ *Kennst du die Abzüge bei der Pflicht?*
- ❑ *Wie werden die Küren der Gruppen, EV und DV bewertet?*
- ❑ *Weißt du, wie das Technikprogramm im Einzelvoltigieren bewertet wird?*
- ❑ *Welche Kriterien machen eine gute Gestaltung aus?*
- ❑ *Worauf müsst ihr für eine gute Kürausführung achten?*

Fachkenntnisse rund um das Pferd

6.1 Vom Wesen des Pferdes

Viele Verhaltensweisen sind den Pferden angeboren. Sie werden Instinkthandlungen genannt. Der Mensch hat darauf keinen Einfluss. Damit du Pferde genau einschätzen und richtig mit ihnen umgehen kannst, solltest du diese Instinkthandlungen und die natürlichen Bedürfnisse der Pferde möglichst gut kennen.

Was weißt du über die Entwicklungsgeschichte des Pferdes?

Alle heutigen Pferde- und Ponyrassen haben ihre Verhaltensweisen von ihren Vorfahren geerbt. Auch dein Voltigierpferd. Sie **stammen alle von demselben Urahnen ab**, dem Eohippus. Er lebte vor circa 60 Millionen Jahren, und war nur so groß wie ein Fuchs. Als reiner **Pflanzenfresser** ernährte er sich von Laub. Im Laufe von vielen Millionen Jahren mussten sich seine Nachkommen immer wieder auf neue Lebensbedingungen einstellen. Sie entwickelten sich zu Gras fressenden Steppentieren und wurden allmählich immer größer.
Der einzige überlebende Nachkomme blieb aber vor rund 1,5 Millionen Jahren der Equus. Aus ihm entwickelten sich alle heutigen „Pferdeartigen" (Equiden), also auch der Esel und das Zebra. Da der Equus weit über die verschiedenen Kontinente verstreut lebte und dort ganz verschiedene Lebensbedingungen vorfand, entwickelten sich aus dieser Urform des Pferdes verschiedene Wildpferdearten von ganz unterschiedlicher Größe und Statur. Auch durch die Zucht haben sie ihre Urbedürfnisse nie verändert. Sie möchten noch heute als **Herdentiere** leben und suchen instinktiv Schutz bei ihren Artgenossen. Der Leithengst oder die Leitstute schützt die Herde vor Gefahren und gibt das Signal zur Flucht. Pferde können aufgrund ihrer sehr gut ausgeprägten Sinne Gefahren sehr rasch wahrnehmen. Als Fluchttiere waren sie schon immer sehr schnell und ausdauernd.

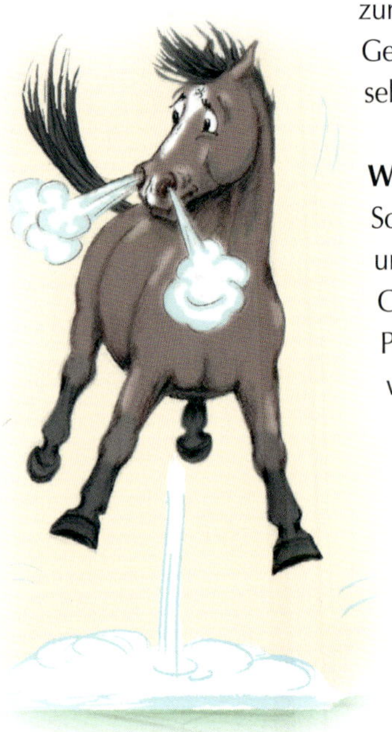

Wie gehst du mit dem Fluchtinstinkt des Pferdes um?

Schreckhaftigkeit ist ein angeborenes Verhalten von Pferden. Sie scheuen und flüchten manchmal sogar, wenn sie angstauslösende Gegenstände, Geräusche oder Gerüche wahrnehmen. Auf keinen Fall darfst du ein Pferd wegen dieser Instinkthandlung bestrafen! Es ist zwecklos und bewirkt beim nächsten Mal, dass zu der angstauslösenden Situation noch die Angst vor der Strafe des Menschen hinzukommt. Stattdessen musst du das Pferd ruhig und geduldig mit jeder neuen Situation vertraut machen. Dazu musst du es vorsichtig, aber konsequent an alle angstauslösenden Außenreize heranführen und ihm zu verstehen geben, dass ihm nichts passieren kann. Je mehr Vertrauen das Pferd zum Menschen gewonnen hat und je konsequenter es zum Gehorsam erzogen wurde, desto gelassener wird es sich verhalten. Wenn euer Voltigierpferd beispielsweise Angst vor Blitzlicht oder Applaus hat, müsst ihr es im Voltigierunterricht ganz behutsam daran gewöhnen, damit es dann auf Turnieren nicht scheut.

Was weißt du über die Bedürfnisse von Pferden?

Pferde waren früher als Steppentiere bis zu 16 Stunden am Tag mit der Nahrungssuche und -aufnahme beschäftigt. Sie benötigen also viel Zeit zum Fressen und sind an viel Licht, frische Luft und viel Bewegung gewöhnt. Sie müssen folglich, zusätzlich zur Reit- oder Voltigierstunde, die Möglichkeit erhalten, sich frei bewegen zu können, zum Beispiel auf der Weide. Ihr großes Bewegungsbedürfnis wird nämlich durch eine Reit- oder Voltigierstunde am Tag keinesfalls befriedigt. Auch haben Pferde das Bedürfnis nach Gesellschaft in einer Herde mit einer klaren Rangordnung. Welche Rolle das Sozialverhalten der Pferde für den Menschen im Umgang mit ihnen spielt, erfährst du im Folgenden.

Warum ist das Ausreiten so wichtig?

Jeder Ausritt bringt Abwechslung in den Alltag des Pferdes. Die Bewegung im Freien dient als Ausgleich zur Arbeit an der Longe und unter dem Sattel, wenn diese in der Reithalle stattfindet. Beim Ausreiten können Pferde Stress, innere Spannung, Angst und sogar mangelnde Leistungsbereitschaft abbauen. Sie erholen sich nicht nur körperlich, sondern auch seelisch. Gleichzeitig werden sie an viele neuartige Situationen gewöhnt. Voraussetzung dafür ist aber ein guter Reiter, der sein Pferd weder überfordert noch die Kontrolle darüber verliert.

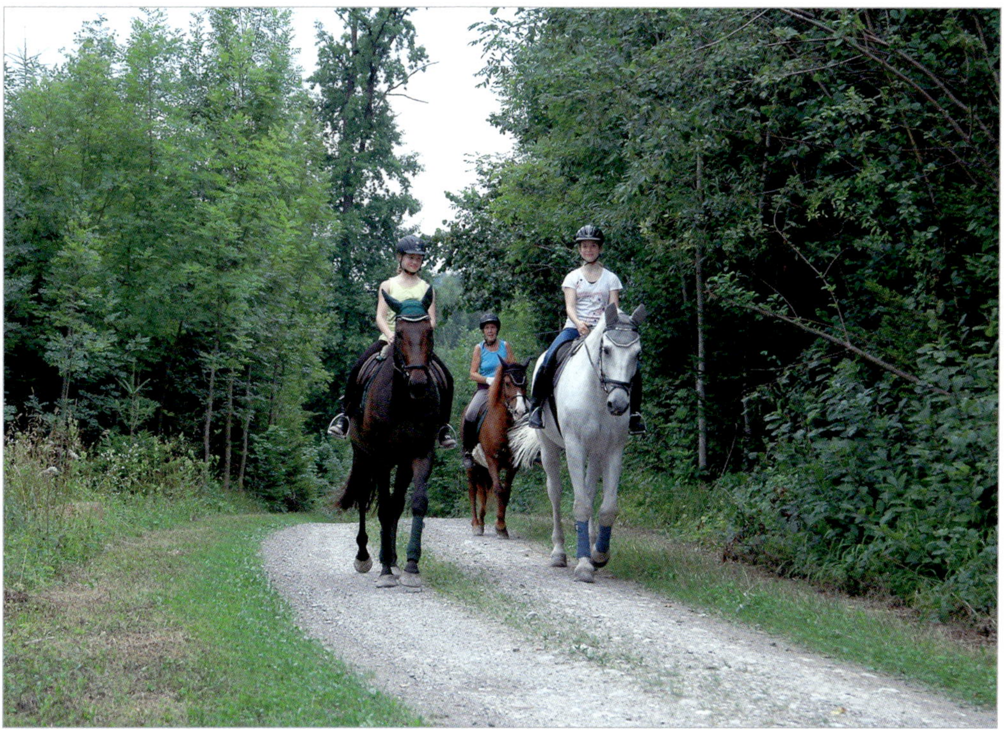

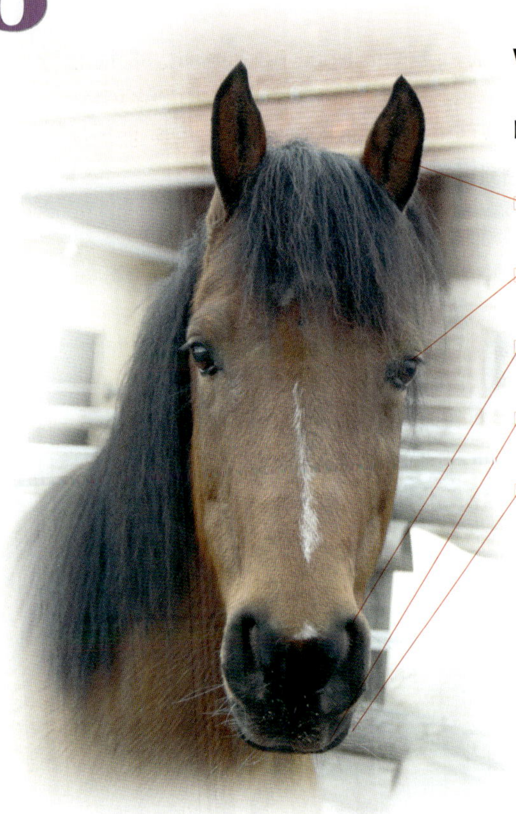

Welche Sinnesorgane des Pferdes kennst du?

Pferde haben Sinnesorgane, um zu

- **hören**
- **sehen**
- **riechen**
- **schmecken**
- **tasten und fühlen**

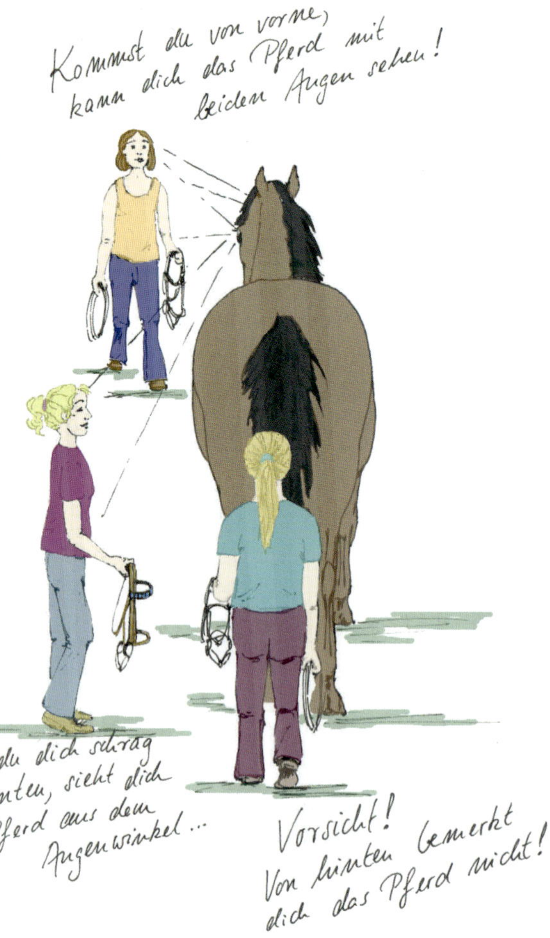

Das Gehör: Pferde können sehr viel besser hören als Menschen. Aufgrund ihrer sehr beweglichen Ohrmuscheln können sie Geräusche genau orten. Sie können Töne auch aus Frequenzen wahrnehmen, die wir Menschen überhaupt nicht registrieren können. Deshalb kann der Mensch oft gar nicht nachvollziehen, warum Pferde plötzlich scheuen. Jedes unbekannte und laute Geräusch beunruhigt die Pferde. Schrille und laute Geräusche und Krach sind ihnen unangenehm. Dazu zählen auch laute Pfiffe und tosender Applaus, wie man sie immer wieder bei größeren Voltigierturnieren erlebt.

Sicher ist sicher !

- Weil Pferde direkt hinter sich nichts sehen können, darfst du dich niemals direkt von hinten annähern! Am besten gehst du schräg von vorn auf ein Pferd zu und sprichst es dabei an. Dreht es den Kopf zu dir und spitzt es die Ohren, dann kannst du dir sicher sein, dass es dich wahrgenommen hat.

Der Gesichtssinn: Sehr wichtig ist für Pferde das Sehen. Ihre Augen befinden sich seitlich am Kopf und ermöglichen ihnen dadurch ein weit nach hinten gerichtetes, großes Gesichtsfeld. Sie sehen aber bloß in den Bereichen richtig scharf, die sie mit beiden Augen zugleich erblicken können. Das ist der vordere Bereich ihres Gesichtsfeldes, bis auf den Ausschnitt unmittelbar vor ihrer Nase. Da sie ihren langen Hals sehr gut drehen und auf- und abbewegen können, können sie sich eine große und genaue Rundumsicht verschaffen. Direkt hinter sich sehen sie jedoch gar nichts.

Der Geruchssinn: Pferde können auch sehr gut riechen. Ihre Nasenlöcher werden Nüstern genannt. Der gute Geruchssinn ist nicht nur für die Suche nach Nahrung ganz wichtig, sondern sie erkennen beziehungsweise wittern durch ihn zugleich Gefahren. Eine besondere Eigenschaft der Pferde hast du vielleicht auch schon mal beobachtet: Als Reaktion auf intensive oder besonders interessante Gerüche (zum Beispiel Geschlechtspartner) flehmen Pferde.

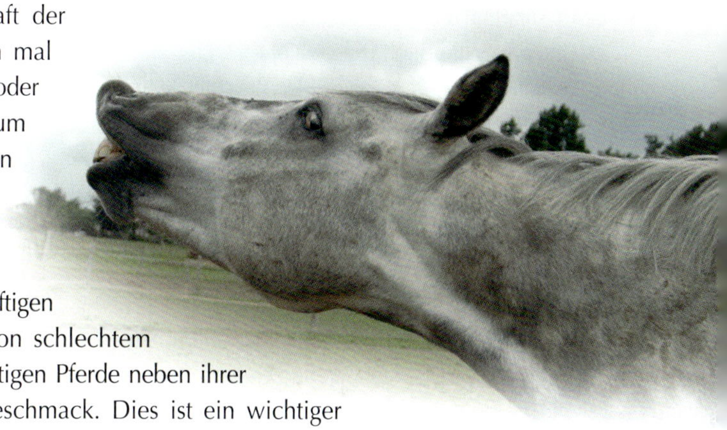

Flehmen

Der Geschmackssinn: Um bei der ständigen Suche nach Nahrung keine giftigen Pflanzen zu fressen und um gutes von schlechtem Futter unterscheiden zu können, benötigen Pferde neben ihrer feinen Nase einen ebenso feinen Geschmack. Dies ist ein wichtiger Überlebensinstinkt, denn Pferde haben ein sehr empfindliches Verdauungssystem (siehe Kapitel 6.8).

Der Tastsinn: Er ist über die gesamte Körperhaut des Pferdes ausgeprägt. Sobald sie irgendwo eine Fliege spüren, können sie diese mit ihrer gut ausgebildeten Hautmuskulatur abschütteln. Das Tasten der Lippen hast du bestimmt auch schon gespürt, wenn du einen Leckerbissen aus deiner flachen Hand gefüttert hast. Rund um das Pferdemaul und um die Augen befinden sich lange, spezielle Tasthaare. Sie dürfen auf gar keinen Fall abgeschnitten werden (sogenanntes „clipping"). Dies gilt genauso für die Haare in den Ohren! Weil dies so wichtig ist, findest du dieses Verbot sogar im Tierschutzgesetz.

Weißt du über den Charakter und die Sprache des Pferdes Bescheid?

Jedes Pferd unterscheidet sich in seinem Charakter und Temperament von seinen Artgenossen und hat andere Vorlieben und Abneigungen. Du kannst mit Pferden bestens zurechtkommen, wenn du auch ihre Sprache und Persönlichkeit kennst. Pferde verständigen sich untereinander vor allem durch ihren Gesichtsausdruck und ihre Körperhaltung. Ihre Stimme benutzen sie relativ selten. Bestimmt hast du sie aber schon mal wiehern, schnauben oder durch die Nüstern blasen oder quietschen hören.

Für jeden Menschen ist es im Umgang mit Pferden unverzichtbar, die Körpersprache des Pferdes zu kennen. Sie ist sehr aussagekräftig. Wenn du dich einem Pferd näherst oder dich mit ihm beschäftigst, musst du zuerst seine Augen, Ohren und Nüstern beobachten.

- Aufmerksame Pferde spitzen die Ohren und zeigen ein waches Auge.
- Drohhaltungen erkennst du an den flach angelegten Ohren, oft in Verbindung mit gebleckten Zähnen. Zusätzlich siehst du manchmal auch eine angehobene Kruppe mit einem angewinkelten, angespannten und vielleicht sogar vom Boden abgehobenen Hinterbein.
- Angst erkennst du an plötzlicher Unruhe des Pferdes oder an stocksteifem Stehen. Typisch sind die weit aufgerissenen Augen und Nüstern.

Während des Voltigierens kannst du ein unzufriedenes Pferd zum Beispiel an seinen zurückgelegten Ohren und am unruhig schlagenden Schweif erkennen. Noch eindeutiger ist das Buckeln als heftiges Zeichen der Gegenwehr. Dreht dein Voltigierpferd dir im Unterricht beim Anlaufen die Hinterhand entgegen, gibt es unmissverständlich zu verstehen, dass es deinen Aufsprung nicht dulden möchte. Dann muss dein Longenführer herausfinden, ob das Pferd schmerzempfindlich im Rücken ist, es zu Beginn der Voltigierstunde nicht ausreichend gelöst wurde oder ob andere Ursachen vorliegen. Damit du nicht selbst ein solch unerwünschtes Verhalten verursachst, musst du beim Aufsprung stets weich und mittig auf dem Pferderücken landen und genauso weich voltigieren.

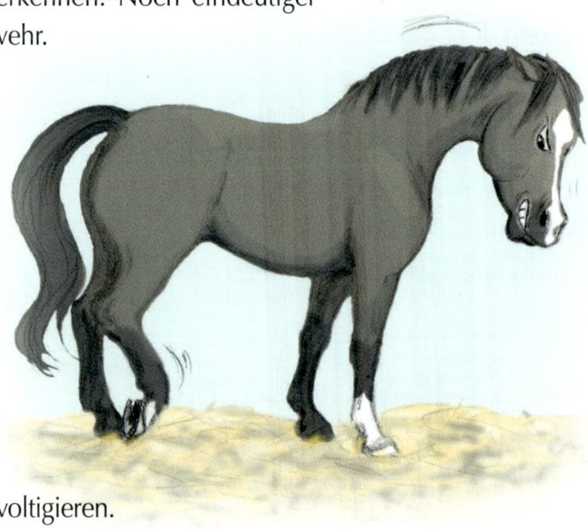

Welche Rangordnung musst du unbedingt herstellen?

Kämpfe um die Rangordnung gehörten schon seit jeher zum wichtigsten Sozialverhalten unter den Pferden. Es ist ganz natürlich, dass Pferde auch gegenüber dem Menschen eine Rangordnung herstellen. Warum der Mensch dabei immer ranghöher sein muss, wird dir nachfolgend erklärt:

- Auf ein Kräftemessen mit dem Pferd darfst du dich niemals einlassen. Dabei wird selbst der stärkste Mensch immer unterliegen und nur Feindschaft erzeugen. Gerade wegen dieser körperlichen Überlegenheit der Pferde ist es unverzichtbar, dass das Pferd den Menschen dennoch als ranghöheres Wesen anerkennt, sonst wird es ihn nicht respektieren. Dies gelingt ohne jeden Zwang nur durch eine konsequente Erziehung sowie einen artgerechten und angstfreien Umgang mit dem Pferd. Je besser du dich mit Pferden auskennst, desto selbstsicherer kannst du dich verhalten und weißt, wie du in welcher Situation reagieren musst.
- Wenn das Pferd dich lediglich als ranggleiches Wesen betrachtet, wird es die Rangordnung immer wieder infrage stellen und sich dir im Zweifelsfall widersetzen. Dadurch entstehen zwangsläufig immer wieder Probleme im Umgang mit Pferden.
- Wenn das Pferd dich als rangniedriger eingestuft hat, wird es deine Unsicherheit, Unkenntnis oder sogar Angst spüren. Diese Rollenverteilung kann sehr gefährlich werden und ist mit einer großen Unfallgefahr verbunden.

Wie verteidigt sich ein Pferd?
Wenn sich Pferde in die Enge getrieben fühlen und nicht flüchten können, benutzen sie zu ihrer Verteidigung ihre Hufe und Zähne.

Wie gelingt es dir, das Vertrauen eines Pferdes zu gewinnen?
Indem du seine Instinkte und Bedürfnisse respektierst, ruhig und bestimmt mit ihm umgehst und einen höheren Rang als das Pferd einnimmst. Nur wenn das Pferd dem Menschen vertraut, kann es dessen Zeichen und Hilfen verstehen und annehmen. Wichtige Hinweise zum täglichen Umgang mit dem Pferd findest du im nächsten Kapitel.

Was ist das höchste Ziel im Umgang mit dem Pferd?
Die Harmonie zwischen Mensch und Pferd. Sie kann sich nur aus großem gegenseitigem Vertrauen entwickeln.

Merke dir

- Wenn im Umgang zwischen Menschen und Pferden Probleme auftreten, lassen sich diese fast ausnahmslos auf falsche Behandlung durch den Menschen und daraus folgende schlechte Erfahrung des Pferdes zurückführen.

Prüfe dich selbst!

- ❑ ***Was weißt du über das Instinktverhalten des Pferdes?***
- ❑ ***Welche Grundbedürfnisse haben alle Pferde?***
- ❑ ***Nenne die wichtigsten Sinne des Pferdes!***
- ❑ ***Wie deutest du die Körpersprache?***
- ❑ ***Welche Rangordnung muss der Mensch gegenüber jedem Pferd stets einnehmen?***

6.2 Mit Pferden richtig umgehen

Ein Pferd kann schon an deiner Körpersprache erkennen, ob du ihm eher selbstbewusst oder ängstlich gegenübertrittst. Es spürt, wenn ein Mensch unsicher ist und wenig Erfahrung im Umgang mit Pferden hat. Je mehr du also über Pferde weißt, je geübter und selbstsicherer du mit ihnen umgehen kannst, desto schneller wirst du ihr Vertrauen gewinnen.

Wie näherst du dich einem Pferd?
Gehe am besten immer von schräg vorn auf das Pferd zu. So kann es dich am besten sehen. Dabei sprichst du es ruhig an. Nähere dich immer selbstsicher und ohne hastige Bewegungen. Du erkennst am Ohrenspiel und am Gesichtsausdruck, ob es dich bemerkt hat und wie es reagiert. Wenn es die Ohren spitzt und dir freundlich entgegensieht, lässt du dich erst einmal beschnuppern.

Sicher ist sicher!

- Auf keinen Fall darfst du dich einem Pferd direkt von hinten nähern und es berühren, ohne es vorher anzusprechen! Da es dich nicht sehen kann, wird es sich erschrecken und möglicherweise ausschlagen.

Wie sprichst du mit dem Pferd?

Pferde haben empfindliche Ohren. Sie reagieren sehr gut auf die menschliche Stimme, mögen aber keine schrillen Töne. Deshalb sollst du immer mit ruhiger und fester Stimme sprechen. Am besten reagieren Pferde auf kurze und eindeutige Kommandos.

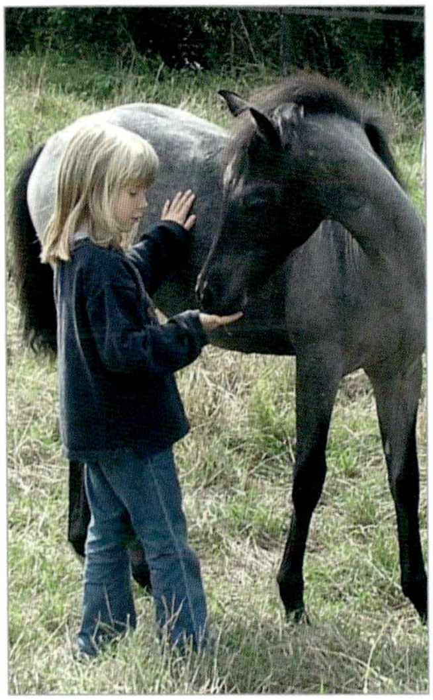

Was darfst du Pferden zur Begrüßung füttern und wie machst du es richtig?

Leckerbissen sind Pferde-Leckerli aus dem Reitsporthandel, Karotten, Äpfel und trockenes, aber nicht schimmeliges Brot. Zuckerstücke schaden den Pferdezähnen genauso wie deinen eigenen und sind deshalb ungeeignet. Füttere die Leckerbissen nur zur Begrüßung und zur Belohnung nach der Arbeit, nicht aber zwischendurch während des Führens oder des Putzens. Denn sonst gewöhnst du dem Pferd das Betteln an. Du legst den Leckerbissen auf deine flach ausgestreckte Hand, der Daumen liegt fest an. Halte die Hand ganz ruhig und lass das Pferd erstmal schnuppern. Ziehe die Hand keinesfalls ruckartig zurück, sonst wird es sich erschrecken.

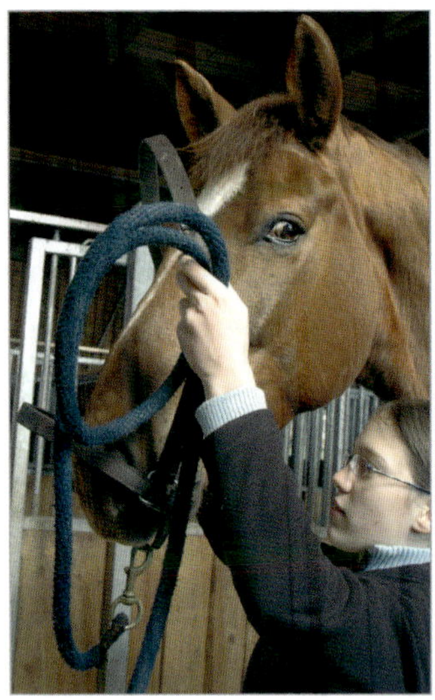

Wie legst du das Halfter richtig an?

Du stellst dich neben die linke Pferdeschulter und greifst mit der rechten Hand von außen auf den Nasenrücken des Pferdes. In der linken Hand hältst du das Halfter unterhalb des Genickstücks fest und schiebst es ruhig über die Nase. Du kannst es anschließend am besten über die Ohren streifen, wenn du es mit beiden Händen seitlich festhältst. Danach befestigst du den Führstrick am Halfter. Wenn du den Führstrick schon vorher am Halfter befestigt hast, nimmst du diesen in großen Schlaufen zusammen mit dem Halfter in die linke Hand, damit er nicht den Boden berührt.

Sicher ist sicher !

- Führe ein Pferd stets am Führstrick und nie direkt am Halfter. Du kannst es sonst nicht mehr halten, wenn es den Kopf hochreißt.
- Trage zum Aufhalftern und Führen keinen Fingerschmuck. Wenn das Pferd plötzlich den Kopf hochreißt, kannst du damit am Halfter oder Strick hängen bleiben und dich schwer verletzen.

Welche Stricke sind geeignet?

Stricke gibt es in zwei grundsätzlichen Varianten: Der Anbindestrick hat einen sogenannten Panikhaken, der sich auch noch sicher mit einer Hand lösen lässt, wenn ein angebundenes Pferd in Panik dagegen zieht. Zum Führen über größere Strecken verwendet man am besten einen Führstrick mit Karabiner, der sich nicht unbeabsichtigt öffnet.

Wie bindest du ein Pferd richtig an?

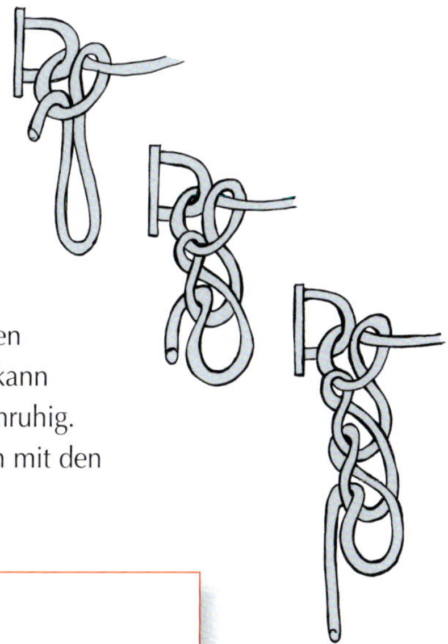

Achte zuerst darauf, dass am Anbindeplatz nichts herumsteht oder -liegt, womit sich das Pferd verletzen könnte. Zum Anbinden führst du den Strick durch den Anbindering und bildest eine lange Schlaufe, mit der du Schlingen wie beim „Luftmaschenhäkeln" bildest (wie auf dem Bild gezeigt). Das Strickende ziehst du durch die letzte Schlaufe. Dieser Knoten lässt sich ganz schnell wieder öffnen. Die richtige Länge des Stricks vom Halfter bis zum Knoten beträgt ungefähr eine Armlänge. Wenn der Strick zu kurz ist, kann sich das Pferd nicht umsehen, fühlt sich eingeengt und wird unruhig. Ein zu langer Strick ist ebenso gefährlich, weil das Pferd sich mit den Vorderbeinen oder dem Kopf darin verfangen kann.

Merke dir

- Binde ein Pferd nie an beweglichen Gegenständen an und auch nie an seiner Trense. Wenn es erschrickt und den Kopf hochreißt, kann es sich dabei am Maul verletzen und die Trense kann zerreißen.

Woran musst du beim Loslassen des Pferdes in seiner Box oder auf der Koppel denken?

Sobald du durch die Boxentür oder das Koppeltor gegangen bist, wendest du das Pferd zum Tor. Du schließt das Koppeltor beziehungsweise lehnst die Boxentür an, bevor du das Pferd loslässt. So bist du vor den Hinterhufen sicher und kannst das Halfter vorsichtig über die Pferdeohren abstreifen oder den Führstrick lösen, damit das Pferd sich nicht verletzen kann.

Wie führst du ein Pferd?

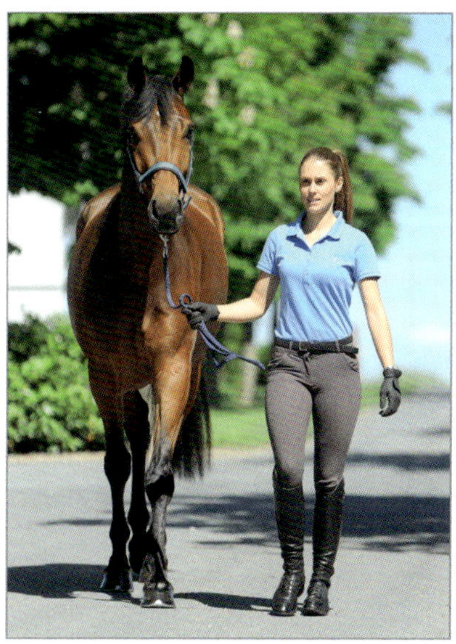

Zum Führen am Halfter befestigst du den Führstrick im mittleren Ring unten am Halfter. Ist das Pferd für den Voltigierunterricht aufgetrenst (siehe Kapitel 6.6), verschnallst du die Longe am linken Gebissring der Trense. Du gehst auf der linken Seite des Pferdes auf Höhe des Pferdehalses (der Bereich zwischen der Mitte der Pferdeschulter und dem Pferdekopf) mit. So hast du den Pferdekopf gut im Blick und damit die beste Kontrolle über das Pferd. Mit der rechten Hand fasst du den gefalteten Führstrick beziehungsweise die Longe etwa drei Handbreit unterhalb des Verschlusses. Mit der linken Hand hältst du das Ende der in größere Schlaufen aufgewickelten Longe. Der Führstrick oder die Longe dürfen auf keinen Fall auf den Boden durchhängen, weil sonst das Pferd hineintreten und in Panik geraten kann. Auch könntest du selbst über einen herabhängenden Führstrick oder eine durchhängende Longe stolpern.

Gehe fleißig neben dem Pferd her, denn es macht von Natur aus größere Schritte als du und soll seine Schrittlänge wegen dir nicht verkürzen müssen. Wird es zu eilig oder heftig, kannst du mit dem Strick einen kurzen Druck oder Zug auf das Halfter beziehungsweise mit der Longe auf das Trensengebiss ausüben.

Sicher ist sicher !

- Du darfst den Führstrick oder die Longe auf keinen Fall um die Hand wickeln. Wenn das Pferd erschrickt und scheut, kannst du es nicht loslassen, falls es davonstürmt. Stattdessen zieht sich der Strick noch fester um deine Hand zu!

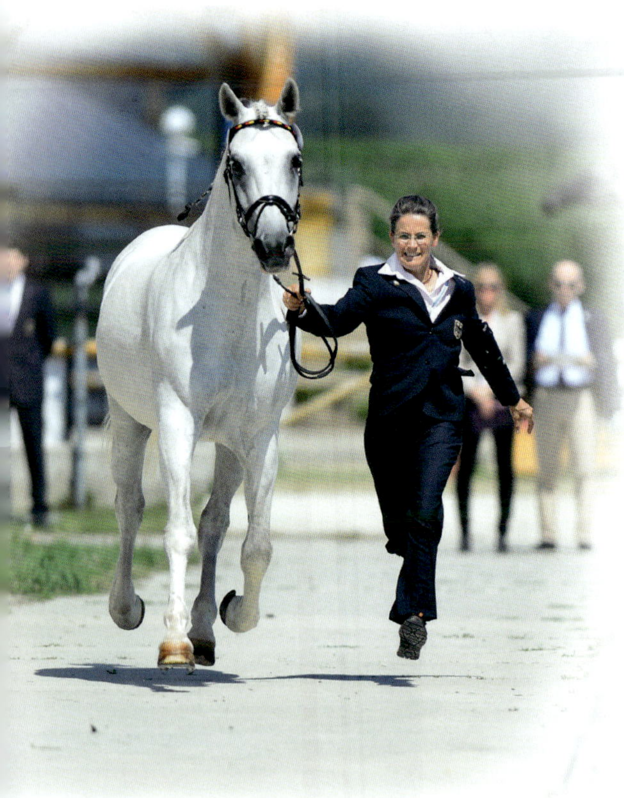

Wie musst du zum Führen des Pferdes gekleidet sein?
Trage beim Führen immer feste Schuhe. Sie geben dir den erforderlichen Halt, um das Pferd sicher zu führen. Voltigierschuhe mit ihren dünnen, flexiblen Sohlen bieten dir keinerlei Schutz, wenn dir das Pferd mal versehentlich auf den Fuß tritt. Auch Handschuhe sind empfehlenswert.

Was musst du beim Vorbeiführen an anderen Pferden beachten?
Je größer der seitliche Abstand ist, desto besser. Er soll mindestens eine Pferdelänge betragen. Besondere Vorsicht ist an engen Stellen wie zum Beispiel auf der Stallgasse geboten. Wenn du ein Pferd hinter einem anderen führst, musst du auf mindestens zwei Pferdelängen (circa 5 m) Abstand achten. Denke beim Überholen daran, dass Pferde unmittelbar hinter sich nichts sehen können und gehe daher in einem großen Bogen vorbei.

Wie kannst du das Gangmaß des Pferdes beim Führen verändern?
Indem du selbst beim Führen langsamer oder schneller gehst. Das Pferd wird sich deinem Tempo anpassen. Gegebenenfalls kannst du den Tempowechsel zunächst mit beruhigender oder auffordernder Stimme unterstützen.

Wie führst du ein Pferd im Slalom/durch ein Stangenlabyrinth?
Indem du selbst den Richtungswechsel vorgibst, also leicht nach innen oder außen wendest. Dabei lenkt die zügelführende Hand jeweils den Kopf und den Hals des Pferdes in die eingeschlagene Richtung. Im Stangenlabyrinth kannst du vor den Wendungen anhalten und die Führseite wechseln, damit du stets außen führst.

Merke dir

- Das wichtigste Mittel zur Verständigung mit dem Pferd ist deine Körpersprache. Gehe daher stets in ruhiger und aufrechter Körperhaltung entschlossen neben dem Pferd vorwärts und wende dich bei jedem Richtungswechsel sogleich mit deinem ganzen Körper in die neue Richtung.

Wie wird ein Pferd gewendet? (Das zugehörige Foto befindet sich auf Seite 82.)
Die Wendung erfolgt beim Führen auf der linken Seite des Pferdes möglichst immer nach rechts, sodass du einen größeren Bogen als das Pferd machen musst. Dadurch verhinderst du, dass dir das Pferd in der Wendung auf den Fuß tritt.

Wie wird ein Pferd auf der Dreiecksbahn vorgeführt?
Auf der Dreiecksbahn wird das Pferd immer auf Trense vorgeführt. Die Zügelenden werden vom Hals heruntergenommen und liegen zusammengelegt in der rechten Hand. Zuerst stellst du das Pferd „offen" (inneres Vorderbein vor dem äußeren und inneres Hinterbein hinter dem äußeren) auf. Dabei stellst du dich dem Pferd gegenüber auf und hältst mit der rechten Hand den gegenüberliegenden Zügel und umgekehrt. Nicht in die Gebissringe fassen!
Danach stellst du das Pferd in der Bewegung vor. Lasse die Zügel so lang, dass es seinen Hals frei tragen kann. Zuerst wendest du es nach rechts und führst es im Schritt geradeaus. Nach der nächsten Rechtswendung trabst du selbst und damit auch das Pferd an. Dazu kannst du auch schnalzen. Trabe im Gleichschritt neben dem Pferd her. Vor der letzten Wendung nach rechts parierst du es wieder durch zum Schritt, indem du selbst langsamer wirst und ruhig schreitest. Anschließend führst du es auf gerader Linie wieder an den Ausgangspunkt zurück und zeigst das Pferd dort noch einmal in Schlussaufstellung.

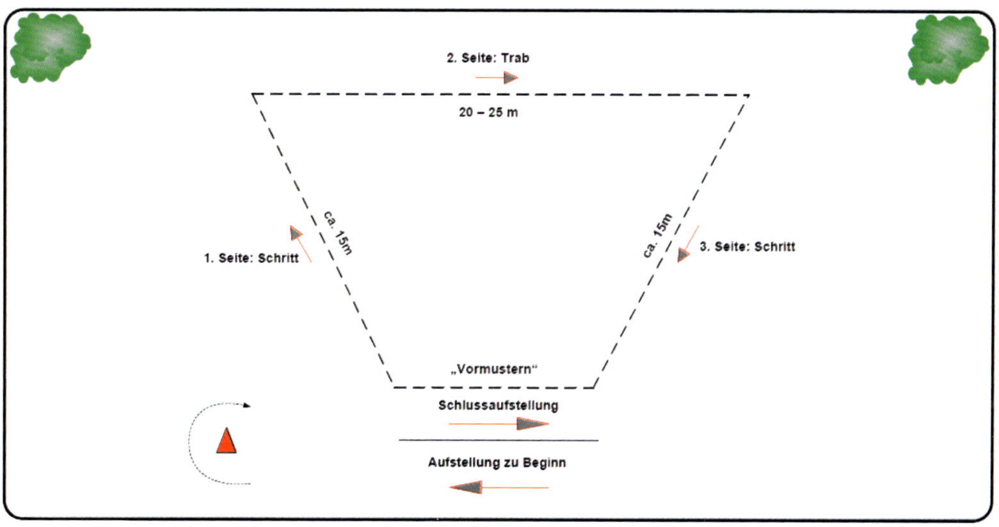

Wie wird ein Pferd bei der Verfassungsprüfung vorgeführt?

Auch die Verfassungsprüfung wird immer mit Trense und Zügel durchgeführt. Wie auf der Dreiecksbahn werden die Zügel vom Hals heruntergenommen. Zuerst stellst du das Pferd „offen" auf wie oben schon beschrieben. Nun stellst du das Pferd vor. Dabei nennst du Name, Geschlecht, Alter und Besitzer/Verein. Anschließend prüft der Tierarzt die Identität des Pferdes anhand des Equidenpasses (siehe Kapitel 6.3) und beurteilt seinen Gesundheits- und Pflegezustand.

Danach stellst du das Pferd in der Bewegung vor. Lasse die Zügel so lang, dass es seinen Hals frei tragen kann. Zuerst führst du es im Schritt auf gerader Linie vom Tierarzt weg. Nach etwa zehn Metern trabst du das Pferd an und läufst im Gleichschritt fleißig mit. Vor dem Wendepunkt (nach circa 30 m) parierst du wieder durch zum Schritt und wendest nun rechts um eine Markierung herum. Anschließend trabst du wieder auf gerader Linie auf den Tierarzt zurück und zeigst das Pferd dort noch einmal in der Schlussaufstellung.

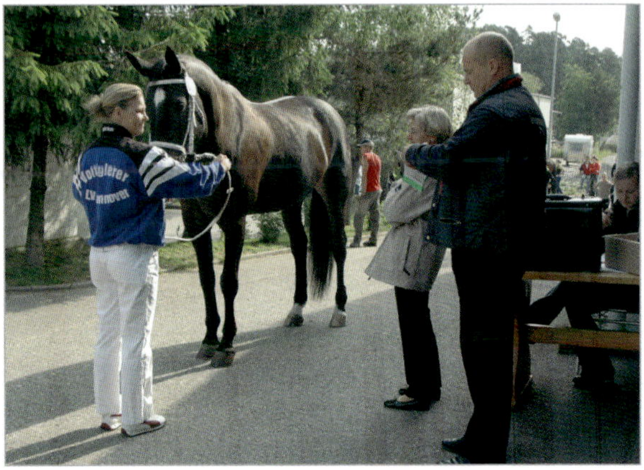

So steht das Pferd richtig „offen".

Wie richtest du ein Pferd an der Hand rückwärts?

Zunächst stellst du dich wie beim Vormustern auf der Dreiecksbahn oder bei der Verfassungsprüfung mit Blickrichtung zum Pferd aufrecht vor ihm auf. Dann machst du einen Schritt auf es zu und forderst es mit leichtem Zug am Zügel in Rückwärtsrichtung auf, zurückzugehen. Außerdem kann für das Pferd, um die gewünschte Bewegungsrichtung leichter zu verstehen, ein leichter Druck mit einer Hand an der Brust hilfreich sein. Man sollte aber beachten, dass die Hilfen dosiert gegeben werden, denn Ziehen oder Druck löst beim Pferd meist Gegendruck aus.

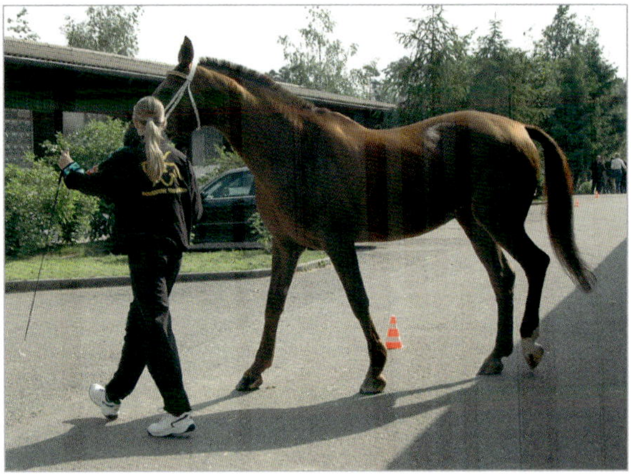

Korrekte Rechtswendung

Welche Ausrüstung gehört zum Verladen?

Pferde werden immer mit Halfter und Führstrick transportiert. Nur wenn sich ein Pferd schlecht ein- oder ausladen lässt, kann es hierfür aufgetrenst werden. Bei kühlem Wetter oder Zugluft wird eine Decke aufgelegt. Rutschsichere Transportgamaschen oder dicke Bandagen und Hufglocken schützen die Beine vor Verletzungen. Schweifschoner verhindern, dass der Schweif vom Rand der Anhängerklappe aufgescheuert wird.

Was ist beim Verladen des Pferdes zu beachten?
Ein Pferd, das keine schlechten Erfahrungen beim Transport gemacht hat, lässt sich in der Regel problemlos verladen. Die Pferde müssen immer zügig und bestimmt auf die Laderampe zugeführt werden. Unerfahrene oder unwillige Pferde verlädt man am besten zusammen mit einem erfahrenen Pferd auf einen Doppelanhänger. Dazu stellt man für das erste Pferd die Zwischenwand breiter. Damit das Pferd während des Verladens nicht zur Seite ausweichen kann, ist es vorteilhaft, den Anhänger an einer Wand entlang zu parken und die andere Seite durch eine Longe oder die hintere Stange abzugrenzen. Dazu werden mindestens zwei Helfer benötigt. Sie müssen verhindern, dass die Pferde seitlich von der Rampe heruntertreten.

Will ein Pferd die Rampe nicht betreten, können erfahrene Helfer die Hufe nacheinander vom Boden abheben und nach vorn setzen. Gleichzeitig kann das Pferd mit einem Futtereimer oder Karotten auf den Anhänger gelockt und mit ruhiger, aber energischer Stimme zum Weitergehen aufgefordert werden. Probleme beim Verladen können nur mit sachkundiger Hilfe gelöst werden.

Sobald das Pferd eingestiegen ist, muss die hintere Stange geschlossen werden beziehungsweise zuvor die Zwischenwand festgestellt werden. Erst danach wird das Pferd angebunden. Beim Ausladen gilt umgekehrt, dass das Pferd bereits losgebunden sein muss, bevor ein Helfer die hintere Stange öffnet. Während des Ausladens sollte auf beiden Seiten der Laderampe ein größerer Helfer stehen und ebenfalls dafür sorgen, dass das Pferd nicht seitlich von der Rampe hinuntertritt.

Erfahrene Helfer sind beim Verladen notwendig – am besten zu zweit auf den Anhänger führen und die Rampe seitlich sichern.

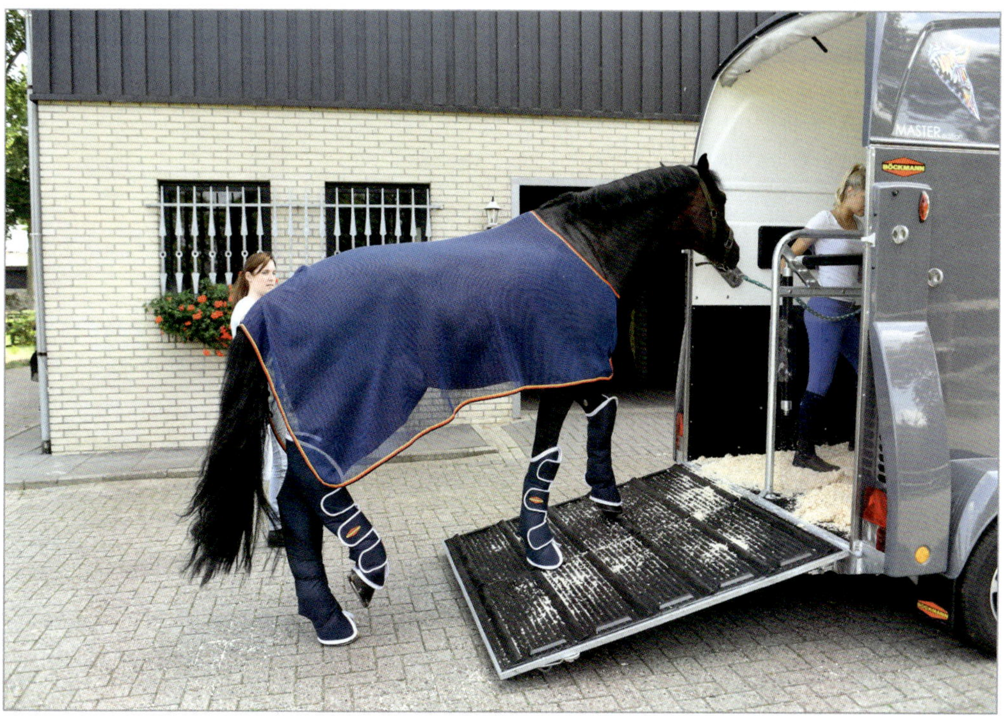

Was ist noch beim Transport zu beachten?

- Das Zugfahrzeug und der Anhänger müssen für die geplante Zuglast zugelassen und in einem technisch einwandfreien Zustand sein. Vor dem Verladen wird der Reifendruck kontrolliert und überprüft, ob der Anhänger und das Bremsseil richtig angehängt sind.
- Jeder Transport ist für die Pferde mit Aufregung verbunden. Man sollte deshalb immer frühzeitig losfahren, damit das Pferd nach der Ankunft noch etwas Zeit hat um „anzukommen" und zu entspannen.
- Damit sich die Pferde gut ausbalancieren können, ist es wichtig, vorausschauend zu fahren und nicht ruckartig zu beschleunigen oder abzubremsen. Auch müssen alle Kurven vorsichtig angefahren werden.

Prüfe dich selbst!

- ❑ ***Warum musst du jedes Pferd zuerst ansprechen, wenn du dich ihm annäherst?***
- ❑ ***Erkläre, wie du ein Pferd richtig führst.***
- ❑ ***Worauf musst du achten, wenn du ein Pferd an einem anderen vorbeiführst?***
- ❑ ***Zeige, wie du ein Pferd anbindest!***
- ❑ ***Welche Ausrüstungsgegenstände werden für den Transport benötigt?***

6.3Pferde unterscheiden können

Hast du dir schon mal überlegt, wie viele verschiedene Pferderassen es gibt? Rund um die Welt werden derzeit etwa 250 verschiedene Rassen zu den unterschiedlichsten Zwecken gezüchtet. Sie werden aufgrund ihrer Haupteigenschaften und ihres Hauptnutzens in verschiedene Rassegruppen eingeteilt.

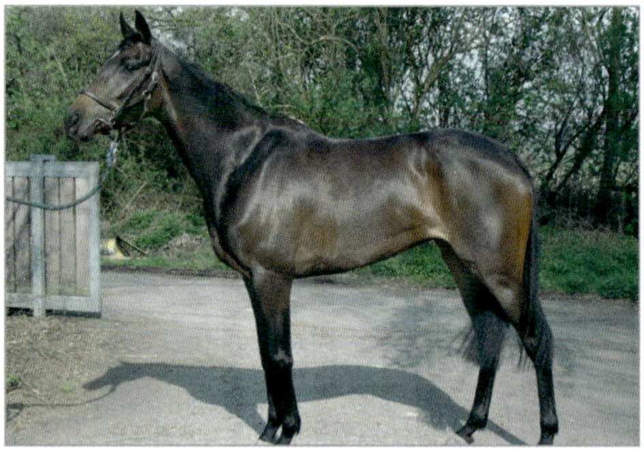

Englisches Vollblut

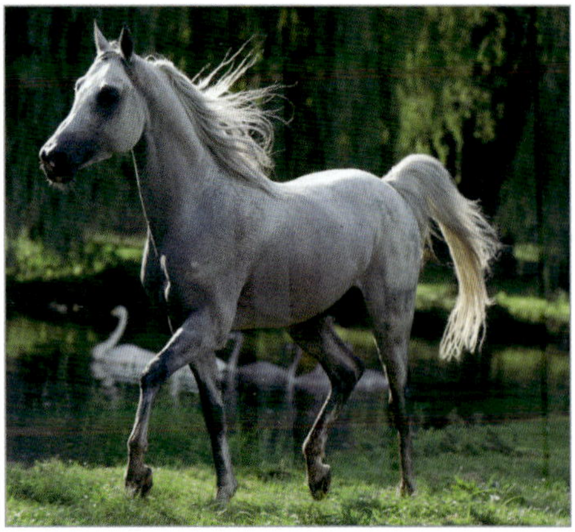

Araber

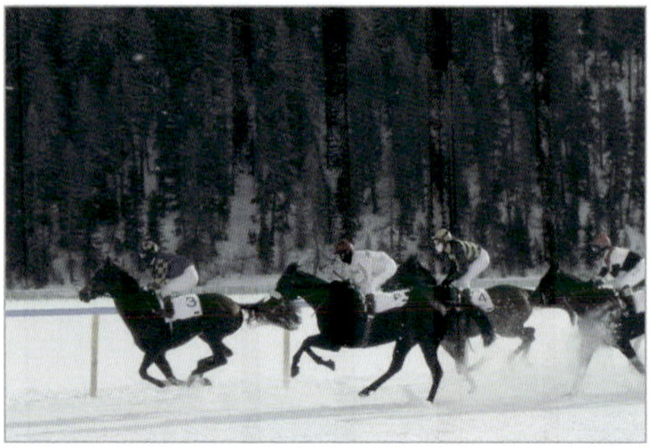

Rennpferde

Die wichtigsten Pferderassen

Gruppe	Dazu gehören zum Beispiel folgende Rassen:	Hauptsächliche Verwendung
Rennpferde	Englisches Vollblut, Traber	Rennsport Distanzreiten Freizeitsport
Arabische Rassen	Arabisches Vollblut, Anglo-Araber, Araber	Distanzreiten Freizeitsport
Deutsche Reitpferde/ Warmblüter	Reitpferderassen mit Ursprungszuchtbüchern bei den größtenteils regionalen, teilweise bundesweit tätigen Zuchtverbänden (Holsteiner, Württemberger, Trakehner ...)	Dressur, Springen, Voltigieren, Fahren, Vielseitigkeit, Freizeitsport
Schwere Warmblüter	Alt-Württemberger, Alt-Oldenburger, Sächsisch-Thüringisches Schweres Warmblut	Fahrsport Dressur Freizeitsport
Kaltblutpferde	Rheinisches Kaltblut Ardenner Kaltblut Schwarzwälder, Noriker, Shire Horse	Arbeitspferde zum Fahren und Holzrücken, Freizeitsport
Ponys und Kleinpferde	Deutsches Reitpony, Welsh Pony, Haflinger, Shetlandpony, Fjordpferd	Rassespezifische Reit- und Fahrdisziplinen
Gangpferde	Islandpferd, Tennesse Walking Horse, Hackney	Gangpferdeturniere Freizeitreiten
Westernrassen	Appaloosa, Quarter Horse, Paint Horse	Westerndisziplinen Freizeitsport
Weitere Rassen/ Spezialrassen	Friese, Lipizzaner, Andalusier, Achal Tekkiner	Rassespezifische Reit- und Fahrdisziplinen

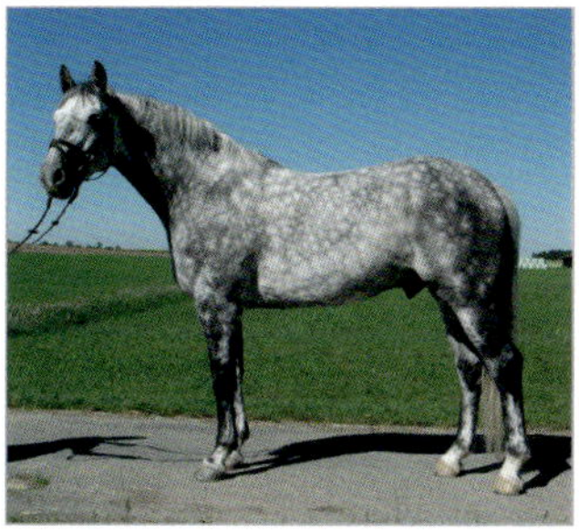

Holsteiner

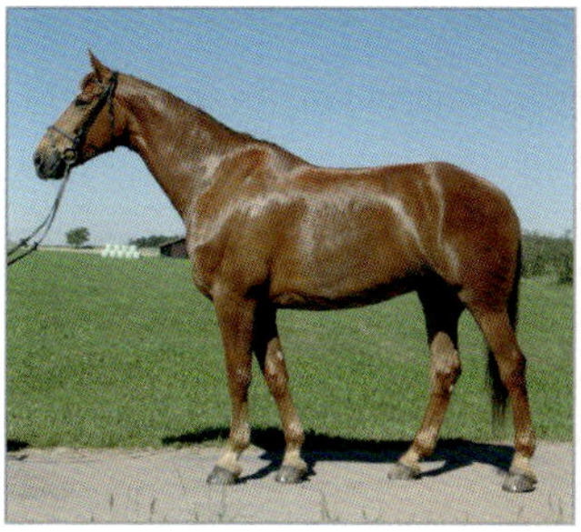

Württemberger

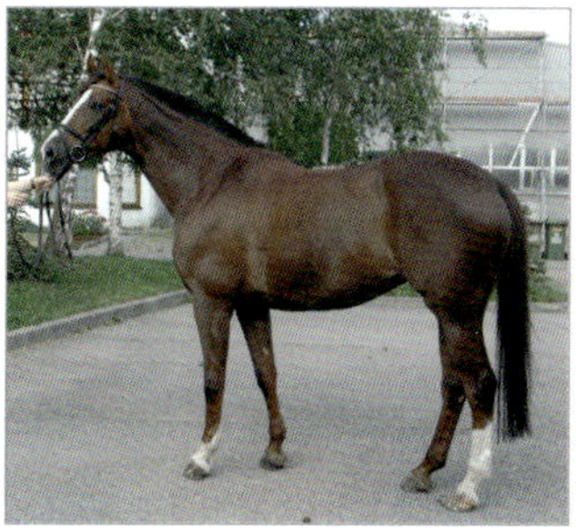

Trakehner

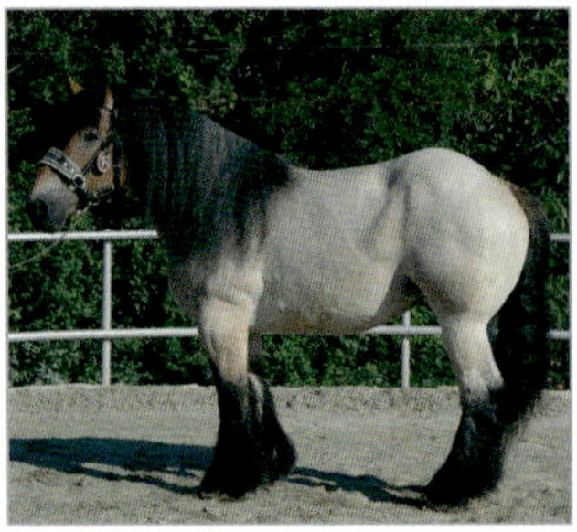

Ardenner Kaltblut

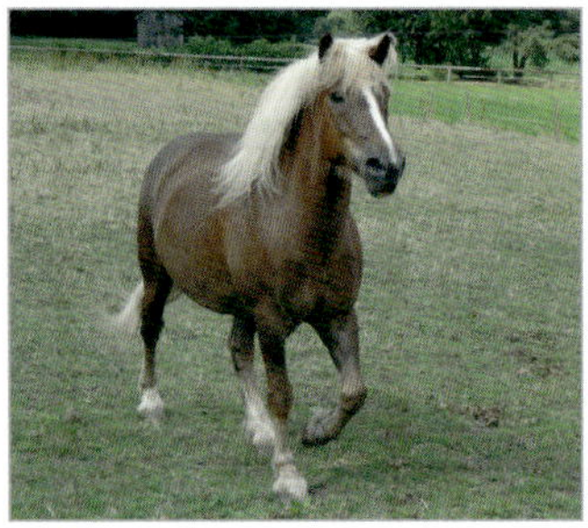

Schwarzwälder

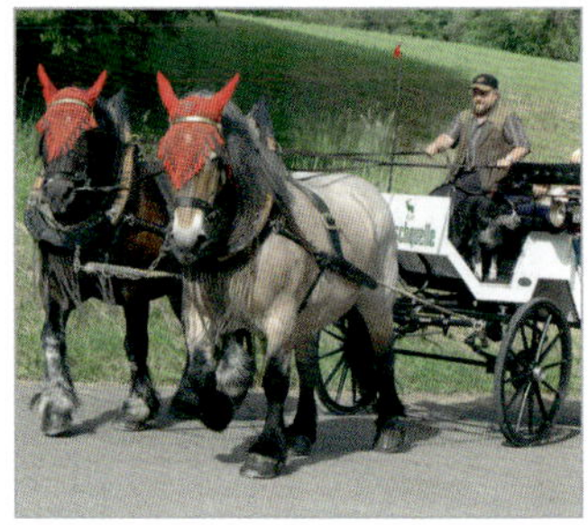

Kaltblüter vor der Kutsche

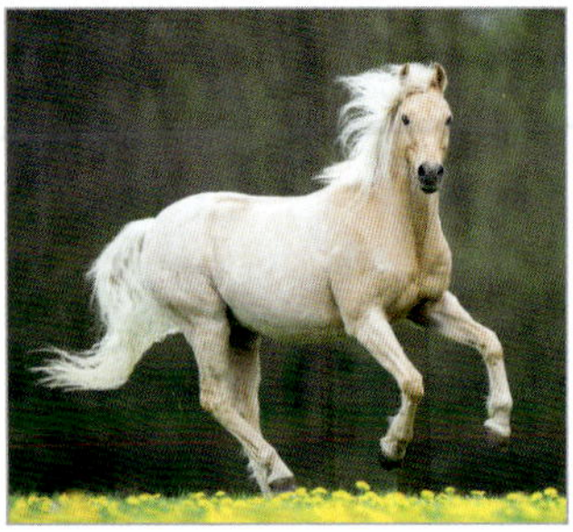

Deutsches Reitpony

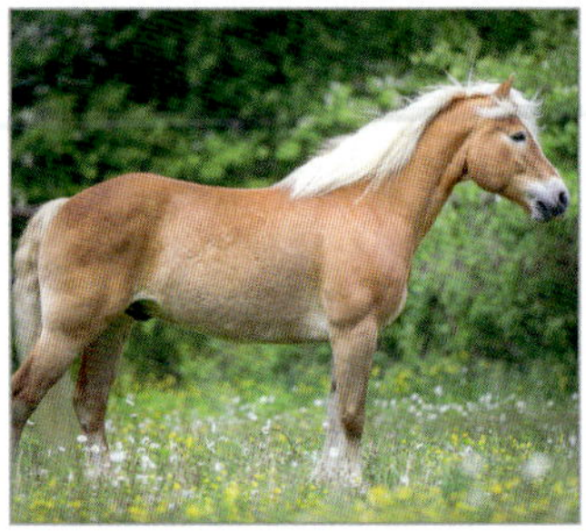

Haflinger

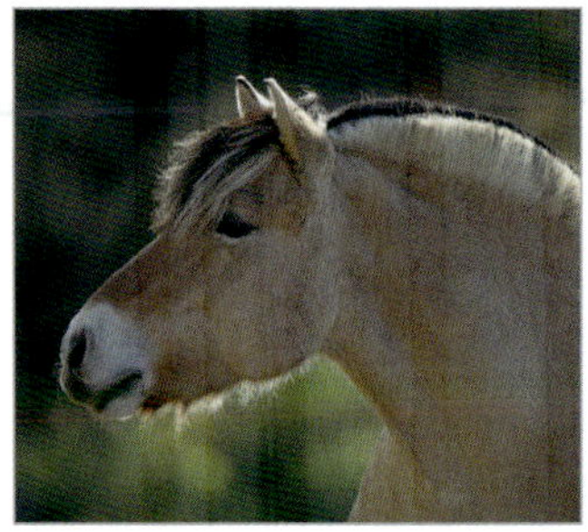

Fjordpferd

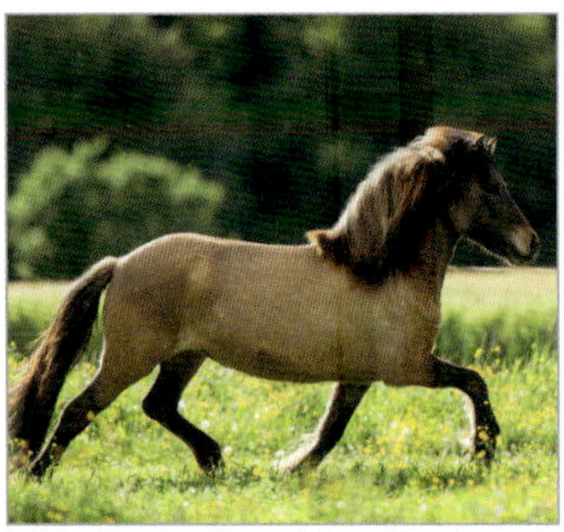

Islandpferd

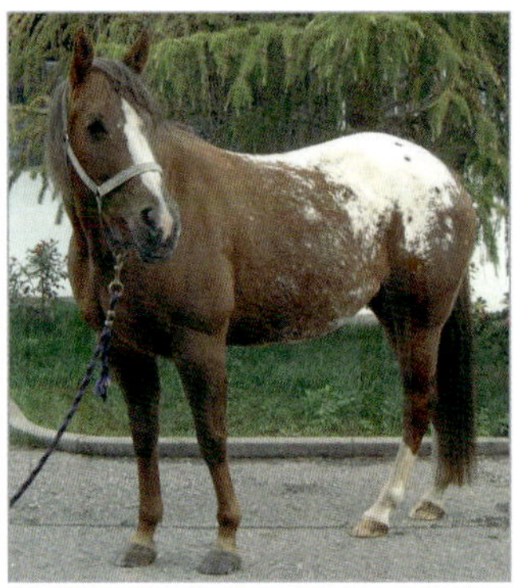

Appaloosa

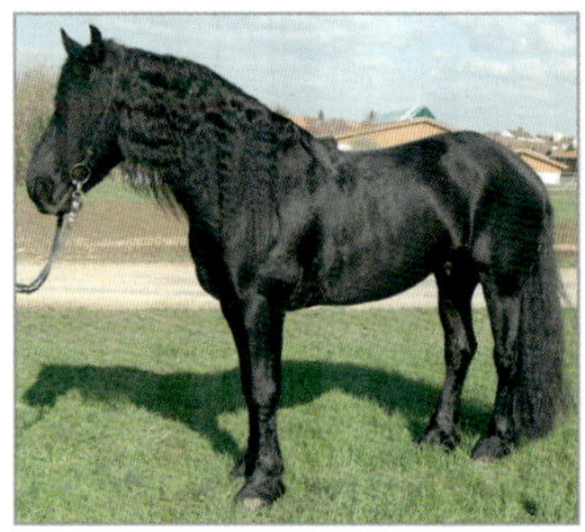

Friese

Welche Pferderassen finden im Voltigiersport Verwendung?

Rasse, Herkunft und Farbe des Pferdes spielen keine Rolle. Entscheidend ist die Eignung eines Pferdes für seinen Verwendungszweck. Kleinpferde und Ponys eignen sich vor allem als Voltigierpferde für Spiel- und Anfängergruppen. Für fortgeschrittene Voltigierer und im Turniersport werden großrahmige Warmblutpferde im Reitpferdetyp bevorzugt. Wichtig ist, dass die Pferde gesund und ausgeglichen sind, eine gute Galoppade haben (siehe Kapitel 6.7) und kräftig genug sind, um das Gewicht von bis zu drei Voltigierern zu tragen.

Welche Reitpferde gibt es in Deutschland?

Die deutsche Reitpferdezucht stellt den überwiegenden Anteil der Reitpferde in Deutschland. Deshalb solltest du dir einige der Zuchtverbände und ihre Brandzeichen merken. Früher wurden Pferde mit Brandzeichen und eingebrannten Nummern (vorzugsweise am linken Hinterschenkel) eindeutig gekennzeichnet. Das Anbringen von Brandzeichen (Heißbrand) ist allerdings seit 2019 in Deutschland verboten. Zur zweifelsfreien Identifizierung besteht für alle ab dem Jahr 2009 geborenen Pferde die Pflicht einen Mikrochip zu implantieren, der eine einmalig vergebene Nummer trägt. Mithilfe eines speziellen Lesegerätes kann ein Pferd damit zweifelsfrei identifiziert werden.

Brandzeichen in Deutschland
Beispiele für Deutsche Reitpferde

RASSE	BRANDZEICHEN
Württemberger	Ab 2015
Bayer	Ab 2015
Sachsen-Thüringer	
Hannoveraner	Ab 2015 zusätzlich
Holsteiner	
Mecklenburger	
Oldenburger Oldenburger Springpferd	
Rheinländer	Bis 2015
Trakehner	
Westfale	
Zweibrücker	
Zuchtverband für deutsche Pferde (ZfdP)	

Was weißt du über den Körperbau des Pferdes?

Der Aufbau des Pferdekörpers (die Anatomie) ist bei allen Rassen gleich, obwohl sie so unterschiedlich groß sind und so verschiedenartig aussehen können.

Wie werden die wichtigsten Körperteile des Pferdes genannt?

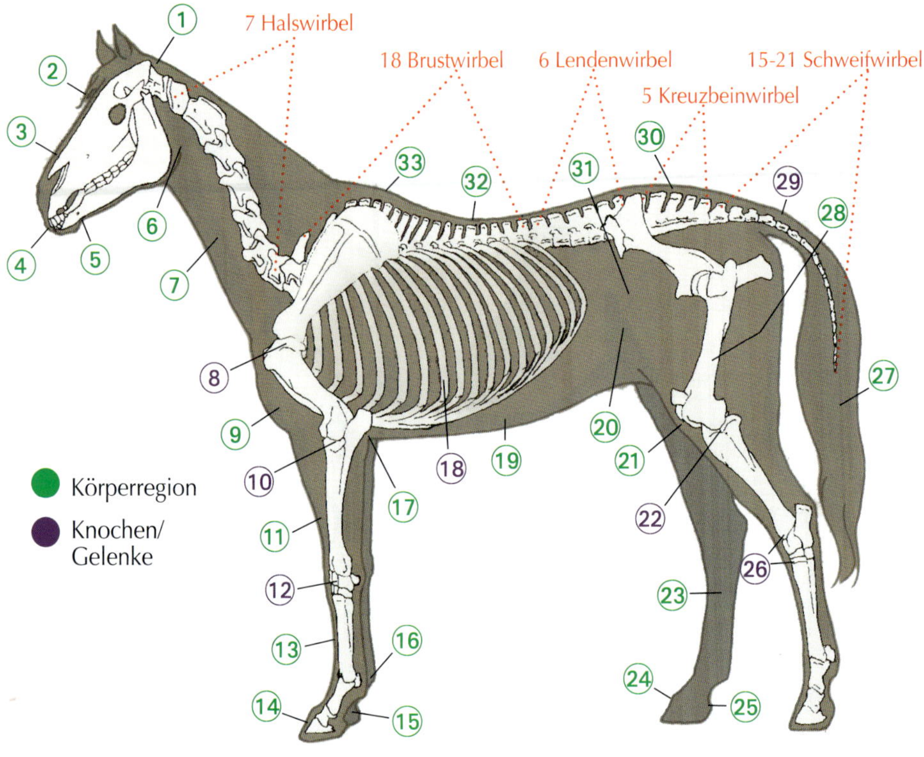

1. Genick	*12. Vorderfußwurzelgelenk*	*23. Hintermittelfuß*
2. Stirnhaare	*13. Vordermittelfuß*	*24. Kronrand*
3. Nasenrücken	*14. Huf*	*25. Ballen*
4. Maul	*15. Fessel*	*26. Sprunggelenk*
5. Kinn	*16. Fesselkopf*	*27. Schweif*
6. Ganasche	*17. Ellbogen*	*28. Oberschenkel*
7. Hals	*18. Rippen*	*29. Schweifrübe*
8. Schultergelenk	*19. Bauch*	*30. Kruppe*
9. Vorderbrust	*20. Flanke*	*31. Hüfte*
10. Ellbogengelenk	*21. Kniescheibe*	*32. Rücken*
11. Unterarm	*22. Kniegelenk*	*33. Widerrist*

Welche Pferdefarben gibt es?
Alle Wildpferde hatten früher eine ziemlich einheitliche, der Umgebung angepasste, graue oder braune Fellfarbe mit einem dunklen Strich entlang des Rückens, dem Aalstrich. Durch die Zucht entstanden mit der Zeit ganz verschiedene Grundfarben mit vielfältigen Schattierungen. Oft weicht sogar das Langhaar (Mähne, Schopf und Schweif) farblich vom Deckhaar (Fell) ab.

Pferde werden aufgrund ihrer Fellfarben wie folgt benannt:

Schimmel
Beim Schimmel sind das Deckhaar und das Langhaar weiß bis grau. Sie kommen meist mit dunklem Deckhaar (schwarz, braun oder fuchsfarben) zur Welt. Ihr Fell wird erst im Laufe der Jahre immer heller. Je nachdem, wie hell und stark schattiert es ist, kann man noch unterscheiden zwischen Rapp-, Fuchs-, Braun-, Fliegen- und Apfelschimmel.

Fuchs
Beim Fuchs sind das Deckhaar und das Langhaar rot oder rötlich-braun (wie beim echten Fuchs! Foto „Württemberger“ auf Seite 85.)

Isabell
Der Isabell hat gelbes bis goldgelbes Deckhaar, sein Langhaar ist aber hell. Du kannst dir als Eselsbrücke merken: Isabell = Langhaar hell

Schecken
Schecken sind Pferde mit beliebiger Grundfarbe mit weißen Fellanteilen in ganz unterschiedlichen Größen.

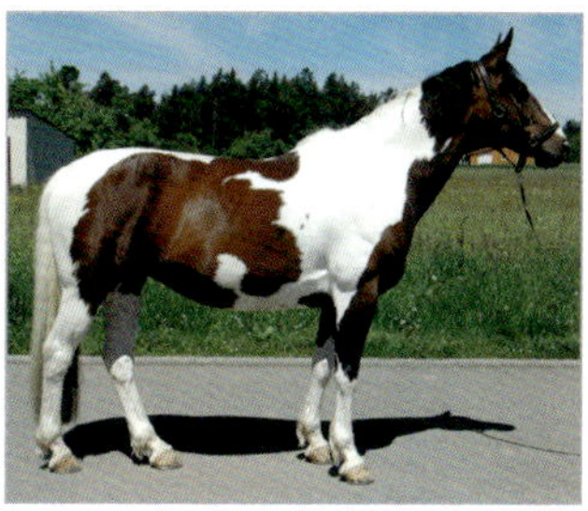

Schecke

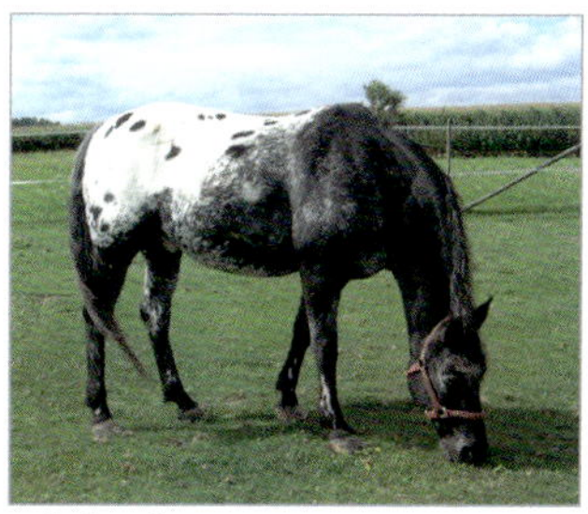

Schabrackentiger

Rappe

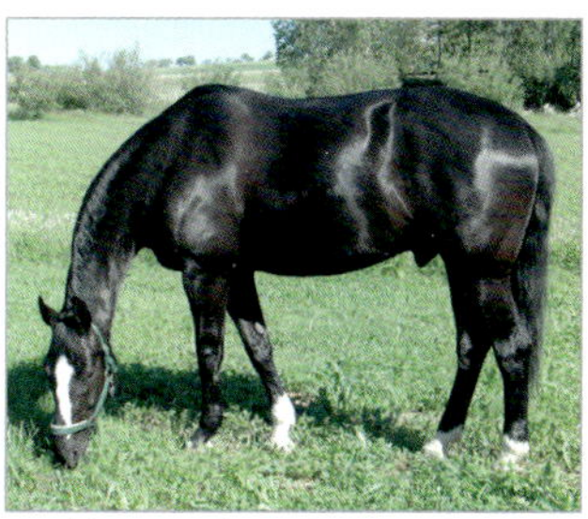

Deckhaar und Langhaar sind schwarz.

Brauner

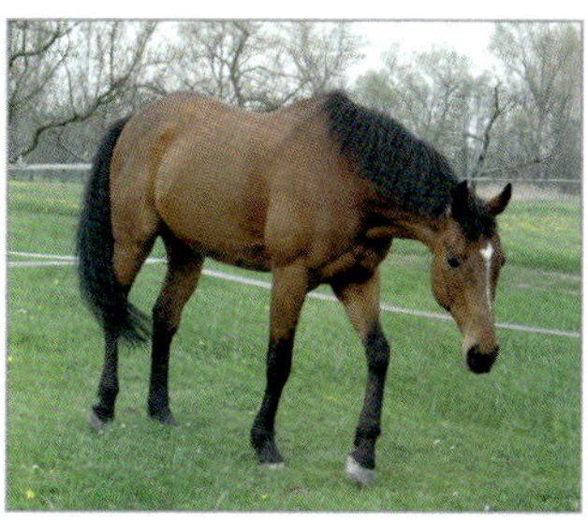

Das Deckhaar ist braun und das Langhaar schwarz, trotz des Namens „Brauner“!

Falbe

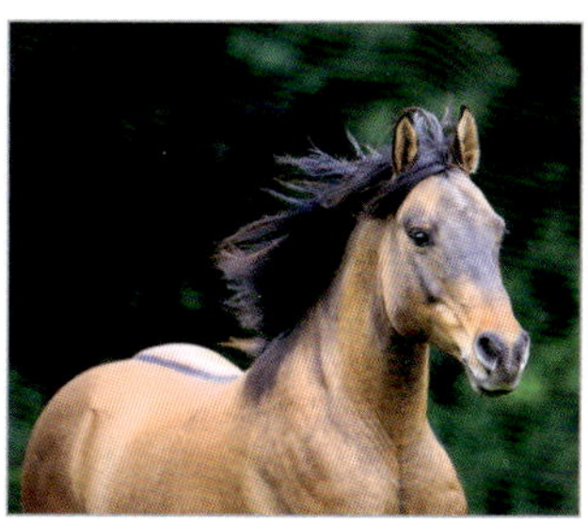

Deckhaar cremefarben mit schwarzem Aalstrich entlang des Rückens und schwarzem Langhaar

Welche Abzeichen kennst du im Fell von Pferden?

Viele Pferde ähneln sich in der Fellfarbe, doch sie unterscheiden sich durch die angeborenen weißen Flecken an Kopf und Gliedmaßen, die sogenannten Abzeichen.

Abzeichen am Pferdekopf (Beispiele)

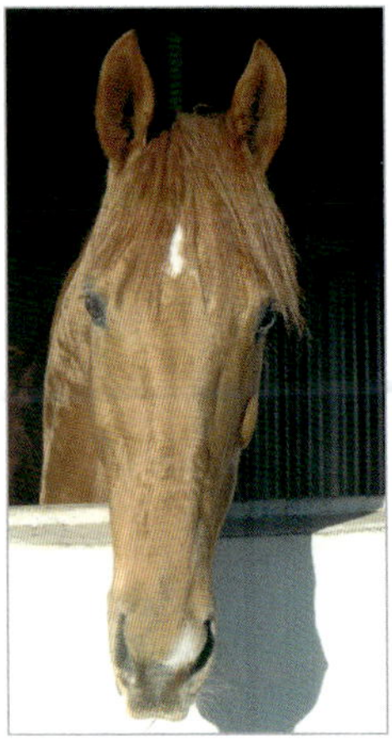

Flocke (Stirn) und Schnippe (Maul)

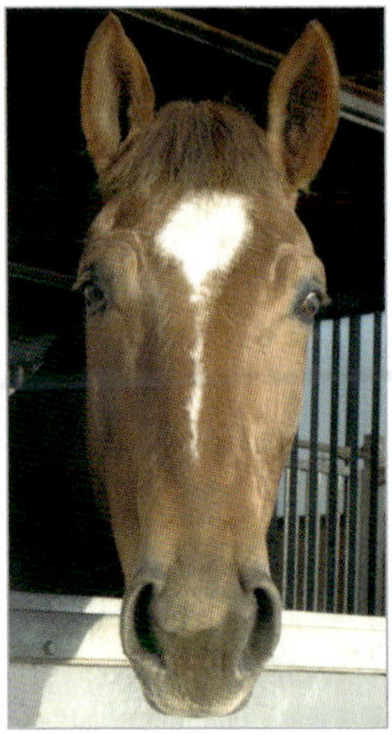

Stern und Schnurblesse

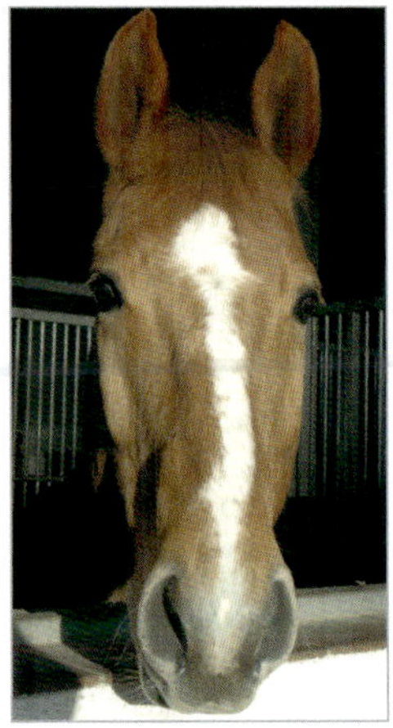

Durchgehende Blesse

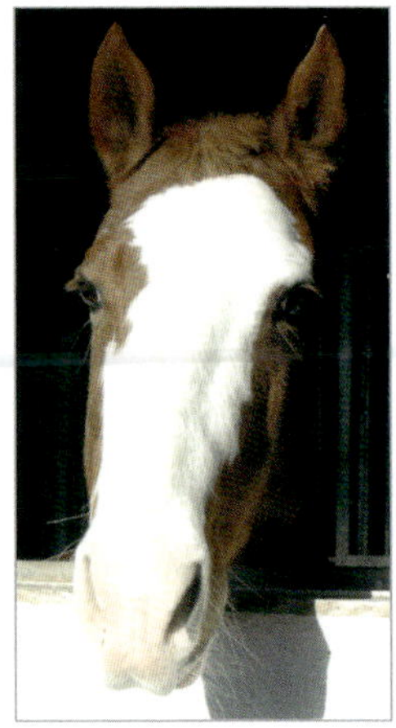

Laterne

Abzeichen an den Pferdebeinen (Beispiele)

Welche weiteren Unterscheidungsmerkmale kennst du?

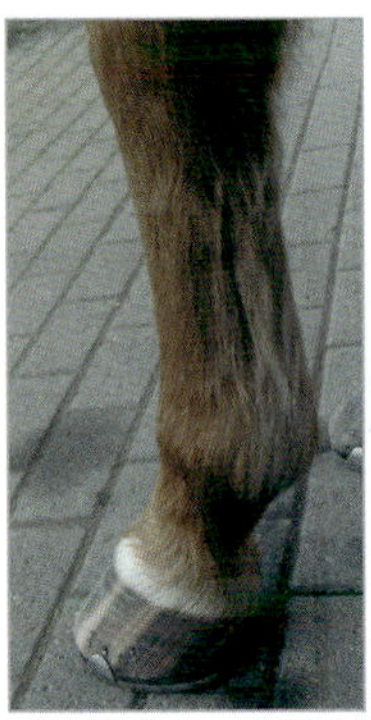

Weißer Kronrand

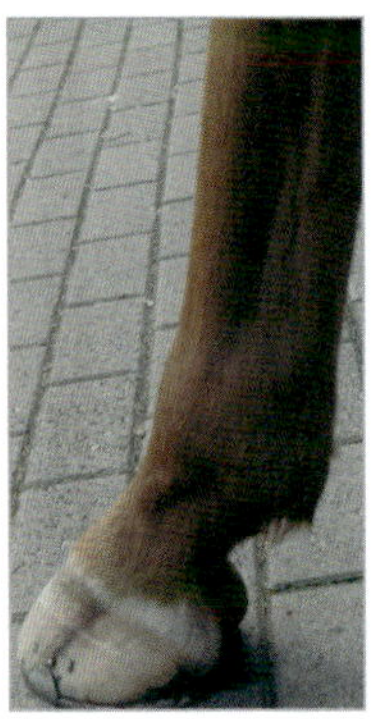

Weißer Ballen

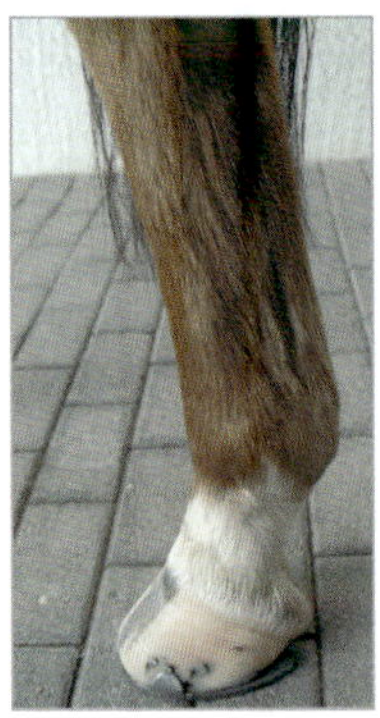

Halbweiße Fessel

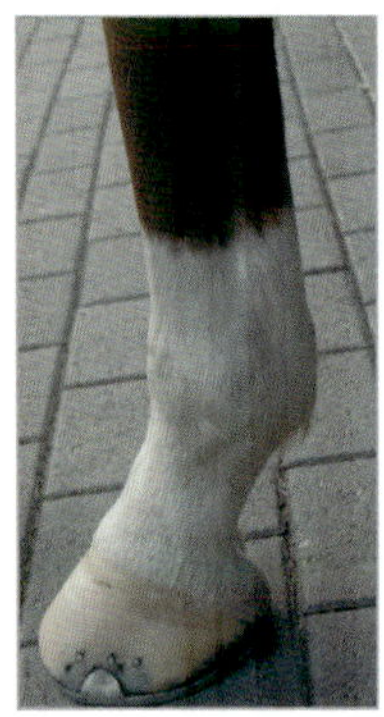

Halbweißer Fuß

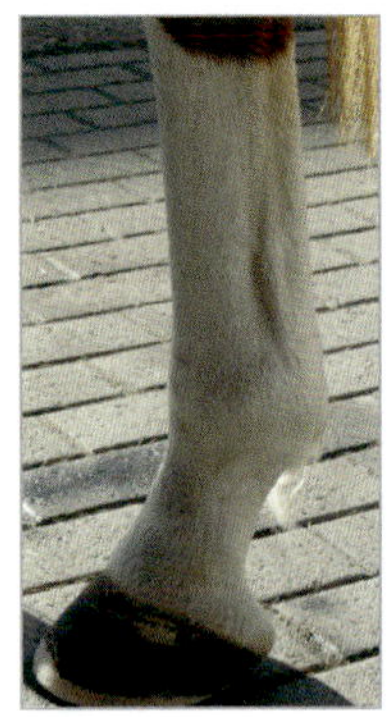

Weißer Fuß

Die Größe von Pferden: Pferde und Ponys werden definitionsgemäß durch ihre Größe unterschieden. Die Grenze für die Teilnahme an speziellen Ponywettbewerben und Turnierprüfungen liegt bei 148,99 cm. Die Größe von Voltigierpferden richtet sich nach ihrem Verwendungszweck. Spiel- und Anfängergruppen brauchen kleinere Pferde als Fortgeschrittenen-, Turniergruppen- und Einzelvoltigierer. Die Größe von Pferden wird üblicherweise durch das **Stockmaß** ermittelt. Dabei wird von einem ebenen Untergrund aus mit einem Zollstock der Abstand vom Boden bis zum höchsten Punkt des Widerristes gemessen.

Das Körpergewicht: Ein durchschnittlich großes Warmblutpferd wiegt etwa 550 bis 600 kg. Größere Warmblutpferde erreichen durchaus ein Gewicht von bis zu 700 kg, Kleinpferde und Ponys entsprechend weniger. Unter den Kaltblütern gibt es Rassen, die bis zu 1000 kg schwer werden können.

Das Geschlecht: Du kannst das Geschlecht wie folgt erkennen: Bei Stuten siehst du unter dem Schweifansatz zwei Körperöffnungen (After und Scheide), bei Hengsten und Wallachen hingegen nur eine (After). Die männlichen Pferde haben zwischen ihren Hinterbeinen den „Schlauch" zum Wasserlassen; bei Stuten befindet sich hier das Euter. Wallache sind kastrierte männliche Pferde, d.h. die Hoden wurden entfernt.

Das Alter: Jedes gesunde Pferd kann normalerweise ein Alter von mindestens 25 Jahren erreichen. Bei guter Fürsorge ist ein Alter bis zu 30 Jahren keine Seltenheit. Einige Ponys werden sogar bis zu 40 Jahre alt. Das Alter ist aus dem Equidenpass ersichtlich. Außerdem kann es an den Zähnen abgelesen werden. Auch Pferde bekommen zuerst Milchzähne. Erst mit knapp 5 Jahren sind alle Zähne durchgebrochen. Deshalb kann man bis zu diesem Alter an der Art und der Anzahl der Zähne das Alter relativ genau bestimmen. Im Alter von circa 6 bis 11 Jahren, wenn das Gebiss vollständig ausgebildet ist, lässt das Ausmaß der schwarzen Vertiefungen auf den Kauflächen, die „Kunden", auf das Alter schließen. Bei älteren Pferden verschwinden diese, sodass nur noch die Form der Kauflächen und die Zahnstellung Hinweise auf das Alter geben.

Was versteht man unter Interieur und Exterieur?

Das Interieur: Damit sind die inneren Werte des Pferdes gemeint, also sein Charakter, sein Temperament und seine Leistungsbereitschaft. Dass es hier große Unterschiede geben kann, hast du bestimmt schon in deinem Pferdesportverein und auf Voltigierturnieren beobachtet. Für Voltigierpferde ist ein ausgeglichener Charakter die wichtigste Voraussetzung. Nur durch einen artgerechten und besonnenen Umgang wird ein Voltigierpferd diese positiven Eigenschaften lange bewahren. Diese Aufgabe gehört zur Fürsorgepflicht aller Personen, die sich um das Pferd kümmern.

Das Exterieur umfasst das gesamte äußere Erscheinungsbild des Pferdes. Dazu gehören neben den oben beschriebenen Punkten auch die Stellung der Beine, das Bewegungsvermögen und die Bemuskelung.

Wozu benötigt jedes Pferd einen Equidenpass?

Seit dem 01. Juli 2009 ist in Europa für jedes Pferd sechs Monate nach der Geburt ein **Equidenpass** zwingend vorgeschrieben. In der Praxis bedeutet diese Bestimmung für jeden Pferdehalter die Registrierung seines Pferdes beziehungsweise Fohlens. Anhand dieses Ausweises **kann jedes Pferd eindeutig identifiziert werden**, denn all die oben genannten Unterscheidungsmerkmale und sogar die Wirbel, die Pferde an ganz unterschiedlichen Stellen im Fell haben, werden in den Equidenpass eingetragen. Außerdem werden alle Impfungen und in bestimmten Fällen auch Behandlungen vom Tierarzt im Equidenpass dokumentiert. In der EU gelten Pferde, unabhängig von ihrer tatsächlichen Nutzung, grundsätzlich als lebensmittelliefernde Tiere; das heißt, sie sind zum menschlichen Verzehr bestimmt. Pferdebesitzer haben aber die Wahl, ihr Pferd im Equidenpass als lebensmittellieferndes Tier (Schlachttier) oder nicht-lebensmittelliefernrdes Tier (Nicht-Schlachttier) einzutragen.

Für die Eintragung als lebensmittelliefserndes Tier (Schlachttier) gilt: Diese Pferde dürfen nur mit Medikamenten behandelt werden, die für lebensmittelliefernde Tiere zugelassen sind. Jede Medikation muss vom Tierarzt dokumentiert werden. Sollte aufgrund einer Erkrankung die Anwendung eines Medikaments notwendig werden, das nur für nicht-lebensmittelliefernde Tiere zugelassen ist, kann der Tierarzt jederzeit im Equidenpass den Status „lebensmittelliefernd“ in „nicht-lebensmittelliefernd“ ändern.

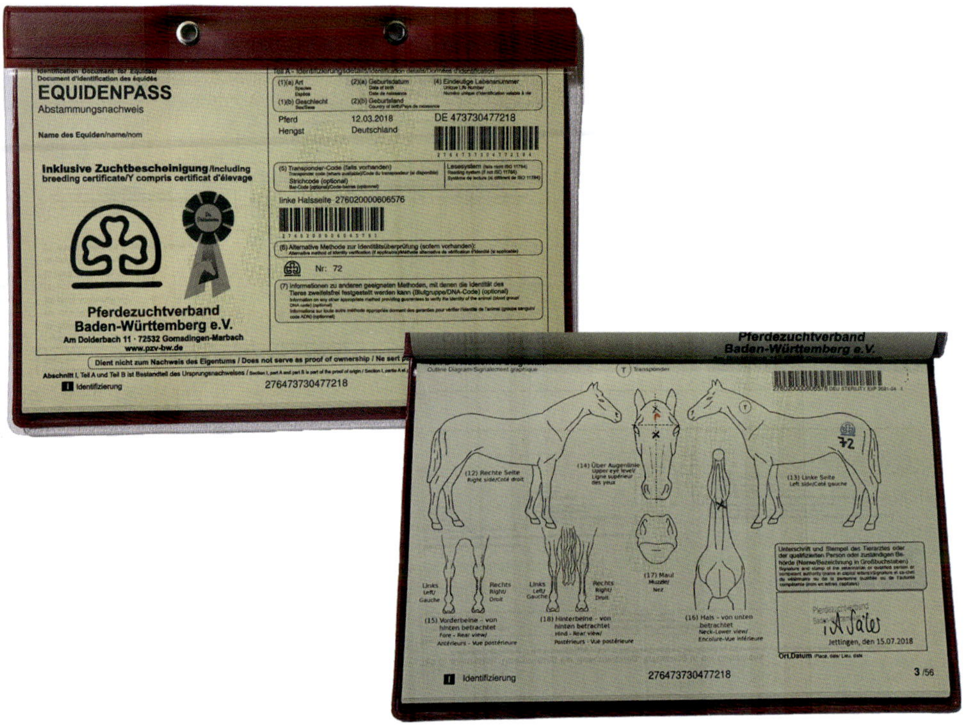

Prüfe dich selbst!

- ❑ ***Welche Pferderassen kennst du?***
- ❑ ***Nenne einige Warmblüter in Deutschland und ihre Verwendung.***
- ❑ ***Welche Zuchtgebiete kennst du in Deutschland?***
- ❑ ***Wie werden Pferde entsprechend ihrer Farbe bezeichnet?***
- ❑ ***Erkläre, was Deckhaar und Langhaar bedeuten.***
- ❑ ***Welche Abzeichen kennst du am Kopf und an den Beinen?***
- ❑ ***An welchen äußeren Merkmalen lassen sich Pferde voneinander unterscheiden?***
- ❑ ***Wozu wird der Equidenpass benötigt?***

6.4 Haltung und Fütterung

Es liegt in der Verantwortung jedes Pferdehalters, die Haltung und das Bewegungsangebot des Pferdes so artgerecht wie möglich zu gestalten. Es muss den natürlichen Bedürfnissen des Pferdes Rechnung tragen. Die Gesundheit und das Leistungsvermögen des Pferdes hängen außerdem entscheidend von seiner bedarfsgerechten Fütterung ab.

Was bedeutet artgerechte Haltung?
Das Tierschutzgesetz (siehe Kapitel 6.9) schreibt die artgerechte Haltung von Tieren vor. Das bedeutet für Pferde die Gemeinschaft von Artgenossen, viel frische Luft und genügend Bewegung.

Welche Haltungsformen kennst du?
Pferde sind Herdentiere, die sowohl im Stall als auch auf der Weide die Gemeinschaft mit anderen Pferden suchen. Deshalb kommt die **Gruppenhaltung** von mindestens zwei Pferden diesem Bedürfnis entgegen.

- Die **Weidehaltung** entspricht dem natürlichen Lebensraum der Pferde am besten. Jedes Pferd sollte nach Möglichkeit wenigstens für einige Stunden am Tag Weidegang haben. Für Mutterstuten mit ihren Fohlen ist die Weidehaltung durch nichts zu ersetzen. Die Fohlen können sich dort austoben, das Sozialverhalten in der Gruppe lernen und nach Belieben grasen.

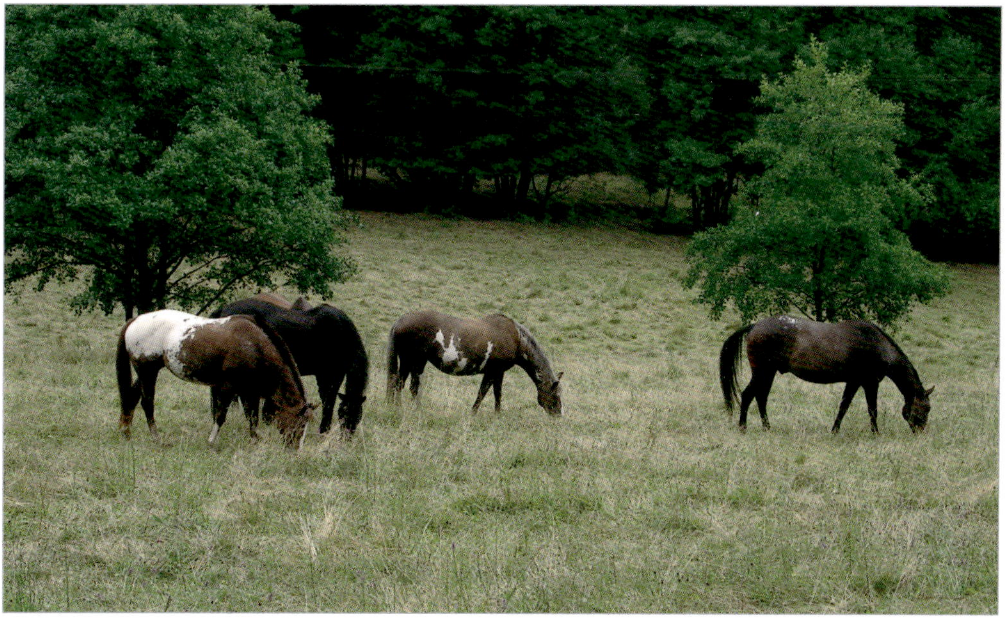

- Der **Offenstall** bietet optimale Bedingungen für Pferde. Er ist an einer Seite offen und ermöglicht den Pferden jederzeit Zugang zur Weide und viel Bewegung an der frischen Luft. Die Pferde leben dort ebenfalls in der Gruppe, haben einen Unterstand und können zwischen Stall oder Weide, Ruhe oder Bewegung wählen.

- Bei einem **Laufstall** werden mehrere Pferde zusammen in einem großen Stall untergebracht. Er wird häufig in der Aufzucht verwendet, weil er den sozialen Kontakt und die Bewegung unter den Pferden fördert.
- Die **Einzelaufstallung** ist die gängigste Form für Sportpferde. Sie schützt vor Verletzungen durch Artgenossen und ermöglicht individuelles Füttern. Sicht-, Hör- und Geruchskontakt zu anderen Pferden müssen immer gewährleistet sein.
- Eine **Einzelbox** soll so groß sein, dass sich das Pferd darin bequem hinlegen und aufstehen, in Seitenlage liegen und sich wälzen kann. Die Mindestgröße einer Einzelbox wird nach der Größe des Pferdes wie folgt berechnet: 2 x Widerristhöhe (Wh) im Quadrat = $(2 \times Wh)^2$. Für ein Voltigierpferd mit einem Stockmaß von 1,74 m bedeutet dies dann etwa einen Platzbedarf von 12 m^2. Die Boxenhöhe sollte circa 3,50 bis 4 m betragen.
- Ein **Paddock** ist ein Auslauf, der mindestens genauso groß sein soll wie eine Einzelbox.

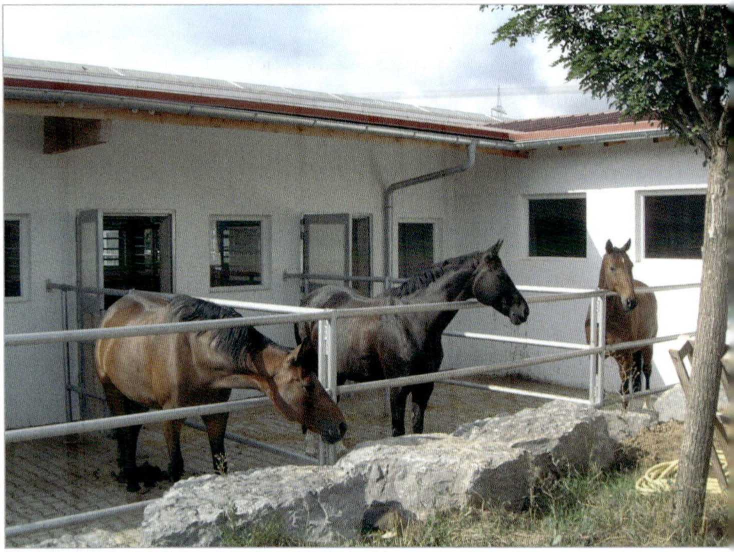

Ein Paddock ersetzt keine freie Bewegung.

Die Ständerhaltung ist in Deutschland verboten, da sie weder art- noch bedürfnisgerecht ist.

Worauf ist bei einer Gruppenhaltung zu achten?

Die Pferde müssen aneinander gewöhnt sein und sich untereinander vertragen. Die Zusammensetzung der Gruppe sollte möglichst selten verändert werden, da jedes neue Pferd Anlass für Auseinandersetzungen um die bestehende Rangordnung gibt. Damit die rangniedrigeren Pferde den ranghöheren ausweichen können, sollten in einem Laufstall mindestens zwei Stalltüren vorhanden sein. Beim Füttern muss darauf geachtet werden, dass jedes Pferd die ihm zugeteilte Portion erhält.

Wie sollte jede Pferdebox ausgestattet sein?

Zu jeder Box gehört eine große Tür (mind. 1,10 m breit), die sich von außen und innen leicht öffnen und schließen lässt. Pferde benötigen für ihren Stoffwechsel sehr viel natürliches Licht. Deshalb ist ein großes Fenster (mindestens 1 m^2) ohne Zugluft sehr wichtig. Glatte Wände und ein ebener, rutschfester Untergrund tragen dazu bei, Verletzungen zu vermeiden. Es muss eine ausreichende, saubere und trockene Einstreu, zum Beispiel mit Stroh oder staubfreien Hobelspänen, vorhanden sein, worauf sich die Pferde bequem hinlegen und sicher wieder aufstehen können.

Pferde können die Stallung überblicken, wenn die festen Trennwände höchstens brusthoch sind und darüber gegebenenfalls einen Gitteraufsatz haben. Die kantenfreie und splittersichere Futterkrippe und die Selbstträmke sollten möglichst in den Boxenecken und auf Schulterhöhe des Pferdes angebracht sein, damit es das Futter und Wasser mit leichter Halsneigung nach unten aufnehmen kann. Auch das Heu sollte in einer anderen Ecke untergebracht werden, damit es nicht so einfach in der Tränke eingeweicht werden und diese verstopfen kann. Die Tränke muss täglich auf Verschmutzungen und ihre Funktionstüchtigkeit überprüft werden. Pferde sollten auch immer Zugang zu einem Salzleckstein haben.

Was gehört zu einem Stall?

Die Stallgasse sollte rutschfest sein und über genügend Anbinderinge verfügen. In jedem Stall werden separate Räume für Futter und Zubehör (Sattelkammer) benötigt. Hufschmied und Tierarzt benötigen einen sicheren Platz zum Beschlagen beziehungsweise Behandeln der Pferde. Ideal ist, wenn sich der Putzplatz nicht direkt in der Stallgasse befindet, damit der aufgewirbelte Staub und Dreck nicht in die Pferdeboxen gelangt. Der Waschplatz sollte einen leicht abfallenden Untergrund mit Abfluss haben, damit das Wasser gut ablaufen kann.

Welches Stallklima sollte für Pferde herrschen?

Für die Gesundheit der Pferde muss auf das richtige Stallklima geachtet werden. Eine geringe Staub- und Schadgaskonzentration ist sehr wichtig, damit der Atmungsapparat der Pferde nicht zu sehr belastet wird. Die Ausscheidungen der Pferde erzeugen unter anderem das Schadgas Ammoniak (aus dem Urin) und sind problematisch für das Stallklima. In schlecht gemisteten Boxen kannst du den leicht stechenden Geruch von Ammoniak wahrnehmen. Deshalb muss die Einstreu jeden Tag gewechselt werden. Der Stall muss ständig mit Frischluft versorgt werden, ohne dass es zieht. Die Temperatur

In dieser geräumigen Box fühlt sich das Pferd wohl.

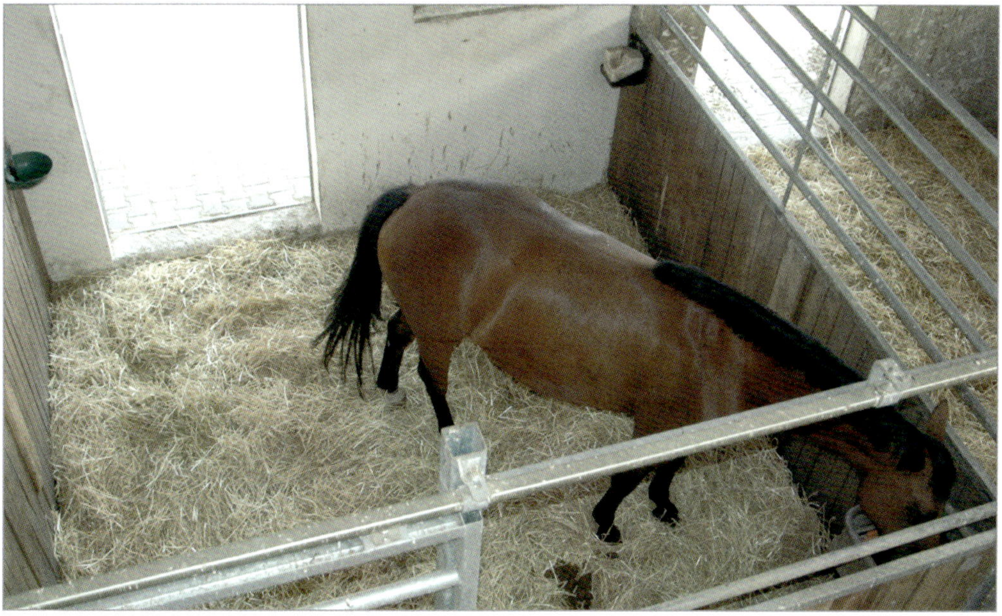

soll sich von der Außentemperatur nur wenig unterscheiden. Größere Temperaturschwankungen sind abzuschwächen und extreme Temperaturen abzumildern.

Welche Unarten können Pferde im Stall entwickeln?

Die Ursachen folgender Unarten sind meist Langeweile oder fehlende Sozialkontakte:

- Beim **Koppen** setzt das Pferd die Schneidezähne am Krippenrand oder an anderen vorstehenden Gegenständen auf und schluckt deutlich hörbar Luft. Dadurch können mit der Zeit Zahnschädigungen und Ernährungsstörungen auftreten und möglicherweise sogar Koliken ausgelöst werden. Das Koppen ist den Pferden kaum mehr abzugewöhnen.
- Das **Weben** ist eine Unart, die vorwiegend in der Box zu beobachten ist. Das Pferd schaukelt rhythmisch auf den Vorderbeinen hin und her und kann somit frühzeitige Verschleißerscheinungen an den Beinen auslösen.
- Weniger folgenschwer, aber dennoch ungesund und unangenehm sind ständiges **Scharren** und Betteln nach Futter oder das Reiben der Zähne an den Gitterstäben.

Mit welchem Futter werden Pferde gefüttert?

In der Fütterung wird zwischen drei Futterarten unterschieden. Sobald dir dazu das bekannteste Futtermittel **Heu** einfällt, kannst du dir folgende „Eselsbrücke“ merken: Heu sieht kraus aus und **KRauS** ist das Stichwort für das wesentliche Pferdefutter:

- **Kraftfutter:** Hafer, Gerste, Mais, industriell gefertigte Futtermischungen
- **Raufutter/Grobfutter:** Heu, Heucobs, Heulage, Stroh, Grassilage, Maissilage, Stroh (bevorzugt Hafer-, Weizenstroh)
- **Saftfutter:** Möhren, Äpfel, Rüben, Grünfutter (frisches Weide- oder Wiesegras, auf dem Halm oder geschnitten)

Darüber hinaus gibt es als Ergänzungsfutter noch Trockenschnitzel (eingeweicht), Weizenkleie, Pflanzenöl, Leinsamen, Bierhefe und Mineralfutter. Das Futter muss stets von guter Qualität sein!

Wie wird die Futtermenge festgelegt?

Die Futtermenge muss individuell auf jedes Pferd abgestimmt werden. Ausschlaggebend sind das Körpergewicht, die aktuell geforderte Arbeitsleistung des Pferdes und seine körperliche Verfassung. Wichtig ist die ausreichende Menge an Rau-/Grobfutter, vor allem Heu. Denn Pferde brauchen zur Verdauung viele Ballaststoffe. Ihr Magen ist mit einem Fassungsvermögen von etwa 12 bis 14 Liter relativ klein. Deshalb nehmen Pferde von Natur aus viele kleinere Mahlzeiten auf. Zu viel Kraftfutter ist schädlich, weil es den Stoffwechsel belastet. Auch dürfen Pferde im Frühjahr nicht plötzlich größere Mengen an Gras erhalten, sondern müssen durch langsam zunehmenden Weidegang an den Futterwechsel gewöhnt werden, da sie sonst leicht zu Koliken neigen (siehe Kapitel 6.8). Karotten sind schmackhaft und enthalten Beta-Carotin. Pferde, die schwitzen, brauchen zusätzlich Salz (Leckstein oder Fütterung von Salz). Fohlen dürfen wegen starker Durchfallgefahr keinen Zugang zu Salzlecksteinen haben.

Als Faustregel für den **Tagesbedarf** eines regelmäßig trainierten, circa 500 kg schweren Voltigierpferdes **in der Turniersaison** kannst du dir merken:

- **circa 2,5 kg Kraftfutter**
- **circa 7,5 kg Heu**
- **Mineralstoffe und Vitamine nach Bedarf**

In welchem Rhythmus wird gefüttert?

Gesunde Pferde sollten **mindestens dreimal am Tag** ihre Futterration erhalten. Heu sollte möglichst oft gefüttert werden, im Idealfall zur freien Verfügung stehen. Die Krippe, Tränke und gegebenenfalls auch die Raufe müssen regelmäßig kontrolliert und gereinigt werden, da Verunreinigungen mit Futterresten zu Schimmelbildung und damit zu Koliken führen können. Wichtig sind feste Fütterungszeiten, auf die sich die Pferde einstellen können. Während der Fütterungs- und Verdauungsphase sollte Ruhe im Stall herrschen.

Wie viel Wasser trinkt ein Pferd?

Der Wasserbedarf hängt neben der Größe und körperlichen Belastung des Pferdes auch von der Temperatur und der Höhe der Raufuttergabe ab. Er beträgt ungefähr **40 bis 60 Liter am Tag**. Das Wasser soll frisch, sauber und nicht zu kalt sein. Pferde ohne Zugang zu einer Selbsttränke müssen mindestens dreimal am Tag getränkt werden, wenigstens zu den Fütterungszeiten und nach der Arbeit.

Merke dir

- Jedes Pferd braucht zum Fressen und zur Verdauung Zeit und Ruhe. Deshalb muss zwischen Fütterung und dem Reiten oder Voltigieren mindestens eine Stunde Pause gewährleistet sein. Ansonsten können leicht Verdauungsstörungen auftreten.

Wie läuft bei Pferden die Verdauung ab?

Die Verdauung beginnt bereits im Maul mit dem Einspeicheln des von den Zähnen zerkleinerten Nahrungsbreis. Er wandert dann durch die **Speiseröhre** in den **Magen**. Dort wird das Futter mit Magensaft versetzt, erste Nährstoffe werden herausgelöst. Dieser

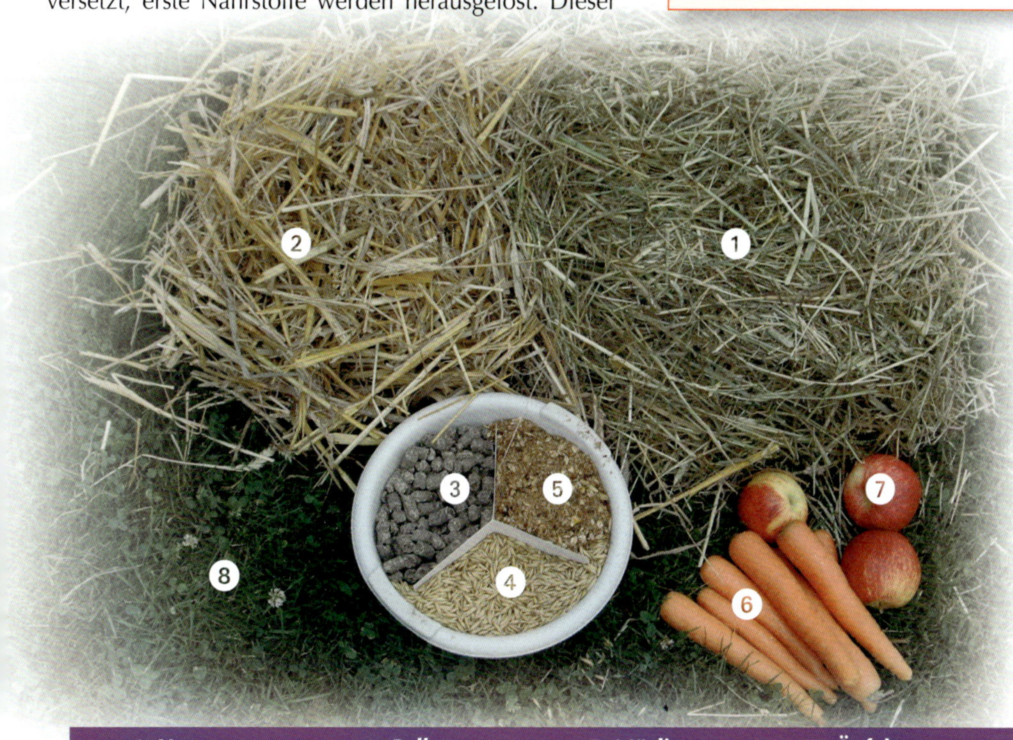

1. Heu *2. Stroh* *3. Pellets* *4. Hafer* *5. Müsli* *6. Karotten* *7. Äpfel* *8. Gras*

Nahrungsbrei wandert weiter in den fast 25 m langen **Dünndarm**, den Hauptort der Verdauung. Im **Dickdarm** werden anschließend die Rohfasern verarbeitet und das Wasser entzogen. Übrig bleiben alle unverwertbaren Nahrungsbestandteile, die in Form von Pferdeäpfeln über den **Mastdarm** ausgeschieden werden. Die übrigen Gift- und Abfallstoffe aus dem Stoffwechsel werden über die **Nieren** aus dem Blut filtriert und mit dem Urin ausgeschieden.

Wie erfolgt die Box- und Paddockpflege?

Je nach Größe und Futtergabe scheiden Pferde täglich größere Mengen Kot (circa 10 bis 20 kg) und Urin (circa 5 bis 10 l) aus. Damit sich durch die entsprechenden Fäulnisvorgänge keine zu große Menge des Reizgases Ammoniak bildet, muss die Einstreu trocken und sauber gehalten werden. Ammoniak – erkennbar am leicht stechenden Geruch – reizt die Schleimhäute und erhöht die Anfälligkeit für Atemwegs- und Huferkrankungen.

Daher sollten Boxen möglichst täglich gepflegt werden; nur so kann Pferden ein komfortabler Liegeplatz bei gutem Stallklima geboten werden.

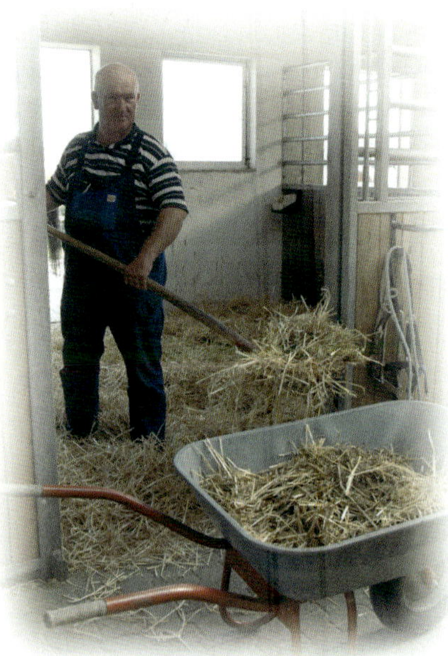

Beim Ausmisten werden frischer Kot und nasse Einstreu entfernt und, wenn nötig, durch ausreichend frische Einstreu ersetzt. Selbstverständlich sollten auch angrenzende Paddocks täglich gesäubert werden.

Beim Entfernen nasser Einstreu wird Ammoniak freigesetzt, während und bis zu einer Stunde nach dem Einstreuen entsteht eine hohe Konzentration von Kleinteilen (Staub, Schimmelpilze) in der Luft. Beides reizt die Atemwege. Daher sollten Pferde während des Ausmistens möglichst an die frische Luft (Auslauf, Koppel) gebracht werden.

Soll ein Pferd beim Ausmisten in der Box verbleiben, muss gewährleistet sein, dass es dabei ruhig steht. Das Hantieren mit spitzen oder scharfkantigen Schaufeln oder Forken in der Nähe empfindlicher Pferdebeine stellt eine unmittelbare Gefahrenquelle dar.

Vor dem Fegen nach dem täglichen Stalldienst sollte die Stallgasse leicht angefeuchtet werden – etwa mit einer Gießkanne – um möglichst wenig Staub und Schmutz aufzuwirbeln.

Prüfe dich selbst!

- ❑ ***Welche Haltungsformen für Pferde kennst du?***
- ❑ ***Beschreibe, was alles zu einer Einzelbox dazugehört.***
- ❑ ***Wie soll ein guter Stall beschaffen sein?***
- ❑ ***Was weißt du über das Stallklima?***
- ❑ ***Wie oft und womit werden Pferde gefüttert?***
- ❑ ***Wie viel Wasser trinkt ein Pferd pro Tag?***
- ❑ ***Welche täglichen Arbeiten müssen im Stall erledigt werden?***

6.5 Pferdepflege

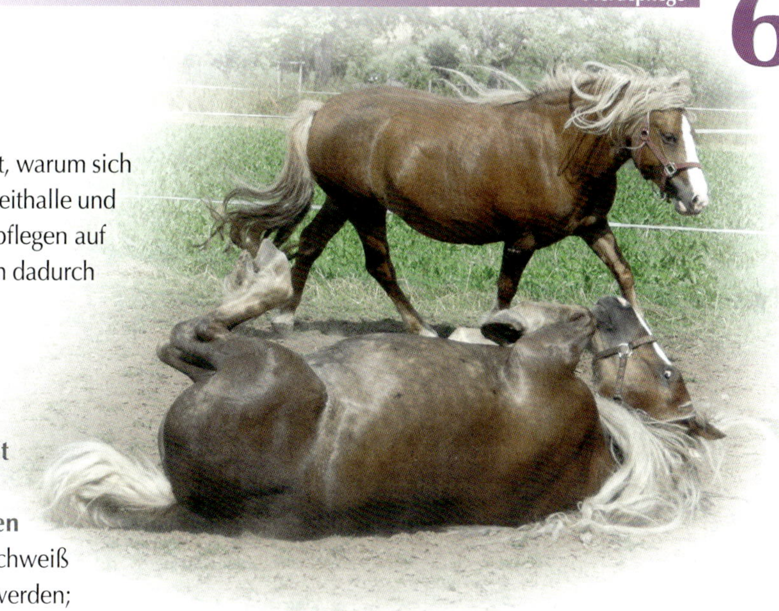

Hast du dir schon mal überlegt, warum sich Pferde auf der Koppel, in der Reithalle und sogar im Schnee wälzen? Sie pflegen auf diese Weise ihr Fell und sorgen dadurch für ihre Gesunderhaltung.

Warum muss jedes Pferd geputzt werden?
Putzen dient der **Gesundheit** des Pferdes, weil

- es **dessen Wohlbefinden steigert**, indem Schmutz, Schweiß und Fremdkörper entfernt werden;
- dabei **kontrolliert** werden kann, ob Schwellungen, Verletzungen oder Hautkrankheiten vorliegen, die behandelt werden müssen;
- durch die **Massage** der Haut die Durchblutung verbessert wird;
- es einen **wichtigen Kontakt** zum Pferd bedeutet.

Wie oft und wo werden Pferde geputzt?
Das Fell und die Hufe der Pferde müssen jeden Tag gründlich gepflegt werden. Dies geschieht am besten vor dem Reiten oder Voltigieren. Pferde sollten immer außerhalb ihrer Box geputzt werden, damit die Box nicht verunreinigt wird. Außerdem bist du selbst außerhalb der Box beim Putzen viel sicherer und hast es wegen des festen Untergrundes leichter. Ideal ist ein separater Putzplatz abseits der Stallgasse oder im Freien.

Welches Putzzeug wird zur Pferdepflege benötigt?

1. *Wurzelbürste (kurze Borsten)*
2. *weiche kleinere Kopfbürste*
3. *Mähnenbürste (lange Borsten)*
4. *Kardätsche*
5. *Striegel*
6. *Schwämme*
7. *weicher Lappen/Handtuch*
8. *Huffett*
9. *Pinsel*
10. *Mähnenkamm*
11. *Hufkratzer*
12. *Schweißmesser*
13. *Waschbürste für die Hufe*

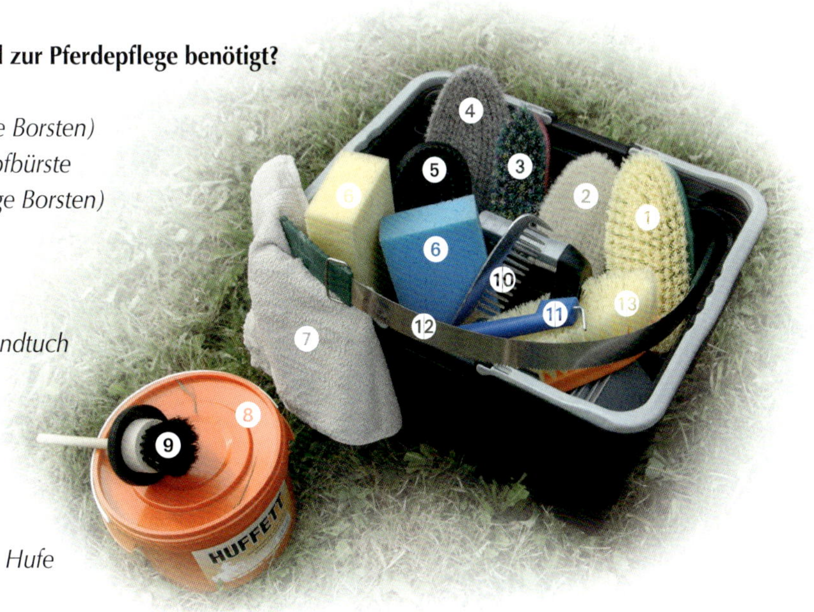

Welche Hygiene-Regeln sollst du beim Putzen befolgen?

Da sich Hautpilze und Parasiten durch das Putzzeug von Pferd zu Pferd übertragen lassen, sollte jedes Pferd sein **eigenes Putzzeug** haben.

> **Sicher ist sicher!**
>
> - Vorsicht beim Wechsel auf die andere Seite. Halte genug Abstand zu den Hinterbeinen und beobachte stets dabei das Verhalten des Pferdes, insbesondere wenn andere Pferde in der Nähe sind oder vorbeigeführt werden. Falls das Pferd in diesem Moment erschrickt, schlägt es möglicherweise aus.

Wie gehst du beim Putzen vor?

Grundsätzlich sollte das Putzen immer in der gleichen Reihenfolge erfolgen. Ausgangspunkt ist die sichere Stellung neben der Pferdeschulter. Generell sollte der Mensch dicht am Pferd bleiben – hier ist die Verletzungsgefahr durch unvorhergesehene Reaktionen des Pferdes geringer als bei einem Abstand von einem ½ bis 1 m. Zur fachgerechten Pferdepflege (siehe Tabelle rechts) werden beide Hände eingesetzt. Auf der linken Pferdeseite putzt man bis zur Flanke mit der linken Hand; auf Höhe der Flanke wird die entsprechende Bürste in die rechte Hand übergeben, um möglichst dicht am Pferd zu bleiben und nicht hinter das Pferd treten zu müssen. Auf der rechten Seite beginnt man entsprechend mit der Bürste in der rechten Hand und übergibt sie dann auf Höhe der Flanke in die linke Hand. Manche Pferde sind am Bauch oder an den Flanken kitzelig. Sei dort besonders vorsichtig. Wenn sie die Ohren anlegen oder mit dem Schweif schlagen, darfst du mit der Bürste oder dem Striegel nicht zu fest aufdrücken.

Was gehört noch zur Pferdepflege?

Sofern es die Außentemperaturen erlauben, können Hufe und Beine mit einem nicht zu harten Wasserstrahl abgespritzt werden. Um das Pferd nicht zu erschrecken, solltest du bei den Hufen beginnen und langsam bis zum Sprunggelenk beziehungsweise Vorderfußwurzelgelenk hochspritzen. Pferde mit empfindlichen Fesselbeugen müssen dort nach dem Abspritzen gut abgetrocknet werden, damit keine Mauke entstehen kann (siehe Kapitel 6.8). Verschwitzte Stellen (v.a. Sattel- beziehungsweise Gurtlage) können bei warmem Wetter mit einem feuchten Schwamm gesäubert werden. Das Pferd kann dann auch ganz abgewaschen werden. Danach muss es aber mit dem Schweißmesser abgezogen und darf erst nach dem Abtrocknen in den Stall geführt werden.

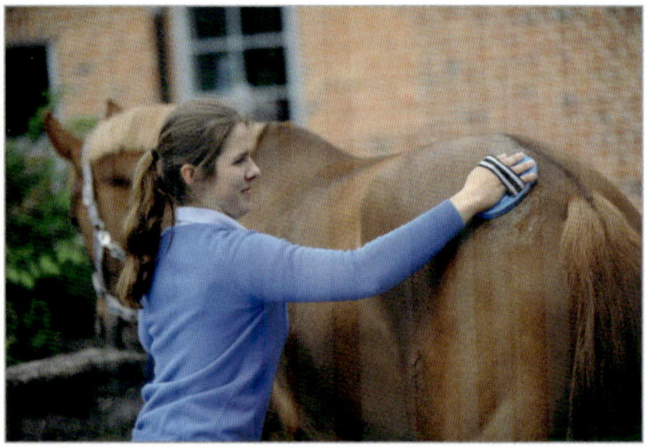

Kreisförmig aufrauen mit dem Striegel

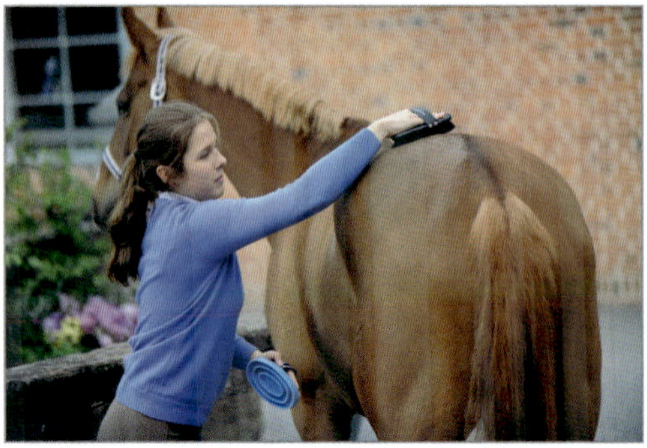

In Fellrichtung glatt bürsten mit der Kardätsche

Pferdepflege Schritt für Schritt

Ablauf	Art des Putzzeuges	Wirkungsweise	Handhabung
1	Hufkratzer	entfernt Mist, Sand, Dreck und Steine aus den Hufen	Schmutz auf der Hufsohle immer in Richtung zur Hufzehe entfernen, aber vorsichtig im keilförmigen Hufstrahl in der Hufmitte!
2	Wurzelbürste	löst groben Schmutz, z.B. nach dem Wälzen	Mit großen Bewegungen in Fellrichtung entlang des Fells bürsten. Bei Bedarf vorsichtig auch an den Beinen, nicht aber am Kopf.
3	Gummi- oder Plastikstriegel	lockert den Dreck und abgetrockneten Schweiß auf	Das Deckhaar kreisförmig aufrauen. Dabei ist Rücksicht auf alle empfindlichen Stellen des Pferdes geboten. Unbemuskelte Körperteile des Pferdes, wie Beine und Kopf, werden überhaupt nicht mit dem Striegel bearbeitet. Zwischendurch den Striegel auf dem Boden ausklopfen.
4	Kardätsche	glättet das aufgeraute Fell und entfernt den feinen Staub	Stets in Fellrichtung überbürsten, auch an den Beinen. Nach jedem Bürstenstrich die Kardätsche am Striegel ausstreichen.
5	Schwamm für das Gesicht, einen anderen Schwamm für den After	säubert rund um die Augen, an den Rändern der Nüstern und der Maulspalte; säubert am After und den Geschlechtsteilen; entfernt den Schweiß	Die Schwämme in lauwarmem Wasser tränken, ausdrücken und vorsichtig entlang der empfindlichen Körperregionen wischen. Zur Reinigung des Kopfes vor dem Pferd stehen. Bei Reinigung der Geschlechtsteile neben dem Hinterbein stehen und den Schweif leicht anheben.
6	Kopfbürste oder weiches Tuch	säubert und glättet das Fell am Kopf	Vorsichtig das Fell in Fellrichtung glätten. Dabei mit einer Hand das Halfter festhalten. Hinter den Ohren ruhig etwas schrubben.
7	Mähnenbürste/ Mähnenkamm	glättet die Mähne	Mähne nach unten bürsten. Vorsichtig mit dem Mähnenkamm umgehen, nicht zu viele Haare herausreißen.
8	Hände	lockern den Schweif auf und entwirren ihn	Die Schweifhaare mit den Händen verlesen, indem einzelne Strähnen vorsichtig von oben nach unten entwirrt werden. Dabei neben dem Hinterbein stehen.

Merke dir

- Pferde können im Unterschied zu den meisten anderen Tierarten schwitzen. Sie müssen nach der Arbeit zuerst trockengeführt werden, bevor die durch den Schweiß entstandenen Verklebungen aus dem Fell entfernt werden können. An kälteren Tagen kann zum Trocknen eine Abschwitzdecke aufgelegt werden.

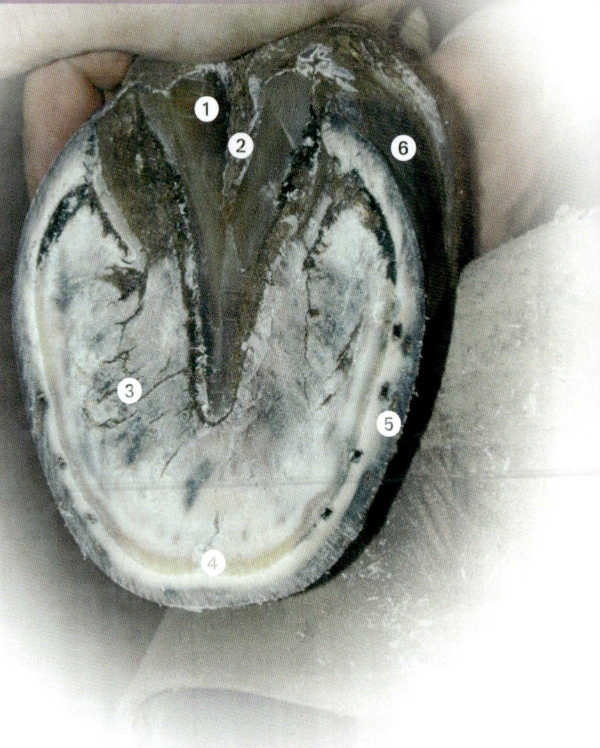

Was weißt du über den Pferdehuf?

1. Strahl
2. mittlere Strahlfurche
3. Hufsohle
4. weiße Linie
5. Hornwand
6. Trachten

Das **Horn** des Hufes ist bis auf den Hufstrahl hart und nicht empfindlich gegen Schmerz. Der hintere Teil des Hufes ist beweglich. Er weitet sich beim Aufsetzen etwas und verengt sich beim Abfußen entsprechend. Er ist deshalb auch schmerzempfindlich. Pferdehufe können Wasser aufnehmen, speichern und wieder abgeben und damit den Feuchtigkeitsgehalt recht gut regulieren. Bei feuchtem Wetter genügt es daher in der Regel, die Hufe zu säubern. In der trockenen Jahreszeit des Sommers empfiehlt es sich aber, die Hufe regelmäßig abzuspritzen.

Ob dann zusätzlich Huffett verwendet wird, hängt ganz vom Zustand der Hufe ab. Im Zweifelsfall solltest du unbedingt den Hufschmied als Fachmann befragen. Woran Pferde aufgrund mangelhafter Hufpflege erkranken können, erfährst du in Kapitel 6.8.

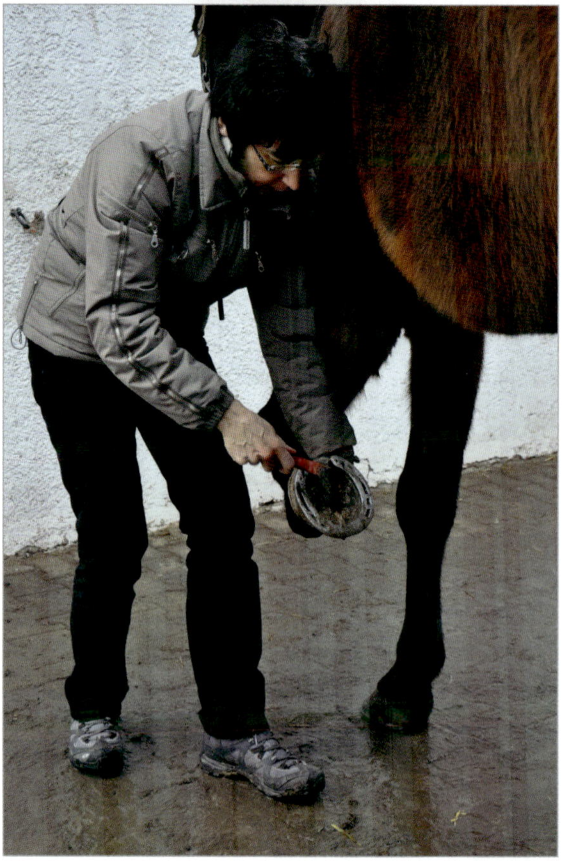

Wie oft müssen die Hufe gereinigt werden und wie gehst du dabei vor?

Täglich vor und nach dem Reiten und Voltigieren.

- Mit dem Hufkratzer entfernst du alle Verschmutzungen aus der Hufsohle. Kratze den Huf von seinem breiteren Teil hin zur schmaleren Zehe aus. Achte darauf, dass du nicht zu tief in die Furchen kratzt. Falls das Pferd unbeschlagen ist, musst du genau darauf achten, dass sich keine kleinen Steine in der „weißen Linie" befinden. Dies kann zu Hufgeschwüren und/oder Lahmheiten führen.

- Den schmerzempfindlichen Hufstrahl reinigst du nur mit der Hufbürste.
- Stark verschmutzte Hufe spritzt du am besten mit dem Schlauch ab.
- Die noch feuchten Hufe können, sofern erforderlich, anschließend eingefettet werden. Besonders wichtig ist das Einfetten am Übergang zum Fell, dem Kronrand, weil von dort aus der Huf nachwächst.

Sicher ist sicher!

- Bleibe beim Hufeauskratzen mit deinem Gesicht immer weit genug weg vom Huf.

Wie hebst du den Huf auf?

Um den linken Vorderhuf aufzunehmen, stellst du dich mit Blick zum Schweif neben die linke Pferdeschulter. Mit der linken Hand umfasst du die Fessel und verlangst energisch „Fuß". Reagiert das Pferd nicht, kannst du dich zusätzlich etwas gegen die Pferdeschulter lehnen. Sobald das Pferd sein Bein angehoben hat, achtest du darauf, dass alle Gelenke des Beins angewinkelt sind, dann hat das Pferd am wenigsten Kraft zum Austreten. Nun kannst du mit der rechten Hand den Huf auskratzen.

Warum muss jedes Pferd regelmäßig zum Hufschmied?

Die Hufe des Pferdes wachsen genauso nach wie deine Fingernägel. Sie müssen alle 6 bis 8 Wochen gekürzt und begradigt werden. Der Hufschmied schneidet dabei mit seinen scharfen Werkzeugen das Horn zurück und feilt die äußere Kante des Tragerandes mit einer großen Feile eben. Er prüft dabei die Festigkeit und Elastizität und den Pflegezustand. Benötigen die Pferde Hufeisen, erhitzt er diese zum exakten Anpassen und nagelt sie mit 6 bis 8 Hufnägeln fest. Wenn ein Pferd einen zu steilen oder zu flachen Huf hat, kann der Hufschmied dies durch einen Spezialbeschlag korrigieren.

Merke dir

- Ein Pferd ist nur auf gesunden Hufen voll leistungsfähig. Deshalb musst du immer sorgfältig auf die gründliche Pflege und den guten Beschlag achten.

Prüfe dich selbst!

- ❑ *Warum müssen Pferde regelmäßig geputzt werden?*
- ❑ *Welche Gegenstände werden zum Putzen benötigt?*
- ❑ *Was ist beim Abspritzen des Pferdes zu beachten?*
- ❑ *Welche Sicherheitsregeln musst du beim Putzen und Hufeauskratzen beachten?*
- ❑ *Zeige, wie du einen Pferdehuf aufhebst.*
- ❑ *Warum ist die Hufpflege so wichtig?*

6.6 Ausrüstung des Voltigierpferdes

Jedes Voltigierpferd muss für die Arbeit an der Longe fachgerecht ausgerüstet sein. Auf eine hochwertige Qualität und gute Passform muss größter Wert gelegt werden. Eine konsequente, korrekte und vielseitige Ausbildung an der Longe ist für ein Voltigierpferd unerlässlich.

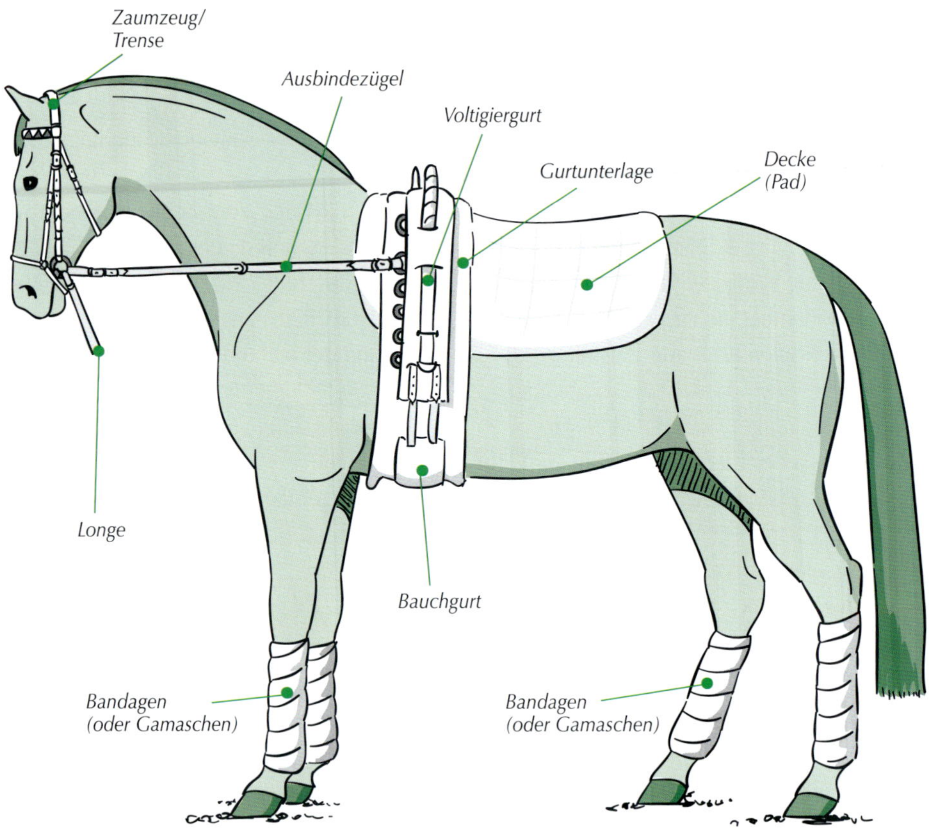

Welche Ausrüstung ist für Turnierpferde zulässig?

Der **§ 72 der LPO** regelt, welche Ausrüstungsgegenstände für ein Voltigierpferd bei Voltigierturnieren und Abzeichenprüfungen verwendet werden dürfen. Folgende Ausrüstung ist zulässig:

- Eine **Trense** mit einem Gebiss. Zusätzlich kann ein **Kappzaum** aus Leder verwendet werden.
- Ein **Voltigiergurt** mit zwei **Ausbindezügeln** (mit oder ohne Gummiringe) und Gurtunterlage. Anstelle der Ausbinder kann ein Laufferzügel verwendet werden, dessen Dreieck nicht größer als 40 cm sein darf.
- Eine **Voltigierdecke (Pad)** und zusätzlich ein Gelkissen. Die Höchstmaße der Voltigierdecke sind genau vorgeschrieben.

- Fell- oder sonstige **schonende Unterlagen** am Gurt und/oder an der Trense sind erlaubt.
- Eine **Longe**, die nur am inneren Gebissring oder am mittleren Ring des Kappzaums befestigt werden darf und lang genug für die vorgeschriebene Zirkelgröße von mindestens 15 Metern ist.
- Eine **Longierpeitsche**, die so lang sein muss, dass ihr Schlag (Ende der Peische/Peitschenspitze) das Pferd erreicht.
- **Bandagen oder Gamaschen** zum Schutz der Beine vor äußeren Verletzungen.
- Außerdem sind erlaubt: Ohrenschutz inkl. Lärmschutz, **Gummischeiben** am Trensengebiss und **Springglocken**.

Merke dir

- Bei den **Einstiegsabzeichen** darf der Ausbindezügel für die Übungen im Schritt verlängert werden, damit das Pferd den Hals besser strecken kann.

Aus welchen Teilen besteht eine Trense?

1. *Genickstück*
2. *Stirnriemen*
3. *Nasenriemen*
4. *Kinnriemen*
5. *Gebiss*
6. *Longe (anstelle des Zügels)*
7. *Gebissring*
8. *Kehlriemen*
9. *Backenstück*
10. *Reithalfter*

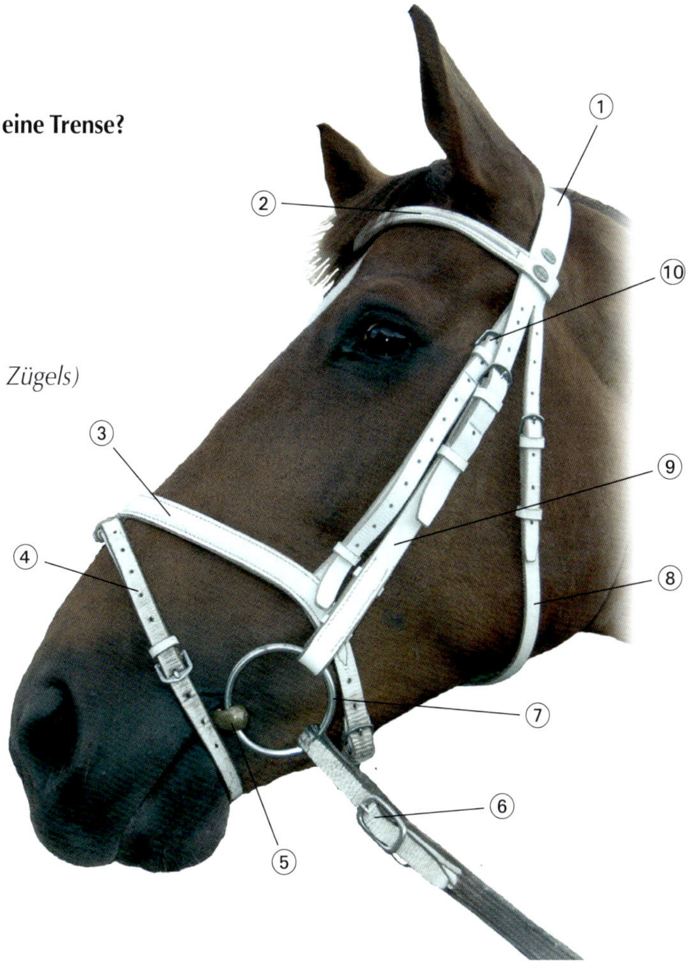

Wie wird die Trense richtig aufgelegt?

- Zum Auftrensen stellst du dich neben die linke Pferdeschulter. Du hältst die Trense mit der rechten Hand an beiden Backenstücken und legst den Handballen auf den Nasenrücken.
- Mit der linken Hand schiebst du das Trensengebiss ins Pferdemaul. Wenn das Pferd sein Maul nicht gleich öffnet, drückst du mit dem linken Daumen vorsichtig auf die Lade.
- Dann schiebst du das Gebiss in das geöffnete Maul und führst das Genickstück mit der rechten Hand über die Pferdeohren.
- Vor dem Zuschnallen legst du den Schopf und die Mähne über das Stirnband und ziehst das Reithalfter gerade.
- Der Kehlriemen wird so weit zugeschnallt, dass eine aufrechte Hand zwischen Kehle und Kehlriemen Platz hat. Danach schließt du den Nasenriemen und gegebenenfalls den Kinnriemen.
- Zwischen dem Nasenrücken und dem Nasenriemen müssen zwei Finger Platz haben, Gleiches gilt für den Kinnriemen.
- Beim Abtrensen öffnest du diese Riemen in umgekehrter Reihenfolge und nimmst das Genickstück vorsichtig über die Ohren ab.

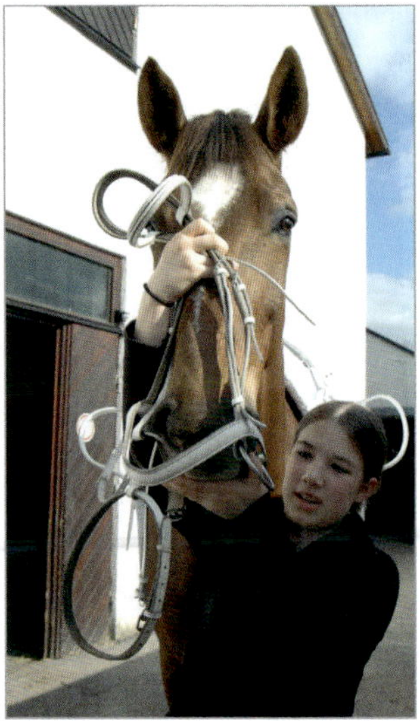

So wird richtig aufgetrenst.

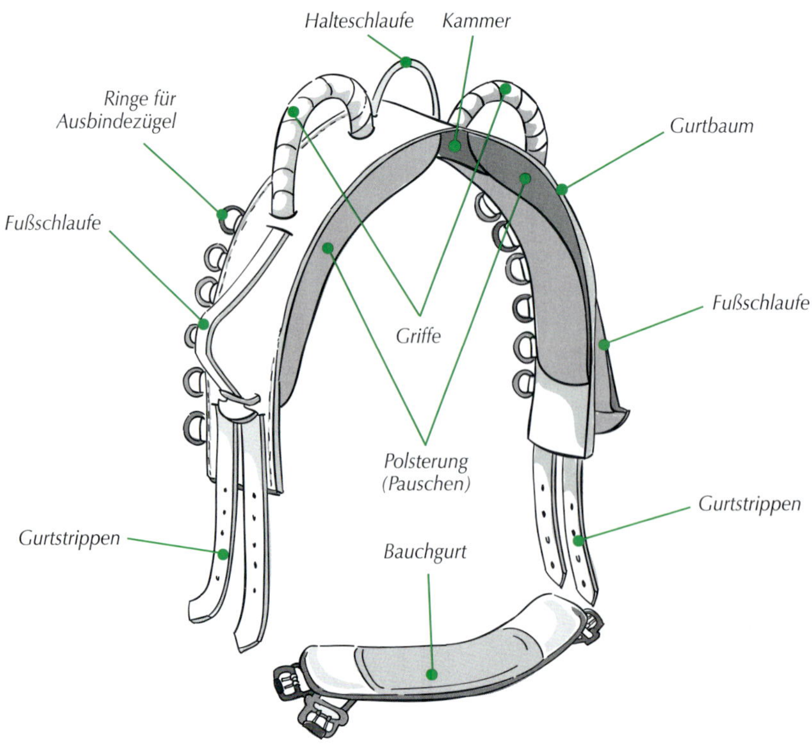

Wie muss der Voltigiergurt beschaffen sein?

Ein Voltigiergurt sollte ganz aus Leder sein, mit zwei großen, stabilen Griffen (dazwischen mit einer festen Halteschlaufe) und zwei Fußschlaufen. Der Gurt muss gerade auf dem Pferderücken aufliegen und darf nicht auf den Widerrist drücken. Dazu gehört ein gepolsterter Bauchgurt von mindestens 10 cm Breite, mit Schnallen auf beiden Seiten. Die Gurtstrippen müssen so verschnallt werden, dass sie nicht herumflattern können.

Damit der Druck, den die Voltigierer beim Aufspringen und beim Voltigieren auf das Pferd ausüben, gleichmäßig verteilt wird, muss die Gurtpolsterung gleichmäßig und fest aufliegen. Durch einen schlecht sitzenden Voltigiergurt können Muskelverspannungen entstehen. Diese machen sich häufig durch Schweifschlagen, Wegdrücken des Rückens, Aufrollen des Pferdehalses und Bocken bei Aufsprüngen und Schwüngen bemerkbar.

Merke dir

- Ein schlecht sitzender Gurt lässt sich niemals durch eine Unterlage korrigieren. Sein korrekter Sitz muss regelmäßig überprüft und die Polsterung gegebenenfalls aufgepolstert werden.

Was musst du beim Auflegen des Voltigiergurtes und der Decke beachten?

Zuerst legst du von der linken Seite die Decke von vorn nach hinten in Fellrichtung gerade auf dem Pferderücken auf. Sie soll glatt auf dem Pferd aufliegen, um Scheuerstellen zu vermeiden, und so angebracht werden, dass sie nicht rutschen kann. Die Gurtunterlage und der Gurt werden nun über die Decke am Widerrist aufgelegt. Bevor du den Bauchgurt locker schließt, darfst du nicht vergessen, auf der rechten Seite die Lage der Ausrüstung zu kontrollieren. Manche Pferde wehren sich heftig gegen das Aufgurten, wenn der Gurt gleich zu fest angezogen wird. Dadurch können sie einen Sattelzwang entwickeln.

Was musst du beim Anlegen von Bandagen und Gamaschen beachten?

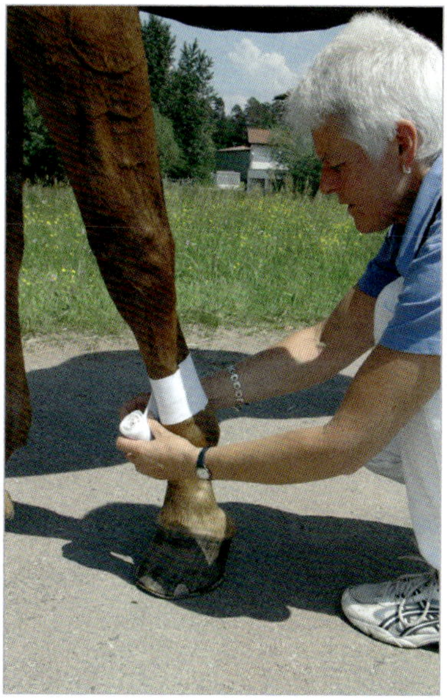

Bandagen müssen sorgfältig angelegt werden. Sie dürfen weder zu fest angezogen werden, noch Falten schlagen. Sonst kann dies zu Druckstellen, Blutstauungen und damit zu Bewegungsstörungen führen. Deshalb ist viel Übung erforderlich. Bandagen und ihre Verschlüsse dürfen nicht auf die Sehnen, vor allem nicht auf die Beugesehnen (hinten an den Pferdebeinen), drücken. Verschlüsse dürfen – unabhängig von ihrer Konstruktion – nicht straffer geschnürt oder befestigt werden als die Bandage selbst. Die Verschlüsse sollten sich immer an der Außenseite des Beins befinden. Bei innenliegenden Verschlüssen kann sich die Bandage (durch Berührung des gegenüberliegenden Beins) leichter lösen. Rutschende Bandagen sind ein Unfallrisiko.

Gamaschen müssen glatt auf dem Fell aufliegen. Die Verschlüsse sollen auf der Beinaußenseite nach hinten zeigen. So wird verhindert, dass ein Pferd beim Ausreiten zum Beispiel an Zweigen hängen bleibt.

Wo wird die Ausrüstung des Voltigierpferdes aufbewahrt?

In einer staubfreien, gut belüfteten Sattelkammer oder in einem Schrank, aber niemals im Stall wegen des Stalldunstes. Wichtig ist, dass das Leder nicht verhärten und auch nicht schimmeln kann.

Wie wird die Ausrüstung gepflegt?

Das Gebiss wird nach jedem Reiten mit Wasser gesäubert und anschließend getrocknet. Speichelreste am Gebiss können zu Scheuerstellen führen und sind einfach unsportlich. Die Trense sowie der Voltigiergurt werden nach jedem Gebrauch vom Pferdeschweiß befreit. Dazu wird das feuchte Leder mit Sattelseife und einem Schwamm gereinigt und anschließend abgetrocknet. Schweiß kann das Leder brüchig machen und seine Haltbarkeit verkürzen. Stirnriemen mit Schmuckeinlagen (Strass, Ketten etc.) sind am einfachsten mit einer alten Zahnbürste und gegebenenfalls etwas Seife zu reinigen. Für Metalleinlagen gibt es spezielle Metallpolituren, die die Stirnriemen wieder glänzen lassen. Gurte oder Gurtschoner aus Fell müssen immer gut trocknen können und werden dann trocken ausgebürstet. Gamaschen, Bandagen und Springglocken werden ebenfalls nach dem Training getrocknet und abgebürstet und kommen regelmäßig in die Waschmaschine. Es macht durchaus Sinn, die Klettverschlüsse vor dem Waschen zu schließen. Zum einen halten die Kletts dann länger, zum anderen erspart man sich das Bandagen-Chaos nach dem Waschen.

Regelmäßig – etwa einmal im Monat – darf es auch etwas mehr Pflege für das Leder sein. Lederfett oder -öl hält es geschmeidig und verhindert vorzeitigen Verschleiß.

Sicher ist sicher !

- Eine schlecht gepflegte Ausrüstung kann ein Unfallrisiko sein, denn Leder kann mangels regelmäßiger Pflege brüchig werden und reißen.

6.7 Longieren

Was bedeutet Longieren?

Es bedeutet, das Pferd vom Boden aus auf einem möglichst großen Zirkel zu trainieren. Ziel des Longierens ist ein durchlässiges, feinfühliges und gut konditioniertes Pferd. Es wird an der Longe genauso wie unter dem Sattel nach den Grundsätzen der „Skala der Ausbildung" ausgebildet und gearbeitet. Der Longenführer muss in der Lage sein, die Grundgangarten eines Pferdes zu beurteilen und zu verbessern. Dazu braucht er ein geschultes Auge und eine sichere, feinfühlige Hilfengebung.

Wie müssen die Longenführer ausgerüstet sein?

Zur zweckmäßigen Kleidung des Longenführers gehört aus Sicherheitsgründen immer festes Schuhwerk. Handschuhe können benutzt werden.

Welche Hilfen gibt es beim Longieren und wie werden diese eingesetzt?

Die Hilfen des Longenführers sind die Longe, die Peitsche und die Stimme. Die Longe wird am inneren Gebissring eingehängt und wirkt über das Gebiss auf das Pferdemaul. Deshalb muss der Longenführer stets gefühlvoll damit umgehen. Korrekt ausgebildete Pferde reagieren feinfühlig auf jede annehmende und nachgebende Longenhilfe. Mit der Peitsche treibt der Longenführer das Pferd vorwärts. Er muss die Handhabung sicher beherrschen, damit die Peitsche vom Pferd akzeptiert wird. Zusätzlich kann der Longenführer seine Stimme vorwärtstreibend oder

Merke dir

- Pferde können die Hilfen des Longenführers nur verstehen und angemessen darauf reagieren, wenn diese im richtigen Moment feinfühlig und korrekt gegeben werden.

beruhigend einsetzen. Diese Hilfen dürfen nicht einzeln und nicht willkürlich eingesetzt werden, sondern in einem wohl abgestimmten Zusammenwirken. Die Kombination aus Annehmen der Longe, Treiben mit der Peitsche und kurzem Durchhalten der Longe mit anschließendem Nachgeben aus dem Handgelenk wird auch halbe Parade genannt. Erfolgreich Longieren kann nur, wer diese Hilfen individuell und wohl dosiert für jedes Pferd einsetzen kann und die Reaktionen des Pferdes hierauf kennt.

Wie wird ein Pferd beim Longieren korrekt ausgebunden?
Der Laufferzügel oder der einfache Ausbindezügel sind zum Voltigieren am besten geeignet. Alle anderen Hilfszügel sollten nur vorübergehend zur Korrektur des Pferdes von einem erfahrenen Longenführer angewandt werden.
Beim Voltigieren wird das Pferd so ausgebunden, dass das Genick der höchste Punkt ist, die Stirn-Nasenlinie an beziehungsweise vor der Senkrechten steht und sich das Pferd auf die Zirkellinie einstellen kann. Ohne Anlehnung kann das Pferd keinen Schwung und keine Längsbiegung entwickeln. Durch zu enges Ausbinden geht neben der Rückentätigkeit die Balancierfähigkeit des Pferdes verloren! Nach jeder Einheit im Galopp sollten die Hilfszügel komplett ausgeschnallt werden.

Welche Grundgangarten des Pferdes kennst du?
- Der **Schritt** ist eine schwunglose Gangart im Viertakt. Das Pferd schreitet mit seinen vier Beinen nacheinander vorwärts. Die Bewegung erfolgt gleichseitig, aber nicht gleichzeitig, weil erst das Hinterbein vor dem gleichseitigen Vorderbein vorgesetzt wird.
- Der **Trab** ist eine schwunghafte Gangart im Zweitakt. Dabei tritt das Pferd immer mit seinen diagonalen Beinpaaren gleichzeitig vor. Dazwischen erfolgt jeweils eine Schwebephase.
- Der **Galopp** ist ebenfalls eine schwunghafte Gangart im Dreitakt. Man unterscheidet zwischen Links- oder Rechtsgalopp. Im Linksgalopp springt das Pferd in folgender Fußfolge: rechter Hinterfuß, linker Hinterfuß und rechter Vorderfuß gleichzeitig, linker Vorderfuß, Schwebephase.

Wie unterscheidest du den Linksgalopp vom Rechtsgalopp?
Achte darauf, welches gleichseitige Beinpaar (Vorder- und Hinterbein) in der Galoppbewegung weiter nach vorn springt als das andere. Beim Linksgalopp muss es das linke Beinpaar sein.

Woran erkennst du den Außengalopp oder den Kreuzgalopp?
Beim Außengalopp (Kontergalopp) auf der linken Hand springt das Pferd mit dem rechten Beinpaar weiter vor als mit dem linken. Beim Kreuzgalopp springen entweder das linke Vorderbein und das rechte Hinterbein weiter nach vorn oder die umgekehrte Diagonale.

Beschreibe die ideale Galoppade eines Voltigierpferdes!
Ein Voltigierpferd sollte von Natur aus eine gute Galoppade besitzen. Gewünscht wird ein rhythmischer, ausbalancierter und gleichmäßiger Galopp. Jedes Voltigierpferd muss ständig die Gewichtsverlagerungen der Voltigierer ausgleichen, ohne den Takt und Schwung zu verlieren. Das ideale Tempo muss für jedes Pferd individuell ermittelt werden.

Eine besondere Sorgfalt in der Arbeit mit dem Voltigierpferd gilt der Erhaltung des **klaren Dreitaktes im Galopp**. Dieser Takt muss während der gesamten Voltigierarbeit erhalten bleiben.
Wegen der oft einseitigen Belastung des Voltigierpferdes sind das Erreichen und die Erhaltung der Losgelassenheit für die **Gesunderhaltung des Pferdes** von entscheidender Bedeutung. Dazu muss das Pferd regelmäßig in Dehnungshaltung gearbeitet werden, die **Rückentätigkeit** wird so verbessert. Außerdem ermöglicht nur ein losgelassenes Pferd das korrekte Sitzen und Eingehen der Voltigierer in die Bewegung.
Die Schwebephase im Galopp gibt dem Voltigierer den nötigen **Impuls für die Schwungübungen**. Das Voltigierpferd muss also genügend schwungvoll galoppieren.
Nur ein geradegerichtetes Pferd kann auf der Zirkellinie die wechselnde Belastung der Voltigierer ausbalancieren, **ohne dass die Hinterhand ausfällt**.
Das Pferd soll in der Galoppade mit der Hinterhand vermehrt Last aufnehmen.

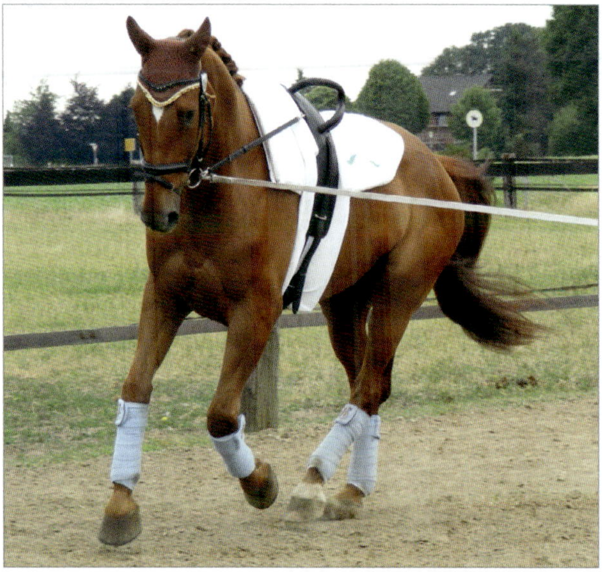

Merke dir

- Die Kriterien des Geraderichtens sind das Einhalten einer gleichmäßigen Zirkellinie. Die Körperlängsachse des Pferdes und die Fußung der Vorder- und Hinterbeine sollte auf einer Hufschlaglinie angepasst sein. Dann geht das Pferd hufschlagdeckend.

Was weißt du über die Pferdenote beim Voltigierturnier?

Das Pferd wird insbesondere gemäß der „Skala der Ausbildung" nach den Regelungen des *Aufgabenheftes Voltigieren* beurteilt. Folgende Kriterien sind besonders wichtig:

- die taktmäßige und losgelassene Galoppade in korrekter Anlehnung
- das energische Abfußen der Hinterhand
- die korrekte Stellung und Biegung des Pferdes
- das Pferd ist unter Belastung ausbalanciert und galoppiert Hufschlag abdeckend
- die korrekte treibende Hilfengebung und harmonische Kommunikation zwischen Longenführer und Pferd
- konstantes Einhalten der Zirkellinie

Welche Abzüge gibt es von der Pferdenote?

- für Mängel in der Ausrüstung und Ausbindetechnik
- für die Unterbrechung der Vorstellung, um die Ausrüstung zu korrigieren
- für eine Zirkelgröße von weniger als 15 m Durchmesser
- für jede Unterbrechung im Handgalopp (ausfallen, umspringen, Kreuzgalopp)

Wann ist ein Pferd den Anforderungen beim Voltigieren gewachsen?
Wenn es gesund, ausgeglichen und korrekt ausgebildet ist sowie über eine gute Kondition verfügt. Ein regelmäßiges Gymnastizieren unter dem Sattel auf beiden Händen und ein vielseitiges Ausgleichstraining bilden die Grundlagen für einen erfolgreichen Einsatz im Voltigiersport. Pferde sind erst im Alter von etwa fünf Jahren ausgewachsen. Erst dann sollte mit der Voltigierausbildung begonnen werden.

Prüfe dich selbst!

- ❑ ***Welche Ausrüstung ist für Turniere und bei der Abzeichenprüfung erlaubt?***
- ❑ ***Zeige, wie ein Pferd aufgetrenst wird.***
- ❑ ***Aus welchen Teilen besteht der Voltigiergurt?***
- ❑ ***Worauf ist beim Bandagieren zu achten?***
- ❑ ***Warum muss die Ausrüstung regelmäßig gepflegt werden?***
- ❑ ***Welche Hilfen gibt es beim Longieren?***
- ❑ ***Woran erkennst du, ob das Pferd die Hilfen des Longenführers annimmt?***
- ❑ ***Beschreibe die Grundgangarten und die Fußfolge in den drei Grundgangarten.***
- ❑ ***Wie soll die Galoppade eines Voltigierpferdes sein?***
- ❑ ***Wie werden die Ausbinder richtig verschnallt?***
- ❑ ***Was wird bei der Pferdenote beurteilt?***

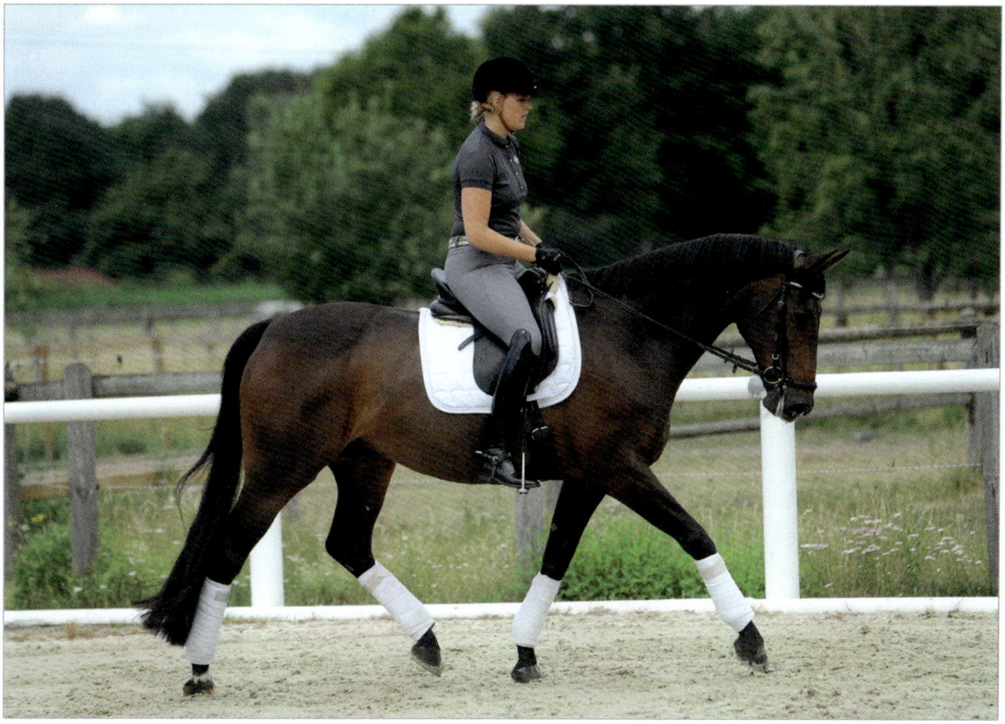

Das Voltigierpferd sollte zum Ausgleich regelmäßig unter dem Sattel gymnastiziert werden.

6.8 Pferdegesundheit

Artgerechte Fütterung und gründliche Pflege, genügend Bewegung und korrekte Ausbildung sorgen für die Gesunderhaltung der Pferde. Bestimmte Krankheiten lassen sich durch **vorbeugende Maßnahmen** (Impfungen und Entwurmungen) erfolgreich abwehren. Trotzdem lassen sich Erkrankungen leider nicht immer verhindern. Je früher erste **Krankheitsanzeichen erkannt** werden und je schneller ein Pferd behandelt wird, desto besser sind seine Chancen auf Genesung.

Was sind die wichtigsten Impfungen für Pferde?
Die Impfung gegen **Tetanus** oder Wundstarrkrampf alle zwei Jahre ist beim Pferd besonders wichtig, weil es sehr empfänglich für diese Erkrankung ist. Die Erreger lösen meistens in tiefen Wunden (wie zum Beispiel Stichverletzungen, Nageltritte, Nabelinfektionen) oder auch in verkrusteten oberflächlichen Wunden eine Tetanusinfektion aus. Das von den Tetanusbakterien produzierte Gift führt über eine Schädigung des Nervensystems zu Dauerkrämpfen und damit zur Versteifung der gesamten Muskulatur. Die Mehrheit der Tetanuserkrankungen endet beim Pferd tödlich.

Die **Influenza** des Pferdes (Pferdegrippe) ist eine hoch ansteckende, fieberhafte Viruserkrankung der Atemwege. Deshalb ist der durchgängige Impfschutz gegen Influenzaviren für alle Turnierpferde vorgeschrieben. Dafür ist nach einer Grundimmunisierung alle 6 Monate eine Wiederholungsimpfung durchzuführen. Der maximal erlaubte Zeitraum ist in **§ 66 LPO** genau geregelt. Pferde, die nicht oder in zu großen Abständen geimpft wurden, erhalten keine Starterlaubnis und müssen **sofort den Turnierplatz verlassen**.

Herpesviren können lebensgefährliche Atemwegserkrankungen auslösen. Daher wird eine regelmäßige Impfung dringend empfohlen. Wegen des geringen **Tollwut**-Vorkommens in Deutschland ist eine Impfung nur in gefährdeten Gebieten zu empfehlen. Wie weit andere Impfungen zu empfehlen sind, hängt von der Haltung des Pferdes und der möglichen Übertragungsgefahr beim Kontakt mit anderen Tieren ab. Tierärzte können über sinnvolle Impfungen, nötige Intervalle für Auffrischungen und mögliche Risiken beraten.

Wann ist eine Wurmkur fällig?
Pferde werden sehr häufig von Parasiten im Verdauungsbereich (Würmern) befallen. Starker Wurmbefall kann zu ganz verschiedenen Anzeichen fuhren: verzögerter Fellwechsel, stumpfes Fell, Abmagerung und Magen-Darm-Erkrankungen bis hin zu Koliken.
Daher sollte für jeden Stall beziehungsweise Pferdebestand in Zusammenarbeit mit einem Tierarzt eine Strategie zur Entwurmung erstellt werden. Es gibt zwei Methoden zur Entwurmung. Bei der strategischen Entwurmung werden die Pferde in regelmäßigen Zeitabständen mit Wirkstoffen, die gegen unterschiedliche Parasiten wirksam sind, entwurmt (in der Regel drei- bis viermal im Jahr, auf jeden Fall im Frühjahr und Herbst/Winter). Bei der selektiven Entwurmung behandelt der Tierarzt nur Pferde mit einem starken Wurmbefall. Vorher werden frische Kotproben durch einen Tierarzt untersucht. Diese Untersuchung kann Aufschluss über den Umfang und die Art des tatsächlichen Wurmbefalls und das jeweils passende Wurmmittel geben. Nicht jede Wurmkur eignet sich für jede Parasitenart!

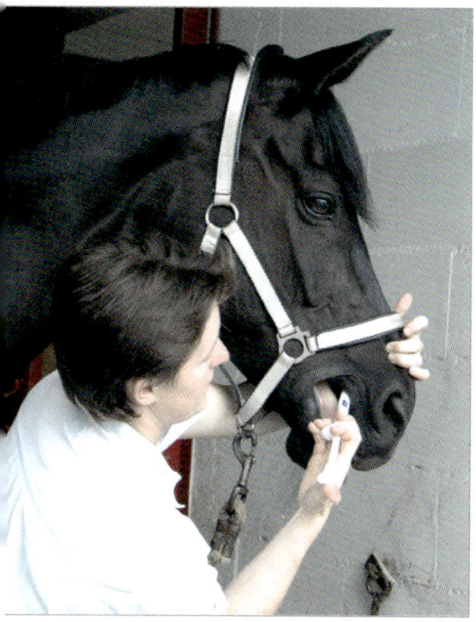

Fachkundige Beratung durch den Tierarzt ist für den Erfolg aller Entwurmungsmaßnahmen entscheidend.
Wurmkuren werden zumeist mit einem Injektor (Oralinjektor), einer speziellen Spritze, direkt ins Pferdemaul gegeben (siehe Foto).

Warum gibt es eine Verfassungsprüfung?
Bei der Verfassungsprüfung wird der Gesundheitszustand der Pferde vor dem Turnierstart von einem Tierarzt und einem Richter beurteilt. Damit soll sichergestellt werden, dass **nur gesunde Pferde**, die den sportlichen Anforderungen gewachsen sind, an den Start gehen. Die Verfassungsprüfung ist in **§ 67 LPO** geregelt. Sie ist im Voltigiersport bei Bundes- und Landesmeisterschaften vorgeschrieben.

Wo und warum werden Pferdekontrollen durchgeführt?
Durch Pferdekontrollen wird das **pferdegerechte Verhalten** aller Teilnehmer, Ausbilder und Hilfspersonen mit dem Pferd im Turniersport sichergestellt. Sie können gemäß **§ 67 LPO auf jedem Turnier**, auch auf Voltigierturnieren, durchgeführt werden. Dabei untersuchen ein Tierarzt und ein Richter den **Gesundheitszustand** des Pferdes sowie seine **Ausrüstung und Zäumung** (siehe Kapitel 6.6). Sie überprüfen unter anderem, ob das Pferd Verletzungen im Maulwinkelbereich, den Flanken oder der Sattellage hat und ob das Pferd korrekt beschlagen beziehungsweise ausgeschnitten ist. Dies geschieht in der Regel nach dem Start, um die sorgfältige Prüfungsvorbereitung nicht zu stören. Der Longenführer sollte möglichst dabei sein. Auffällige Ergebnisse werden in einem Untersuchungsprotokoll gemäß LPO festgehalten. Der Longenführer/ Besitzer des Pferdes muss dann mit einer Verwarnung oder sogar mit einer Ordnungsmaßnahme gemäß § 920 ff. LPO rechnen.
Außerdem kann sofort eine Verfassungsprüfung oder eine Medikationskontrolle (Dopingkontrolle) angeordnet werden. Falls bei einem Pferd gemäß § 67 LPO verbotene Substanzen oder Medikamente nachgewiesen werden, wird es disqualifiziert. Jeder schuldhafte Verstoß des Reiters, Fahrers, Longenführers, Pferdebesitzers oder sonstiger Beteiligter wird nach den Bestimmungen der LPO geahndet.

Welche Anzeichen (Symptome) weisen auf eine Krankheit beim Pferd hin?
Es gibt eine Vielfalt unspezifischer Symptome, die bei verschiedenen Krankheiten auftreten können:
- Fressunlust/Gewichtsverlust
- Teilnahmslosigkeit (Apathie)
- erhöhte/zu niedrige Körpertemperatur (Fieber/Untertemperatur)
- erhöhte/zu niedrige Pulsfrequenz
- erhöhte/zu niedrige Atemfrequenz
- Schweißausbrüche
- trübe Augen/raues, glanzloses Fell
- Leistungsabfall/rasche Ermüdung/Arbeitsunwilligkeit

Andere Symptome hingegen lassen auf die Beteiligung bestimmter Organsysteme an der Erkrankung schließen, zum Beispiel :

- Unruhe/Wälzen/Stöhnen
- Husten/Nasenausfluss
- vermehrter Tränenfluss
- Lahmheiten/Bewegungsstörungen
- Hautverletzungen oder Schwellungen

Wie reagierst du, wenn du bei einem Pferd eine Krankheit vermutest?

Du informierst sofort deinen Longenführer und/oder den Besitzer des Pferdes oder des Stalls. Diese sollten das Pferd sogleich begutachten und gegebenenfalls nach Rücksprache mit dem Pferdebesitzer entscheiden, ob ein Tierarzt gerufen werden soll.

Wie lässt sich die Kreislaufsituation von Pferden beurteilen?

Durch Messung von **Puls-** und **Atemfrequenz** und der **(Körperinnen-)Temperatur (PAT-Werte)** kann die aktuelle Kreislaufsituation von Pferden relativ schnell überschaut werden. Die Referenzbereiche in Ruhe verändern sich unter Belastung und in Stresssituationen aber auch bei Krankheit.

Werte	Ruhezustand
Puls Pferd Fohlen	28 bis 40 Herzschläge/Min. ca. 80 Herzschläge/Min.
Atmung Pferd Fohlen	8 bis 16 Atemzüge/Min. 24 bis 30 Atemzüge/Min.
Temperatur Pferd Fohlen	37,5 bis 38,0 °C 37,5 bis 38,5 °C

Welche Erkrankungen der Bronchien und der Lunge kennst du?

Die **akute Bronchitis** ist eine Entzündung der Bronchialschleimhaut. Mit Fieber einhergehend ist sie häufig die Folge einer Virusinfektion (**Influenza**). Aber auch das Einatmen von Schadgasen und Heustaub beziehungsweise Schimmelpilzen kann zur Reizung der Atemwege und damit zur Bronchitis führen. Die Atmung wird dabei durch die vermehrte Sekretion behindert, die als Nasenausfluss zutage treten kann. Ein weiteres Symptom ist der Husten, der bei Anstrengung verstärkt auftreten kann. Bei unvollständiger Ausheilung geht die akute Erkrankung in ein chronisches Stadium, die **chronische Bronchitis**, über – insbesondere dann, wenn allergische Reaktionen hinzukommen. Dabei können die Atemwege so verengt sein, dass das Pferd wesentliche Atembeschwerden hat. Diese Schweratmigkeit kann im schlimmsten Fall zur chronisch-obstruktiven Bronchitis = COB (der sogenannten **Dämpfigkeit**) führen. In diesem Stadium kannst du die sogenannte Dampfrinne entlang des Rippenbogens erkennen, die durch den verstärkten Einsatz der Bauchmuskulatur bei der Atmung zustande kommt. Die Lunge des Pferdes ist dann so schwer geschädigt, dass es im Turniersport nicht mehr eingesetzt werden kann.

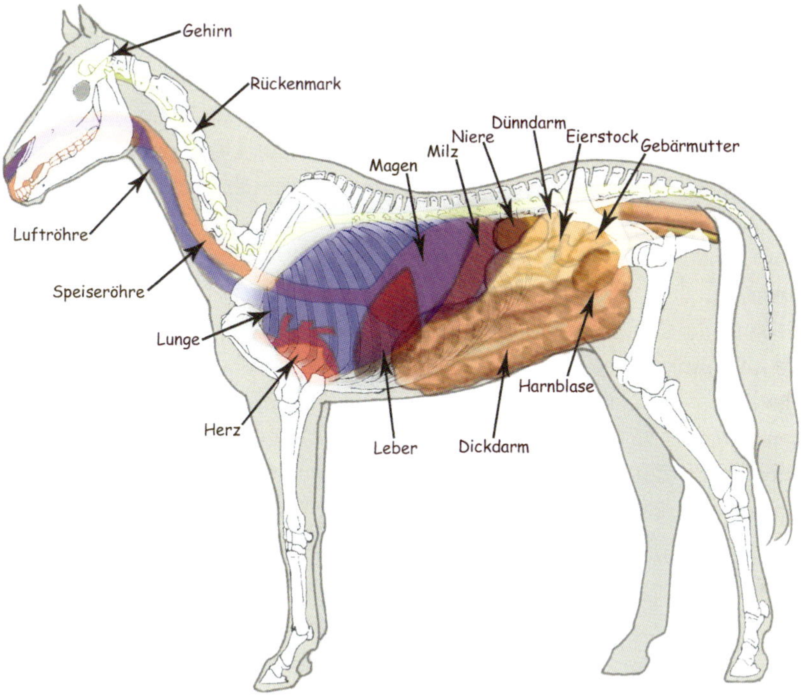
Gehirn
Rückenmark
Dünndarm
Niere
Eierstock
Gebärmutter
Milz
Magen
Luftröhre
Speiseröhre
Lunge
Harnblase
Herz
Leber
Dickdarm

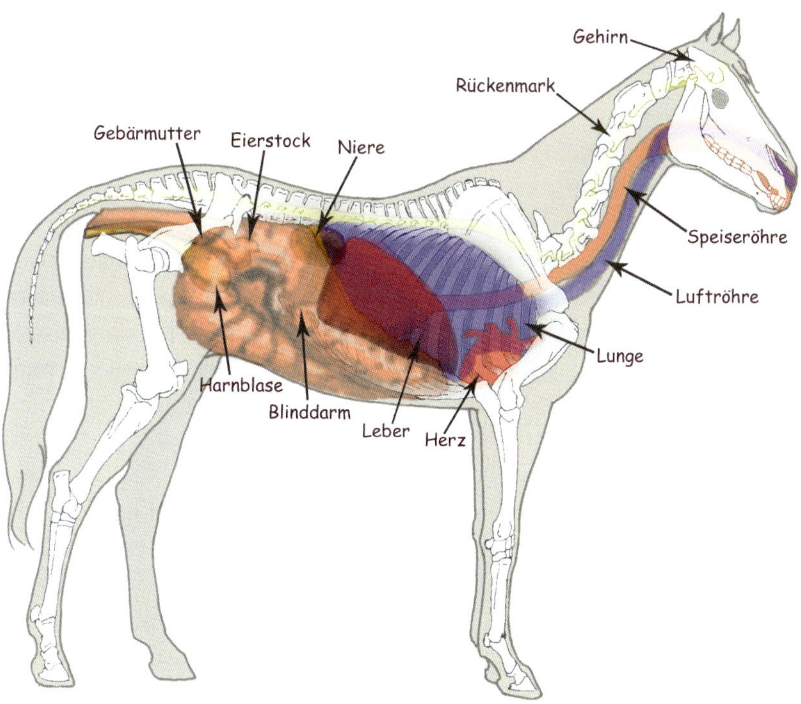
Gehirn
Rückenmark
Gebärmutter
Eierstock
Niere
Speiseröhre
Luftröhre
Lunge
Harnblase
Blinddarm
Leber
Herz

Was sind Haken?

Haken sind durch ungenügende, ungleiche Abnutzung der Zähne oder fehlerhafte Kaubewegung entstandene **scharfe, spitze Kanten** an der Außenseite der **Oberkieferzähne** und an der Innenseite der **Unterkieferzähne**. Das Pferd frisst langsamer und weniger und magert immer mehr ab. Das Futter fällt teilweise wieder in kleinen Futterklumpen aus dem Maul heraus. Damit das Pferd wieder normal fressen kann, müssen die Haken vom Tierarzt mit einer Feile abgeraspelt werden. Empfehlenswert ist eine regelmäßige Kontrolle der Zähne durch den Tierarzt.

Was ist eine Kolik?

Als Kolik werden **schmerzhafte Veränderungen** im Bauchraum bezeichnet, die beim Pferd in der Regel den **Magen-Darmtrakt** betreffen. Die anatomischen Gegebenheiten seines Verdauungstrakts machen das Pferd besonders anfällig für diese Erkrankung. Der relativ lose aufgehängte Darmtrakt des Pferdes ist mit circa 25 Metern ungefähr so lang wie drei Longen hintereinander. Daher können sich die Darmteile des Pferdes verdrehen, verschlingen, einklemmen oder einstülpen. Daneben kann der Darm verstopfen.

Als Ursachen kommen u.a. Futterumstellung (zum Beispiel von Heu auf Gras) und Fütterungsfehler (zu viel Futter oder falsches beziehungsweise verdorbenes Futter), sowie Bewegungseinschränkung oder auch Stress infrage. Pferde mit Kolik sind wegen ihrer Bauchschmerzen meistens unruhig, ziehen den Bauch auf und schwitzen. Diese Unruhe des Pferdes äußert sich zumeist durch Scharren mit den Vorderbeinen, Umschauen zum Bauch, Herumlaufen in der Box und Wälzen. Der Tierarzt muss immer sofort gerufen werden, denn jede Kolik kann lebensbedrohlich sein!

Sicher ist sicher !

- Pferde mit starken Bauchschmerzen reagieren oft unberechenbar und mit heftigen, unkontrollierten Bewegungen. Sie können sich plötzlich hinwerfen und wälzen. Gehe deshalb nie zu einem Koliker in die Box!

Was ist ein Kreuzverschlag?

Der Kreuzverschlag ist eine **belastungsbedingte Muskelerkrankung**. Die Erkrankung tritt zumeist bei Arbeits- und Turnierpferden in guter Kondition auf, wenn sie nach einer Zeit der Ruhe, zum Beispiel einem Stehtag, in der sie die volle Futterration erhalten haben, wieder gearbeitet werden. Die betroffenen Pferde schwitzen, zittern und reagieren ängstlich. Sie zeigen einen kurzen steifen Gang und bewegen sich nur noch widerwillig. Insbesondere die **Kruppenmuskulatur** ist schmerzhaft und meist **verhärtet**. Der Harn kann rotbraun bis schwarz verfärbt sein. Diese Pferde sollen eingedeckt und auf keinen Fall bewegt werden. Der Tierarzt muss schnellstens informiert werden. Ohne sofortige Behandlung können nicht behebbare **Schäden der Muskulatur zurückbleiben**.

Woran erkennst du Augenverletzungen?

Pferde fügen sich relativ häufig Verletzungen an den Augen zu, zum Beispiel durch Eindringen von Pflanzenteilen oder Holzsplittern des Weidezauns. Daneben können auch durch Unachtsamkeiten (zum Beispiel beim Auftrensen) Verletzungen entstehen. Diese Pferde **blinzeln** meist verstärkt, haben **tränende Augen** und eventuell auch **geschwollene Lider**. Der Tierarzt muss in jedem Fall möglichst schnell klären, ob die Hornhaut und auch noch tiefere Schichten des Auges betroffen sind. Augenverletzungen müssen unbedingt sofort und regelmäßig behandelt werden, andernfalls können die Pferde erblinden!

Was weißt du über Lahmheiten?
Lahme Pferde dürfen auf keinen Fall gearbeitet werden. Denn Lahmheit ist Ausdruck für die Erkrankung einer oder mehrerer Gliedmaßen. Sie kann sich bereits beim stehenden Pferd und/oder in der Bewegung zeigen. Das Pferd geht dann nicht mehr taktrein vorwärts. Lahmheiten können ganz verschiedene Ursachen haben wie zum Beispiel Schädigungen beziehungsweise krankhafte Veränderungen von Muskeln, Knochen, Gelenken, Sehnen und Bändern. Es ist Aufgabe des Tierarztes, die Ursache für die Bewegungsstörung herauszufinden und ob sie mit Schmerzen verbunden ist, um schließlich eine entsprechende Therapie einzuleiten.

Was ist ein Einschuss?
Ein Einschuss ist eine diffuse, **eitrige Entzündung der Unterhaut (Phlegmone)** an den **Gliedmaßen**, die zu flächenhafter Ausbreitung und zum Übergreifen auf benachbartes Gewebe neigt. Sie kann als Wundinfektionen nach Hautverletzungen, Streichwunden, Kronentritten, Strahlfäule oder Mauke (siehe Foto) entstehen. An der betroffenen Stelle entsteht eine warme, schmerzhafte Schwellung, die sich rasch ausbreitet. Um diese einzudämmen und eine mögliche Abszessbildung oder gar Blutvergiftung zu verhindern, ist eine sofortige Behandlung durch den Tierarzt erforderlich. So wird einem chronischen Zustand vorgebeugt.

Was ist Mauke?
Als Mauke wird eine anfänglich zumeist nässende **Entzündung der Haut in der Fesselbeuge** bezeichnet. Dabei können Krusten mit schmerzhaften Rissen in der Haut entstehen. In diesem fortgeschrittenen Stadium lahmt das Pferd. Die Entstehung der Mauke wird durch Nässe und schmutzige Einstreu begünstigt und kann durch verschiedene Bakterien, Hautpilze und Milben verschlimmert werden. Die wichtigste Maßnahme neben der lokalen Behandlung mit bestimmten Salben ist die Schaffung einer trockenen, sauberen Umgebung.

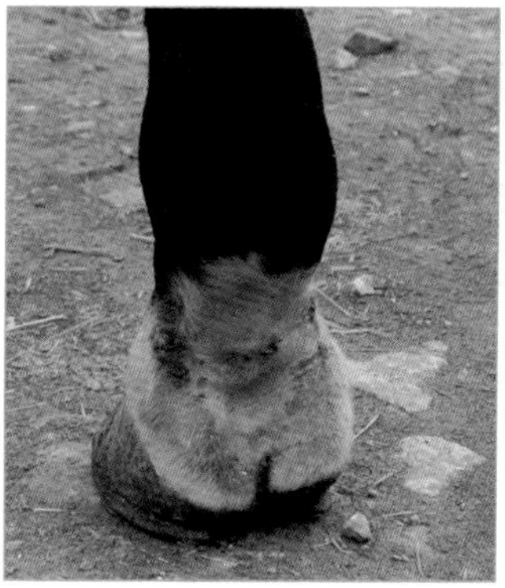

So sieht ein Pferdefuß mit Mauke aus.

Wie entsteht Strahlfäule?
Als Strahlfäule wird eine Erkrankung des **Hufstrahls** und der mittleren und seitlichen Strahlfurchen bezeichnet. Auffällig ist ein schwarzes, übel riechendes Sekret in den Strahlfurchen, welches aufgrund von bakteriellem Gewebezerfall entsteht. Die Wegbereiter für die beteiligten Bakterien sind feuchte, unsaubere Einstreu, mangelnde Hufpflege oder auch unsachgemäßer Beschlag. Zur Lahmheit kann es kommen, wenn die Huflederhaut in Mitleidenschaft gezogen wird oder sich ein Einschuss bildet. Zur Behandlung den Tierarzt oder Schmied hinzuziehen. Das Pferd muss auf eine saubere und trockene Einstreu gestellt und die Hufe müssen täglich gesäubert werden.

Wie erkennt man einen Ballen- oder Kronentritt?
Ein Ballen- oder Kronentritt ist eine **Verletzung im Bereich des Ballens beziehungsweise an der Hufkrone**, die sich das Pferd meist selbst zugefügt hat. Diese Wunden sollten am besten immer vom Tierarzt behandelt werden, damit ein Einschuss oder auch beim Kronentritt eine Hornspalte vermieden wird.

Prüfe dich selbst!

- ❑ ***Welche Impfung müssen alle Turnierpferde haben?***
- ❑ ***Was ist eine Wurmkur?***
- ❑ ***Woran kannst du erkennen, ob ein Pferd krank ist?***
- ❑ ***Wozu dienen die Verfassungsprüfung und die Pferdekontrolle?***
- ❑ ***Woran erkennst du eine Kolik und was musst du tun?***
- ❑ ***Was ist ein Kreuzverschlag? Wie handelst du, wenn du diesen vermutest?***
- ❑ ***Welche Ursachen von Lahmheiten kennst du?***

6.9 Der Tierschutz

Jeder Mensch, der Tiere hält und betreut, trägt die Verantwortung für deren Wohlergehen. Sie sind auf die Fürsorge und Pflege durch den Menschen angewiesen. Hierzu sind gute Fachkenntnisse erforderlich!

Was weißt du über das Tierschutzgesetz?

Allen Wirbeltieren in Deutschland dient das **Tierschutzgesetz** zum **Schutz ihres Lebens und Wohlbefindens**. Es verpflichtet den Menschen, alle Tiere artgerecht zu behandeln und verantwortungsvoll zu pflegen. Wer gegen dieses Gesetz verstößt, muss mit **Geldstrafen** und unter Umständen sogar mit **Freiheitsstrafen** rechnen. Die in vielen Orten bestehenden Tierschutzvereine bemühen sich um Aufklärung und überwachen die Einhaltung des Tierschutzgesetzes. Jeder verantwortungsbewusste Mensch sollte bei Verstößen gegen das Tierschutzgesetz zum Schutze des betroffenen Tieres bei den lokalen Veterinärbehörden unbedingt **Anzeige** erstatten.

Welches sind die wichtigsten Aussagen des Tierschutzgesetzes?

- **Niemand** darf einem Tier ohne vernünftigen Grund **Schmerzen, Leiden** oder **Schäden zufügen** (aus § 1).
- Wer ein Tier hält, betreut oder zu betreuen hat, muss es seinen **Bedürfnissen entsprechend** angemessen ernähren, pflegen und verhaltensgerecht unterbringen und über die hierzu **erforderlichen Kenntnisse und Fähigkeiten** verfügen! Er muss für **artgerechte Bewegung sorgen**. Diese darf nicht so eingeschränkt werden, dass dem Tier Schmerzen oder vermeidbare Leiden zugefügt werden (aus § 2).
- Es ist **verboten**,
  - einem Tier außer in Notfällen **Leistungen** abzuverlangen, denen es offensichtlich **nicht gewachsen ist** oder die offensichtlich **seine Kräfte übersteigen** (aus § 3).
  - ein Tier auszubilden, sofern damit erhebliche **Schmerzen, Leiden** oder **Schäden** für das Tier verbunden sind.
  - an einem Tier bei sportlichen Wettkämpfen oder ähnlichen Veranstaltungen **Dopingmittel anzuwenden** (aus § 3).

Was hat das Voltigieren mit dem Tierschutz zu tun?

Jedes Voltigierpferd erbringt eine große sportliche Leistung. Dazu muss es systematisch ausgebildet werden. Es darf nicht durch falschen Ehrgeiz des Longenführers und der Voltigierer überfordert werden. Dazu gehören zum Beispiel lange Galoppphasen ohne Unterbrechung oder zu schwierige Kürübungen mit einer hohen Gewichtsbelastung.

Was weißt du über die „Ethischen Grundsätze des Pferdefreundes"?

Schaue dir die nachfolgende Doppelseite „Das 1 x 9 der Pferdefreunde" genau an. Diese erklärt dir anschaulich die „Ethischen Grundsätzen des Pferdefreundes". Sie umfassen die wichtigsten Regelungen im Umgang mit dem Pferd, seiner Ausbildung und Einsatzmöglichkeiten und sollen bei allen Pferdefreunden zu einem besseren Verständnis für das Pferd führen.

Besonders für die Neueinsteiger in den Pferdesport, die noch nicht viel Erfahrung im Umgang mit Tieren sammeln konnten, bilden sie wertvolle Leitlinien. Die „Ethischen Grundsätze des Pferdefreundes" müssen ebenso wie das Tierschutzgesetz von jedem Pferdefreund beachtet werden. Außerdem dienen sie dazu, sich mit dem eigenen Verhalten im Umgang mit dem Pferd kritisch auseinander zu setzen und das Wissen über das natürliche Verhalten und die Bedürfnisse von Pferden ständig zu erweitern. Die „Ethischen Grundsätze des Pferdefreundes" werden sowohl bei der Lehrkräfteausbildung der FN als auch bei den Abzeichenprüfungen vorausgesetzt.

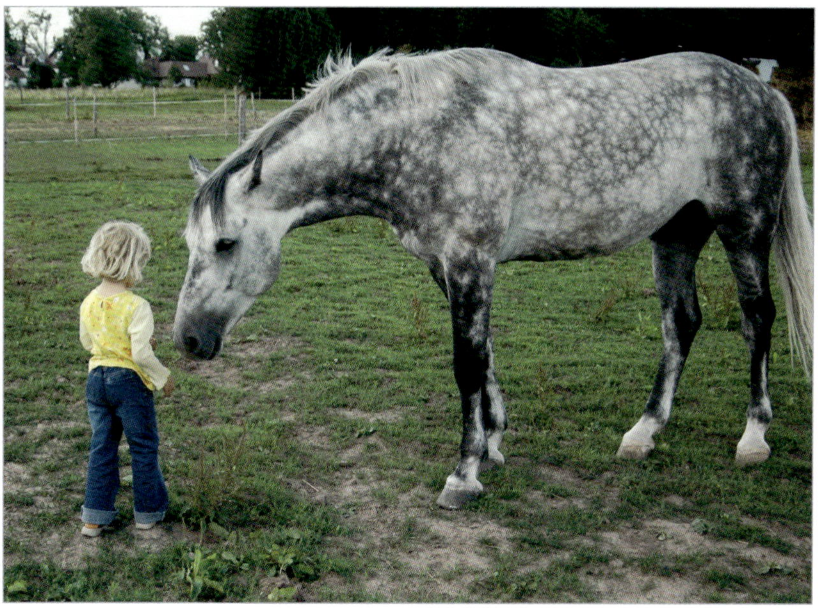

Prüfe dich selbst!

- ❑ ***Wozu dient das Tierschutzgesetz?***
- ❑ ***Wer ist für die Einhaltung des Tierschutzgesetzes verantwortlich?***
- ❑ ***Welches Ziel haben die „Ethischen Grundsätze des Pferdefreundes"?***
- ❑ ***Kannst du die neun „Ethischen Grundsätze" aufzählen?***

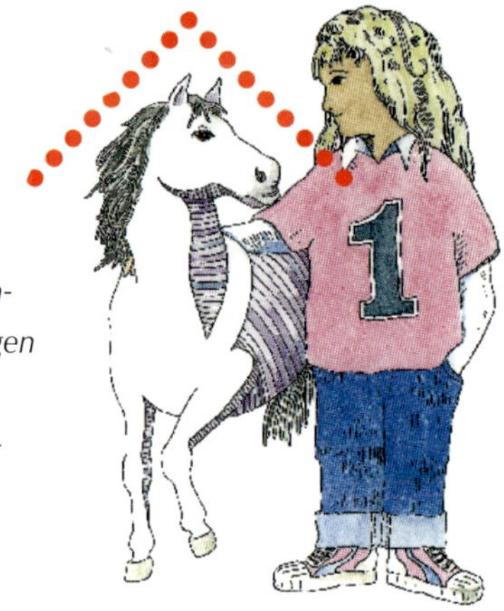

1. Pferde brauchen Menschen

Pferde sind auf uns Menschen angewiesen. Wir Pferdefreunde tragen die Verantwortung dafür, dass es jedem einzelnen Pferd gut geht – auch du.

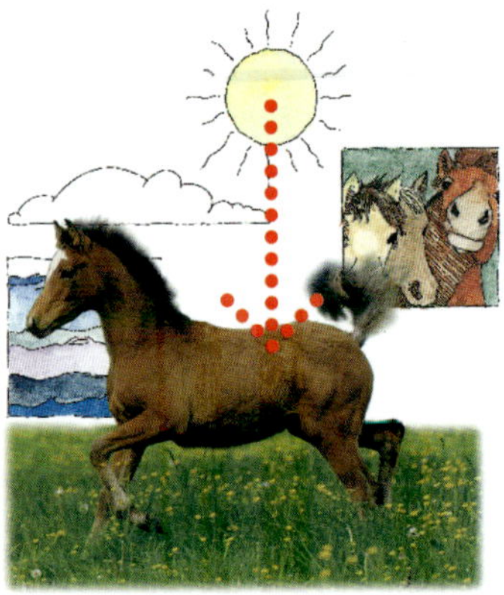

2. Pferde müssen richtig versorgt werden

Pferde brauchen Wasser und Futter, Licht und Luft, viel Bewegung und Kontakt zu anderen Pferden. Wir Pferdefreunde sorgen dafür, dass es jedem Pferd gut geht – auch du.

3. Die Gesundheit geht vor

Gesundheit und Zufriedenheit des Pferdes sind wichtiger als Erfolge um jeden Preis. Uns Pferdefreunden geht das Wohl jedes einzelnen Pferdes vor – auch dir.

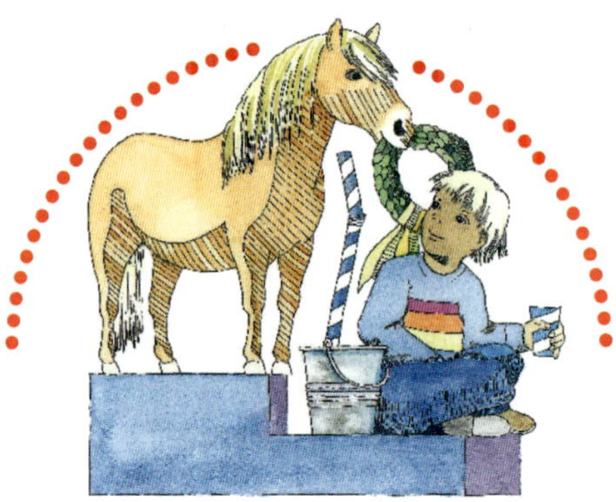

4. Alle Pferde sind wertvoll

Alle Pferde verdienen Pflege und Zuneigung, egal ob jung oder alt, Weidepony oder Turnierpferd, Zuchthengst oder ausgedientes Schulpferd. Wir Pferdefreunde wissen, dass alle Pferde gleich gut behandelt werden müssen – auch du.

5. Pferde und Menschen haben eine lange gemeinsame Geschichte

Zwischen Pferden und Menschen besteht seit Tausenden von Jahren eine enge Verbindung. Wir Pferdefreunde sind bereit, vom enormen Wissen früherer Zeiten und fremder Kulturen über Pferde zu lernen – auch du.

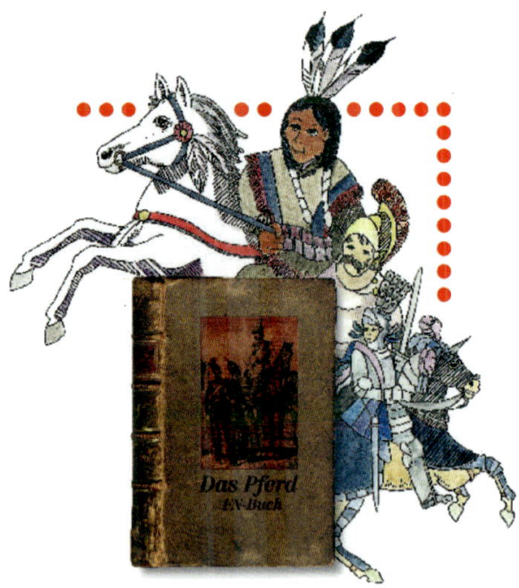

6. Pferde sind gute Lehrer

Pferde spüren Ungeduld und Unbeherrschtheit. Sie belohnen Freundlichkeit und Geduld. Wir Pferdefreunde lernen gern von unseren Pferden – auch du.

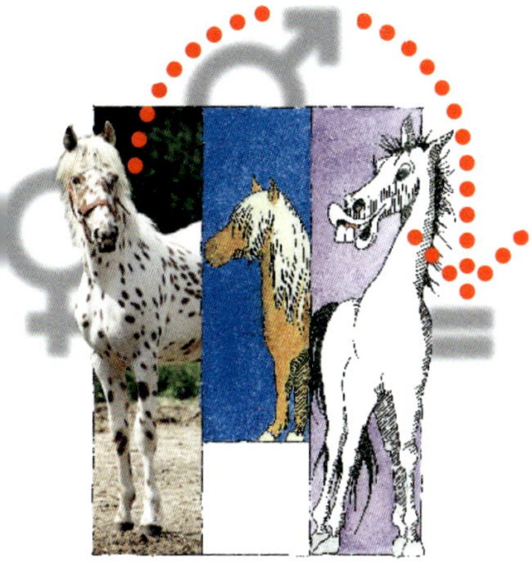

8. **Leistungen dürfen nicht erzwungen werden**

Pferde verfügen über unterschiedliches Talent und Leistungsvermögen. Wir Pferdefreunde respektieren die natürlichen Grenzen eines Pferdes und beeinflussen seine Leistungsfähigkeit nicht durch Gewalt, Zwang und Medikamente – auch du nicht.

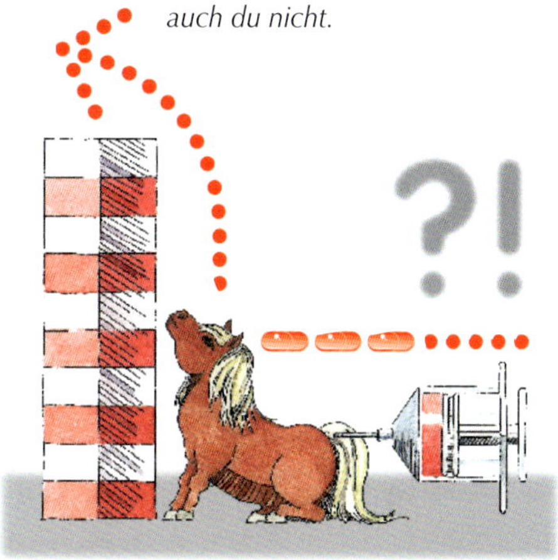

7. **Pferde und Menschen müssen miteinander lernen**

Pferde und Menschen brauchen für den gemeinsamen Sport eine gute Ausbildung, die nie aufhört. Das wichtigste Ziel für uns Pferdefreunde ist die harmonische Verständigung mit dem Pferd – auch für dich.

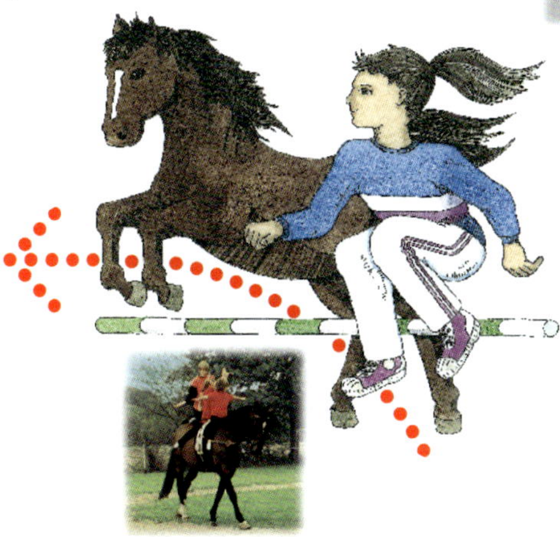

9. **Pferde haben ein Recht auf ein würdiges Lebensende**

Pferde haben ein kürzeres Leben als Menschen. Auch am Lebensende lassen wir Pferdefreunde unser Pferd nicht im Stich und ersparen ihm unnötige Angst, Schmerzen und Qualen.

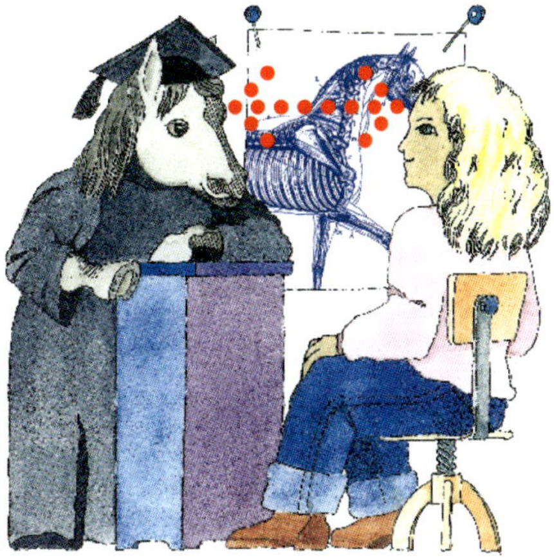

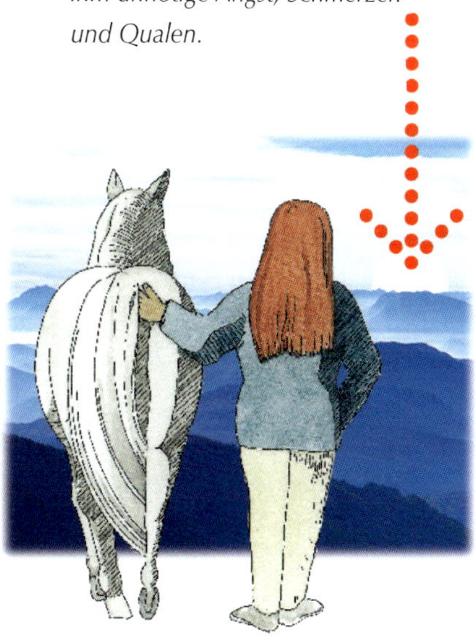

Organisation des Pferdesports (Zusatzfragen)

In Deutschland gibt es knapp 700.000 Mitglieder in circa 7.400 Pferdesportvereinen. In den Vereinen beziehungsweise Betrieben können Pferdesportler ihren Sport ausüben und Unterricht von qualifizierten Ausbildern erhalten. Viele Vereine organisieren auch Turniere und andere Veranstaltungen.

Beachte:

Dieses Thema ist in der APO 2026 nicht mehr als Prüfungsstoff für Voltigierabzeichen aufgeführt. Da das Wissen über die Organisation des Pferdesports später bei der Trainer- und Richterausbildung verlangt wird, sind die folgenden Fragen sicher für viele Aktive und Ausbilder von Interesse.

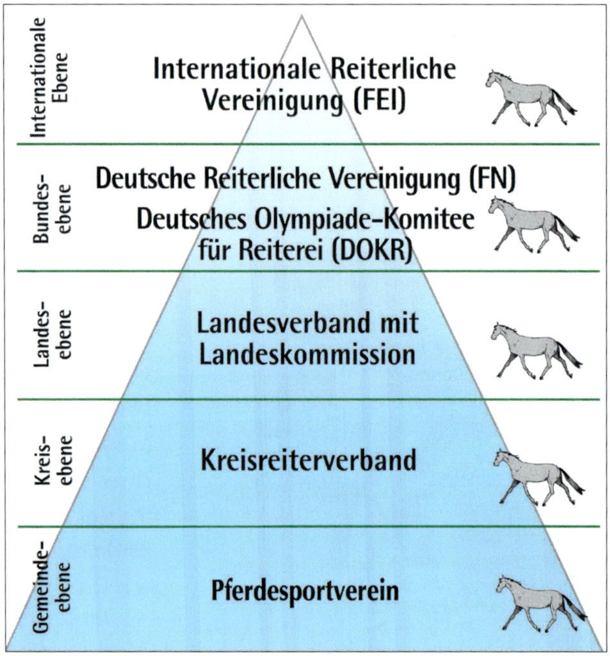

Wie ist die Struktur eines Pferdesportvereins?

Zur Gründung eines Vereins sind mindestens sieben Mitglieder erforderlich. Jeder Verein braucht eine Satzung, in der die Aufgaben des Vereins, sein Zweck, Sitz, seine Rechtsform und Organe (Vorstand, Mitgliederversammlung) festgelegt sind. Die Mitglieder eines Vereins sind über die Landessportbünde in den Übungsstunden des Vereins unfallversichert.

Was gehört zu den Aufgaben eines Pferdesportvereins?

Neben der Ausbildung im Sport und der Förderung der Jugend und des Breitensports gehört auch die Durchführung von Turnieren, Lehrgängen und auch von Reit-, Fahr- und Voltigierabzeichenprüfungen zu den Aufgaben eines Pferdesportvereins.

Was sind Kreisreiterverbände und deren Aufgaben?
Ein Kreisreiterverband ist der Zusammenschluss aller Pferdesportvereine auf Kreisebene. Dieser ist Bindeglied zwischen dem Landesverband und den einzelnen Pferdesportvereinen. Seine Aufgaben sind: Vertretung und Beratung von Vereinen auf Kreisebene, Abstimmung von Turnierterminen und Förderung, Aus- und Fortbildung der verschiedenen Disziplinen auf Kreisebene.

Was sind die Aufgaben eines Landesverbands (LV)?
Alle Pferdesportvereine sind über die Kreisreiterverbände Mitglied in einem Landesverband (LV). Dieser führt Beschlüsse der FN auf Landesebene durch und vertritt den Pferdesport im jeweiligen Landessportbund. Es ist Aufgabe jedes Landesverbands, den Pferdesport auf Landesebene zu fördern, sowohl im Breitensport als auch im Leistungssport. Der LV richtet Landesmeisterschaften aus und stellt die Landeskader der verschiedenen Pferdesportarten zusammen, die dann bei Leistungsprüfungen auf Bundesebene an den Start gehen.

Was ist die Funktion und welches sind die Aufgaben der Landeskommission (LK)?
Zu jedem Landesverband gehört eine Landeskommission für Pferdeleistungsprüfungen. Sie übernimmt in der APO und LPO festgelegte Aufgaben und erlässt „Besondere Bestimmungen" für ihren eigenen Bereich. Die wichtigsten Aufgaben der LK sind:

- Aufsicht, Anerkennung und Auszeichnung von Pferdesportvereinen und -betrieben zusammen mit der FN
- die Ausbildung und Fortbildung von Turnierfachleuten (Parcourschefs, Richter)
- Genehmigung und Beaufsichtigung von Turnieren sowie Sonderprüfungen (zum Beispiel Voltigierabzeichenprüfungen)
- Vorbereitung und Durchführung von Lehrgängen und Prüfungen für Amateurausbilder
- Einhaltung des Tierschutzgesetzes

Wie heißt der Dachverband für den Pferdesport in Deutschland?
Der Verband für alle Reiter, Fahrer und Voltigierer ist die **Deutsche Reiterliche Vereinigung e.V. (FN)**, der Bundesverband für Pferdesport und Pferdezucht, mit Sitz in Warendorf. Die Abkürzung FN steht für „Fédération Equestre Nationale", das heißt auf Deutsch „Nationaler Pferdesportverband". Alle 17 deutschen Landesverbände sind Mitglied im Bundesverband für Pferdesport und Pferdezucht der Deutschen Reiterlichen Vereinigung e.V. (FN).

Welche Hauptaufgaben hat die Deutsche Reiterliche Vereinigung e.V. (FN)?
Der **Bereich Sport** der FN lenkt, koordiniert und fördert den Reit-, Fahr- und Voltigiersport in Deutschland. Er erarbeitet die Regelwerke LPO und APO sowie die „Richtlinien" für die Ausbildung von Reitern, Fahrern und Voltigierern und ist für die Verleihung der Voltigierabzeichen zuständig. Die Jahresturnierlizenzen werden bei der FN beantragt und von ihr ausgestellt. Die FN fördert die **Pferdezucht** und überwacht die artgerechte Pferdehaltung und den Tierschutz. Die **„Persönlichen Mitglieder"** sind ein Zusammenschluss von Pferdefreunden und bilden einen eigenen Bereich der FN. Die Mitglieder kümmern sich um die Belange des Pferdesports und der Erhaltung des Pferdes als Kulturgut.

FN-Mitgliedsverbände sind:

- Deutsches Olympiade-Komitee für Reiterei (DOKR) e.V.
- Deutscher Reiter- und Fahrer-Verband (DRFV) e.V.
- Deutsche Richtervereinigung (DRV) e.V.

Zu den **Anschlussverbänden** gehören unter anderem die Erste Westernreiter Union Deutschland (EWU) e.V. und das Deutsche Kuratorium für Therapeutisches Reiten (DKThR) e.V. Mehr Informationen über die FN findest du unter www.pferd-aktuell.de.

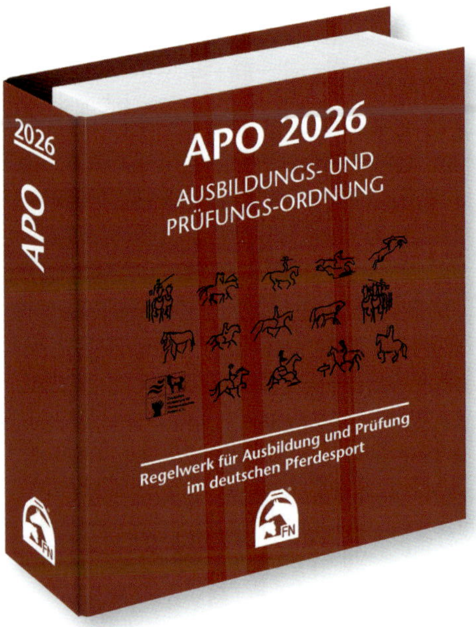

Die FN verfügt auch über einen eigenen Verlag, in dem viele Fachbücher für den Pferdesport erschienen sind. Unter **www.fnverlag.de** erfährst du Einzelheiten zum Verlagsprogramm.

Wo stehen die Anforderungen für die einzelnen Abzeichen und die Ausbildungswege für Trainer und Richter?
In der **APO**, der „Ausbildungs- und Prüfungs-Ordnung". Sie wird von der FN herausgegeben.

Welche Ausbildungsmöglichkeiten bietet die APO für den Voltigiersport?
In der APO sind die einzelnen Abzeichen, Ausbildungswege für Lehr- und Organisationskräfte (Trainer) und für Turnierfachleute (Richter) festgelegt.

Welche Ausbildungswege gibt es für Voltigierausbilder?
Trainerassistent, Trainer C (Basissport und Leistungssport), Trainer B (Basissport und Leistungssport), Trainer A (Leistungssport) und Ergänzungsqualifikationen für Lehrkräfte (zum Beispiel Schulsport, Technikprogramm Voltigieren, turnerische Grundlagen für Voltigierer).

Was ist das DOKR und wofür ist dieses zuständig?
Die Aufgaben des DOKR liegen im Bereich des Spitzensports. Dazu gehören die Aufstellung, Betreuung und Fortbildung des Bundeskaders, Fortbildungen und Trainingsmöglichkeiten im Bundesstützpunkt in Warendorf sowie die Entsendung und Vorbereitung deutscher Reiter/Voltigierer und Pferde für internationale Turniere und Olympische Spiele.

Wie ist der Voltigiersport auf den verschiedenen Ebenen in Deutschland organisiert?

- In den **Pferdesportvereinen** ist der Jugendwart oder gegebenenfalls der Voltigierwart für den Voltigierbetrieb zuständig. Er gehört in der Regel dem Vereinsvorstand an.
- Auf **Kreisebene** gibt es gewählte Ansprechpartner für das Voltigieren. Sie organisieren, unterstützen und fördern den Voltigiersport der Vereine, zum Beispiel durch ein Fortbildungsangebot auf Kreisebene.

- In den meisten großen Landesverbänden kümmern sich auf **Regionalebene** Regionaltrainer und/oder Regionalvertreter (zwischen Kreis- und Landesebene) um den Voltigiersport.
- Auf **Landesebene** sind die Landesbeauftragten als Vorsitzende oder Sprecher ihres Disziplinausschusses Voltigieren verantwortlich. Ihre Aufgaben sind die Förderung des Breiten- und Leistungssports, die Aus- und Fortbildung der Ausbilder, Longenführer und Voltigierrichter sowie die Beschickung des Landeskaders. Sie entscheiden über die Nominierung für die Deutsche Meisterschaft und andere bedeutende bundesweite Veranstaltungen. Der Landestrainer fördert und betreut die Kadermitglieder (Voltigiergruppen, Einzel- und gegebenenfalls Doppelvoltigierer) und schlägt talentierte Voltigiergruppen und Einzelvoltigierer für Kadernominierungen vor.
- Auf **Bundesebene** treffen sich die Landesbeauftragten und Landestrainer in jährlichem Turnus bei der Beauftragtentagung und dem Landestrainerseminar. Über ihre Landesverbände können sie ihre Vorschläge zur Weiterentwicklung des Voltigiersports in den Bundesjugendausschuss einbringen.
- Der **DOKR-Disziplinausschuss Voltigieren** ist sowohl für den Spitzernsport als auch für den Breiten- und Turniersport auf Bundesebene zuständig. Das Gremium besteht aus dem Vorsitzenden, dem stellvertretenden Vorsitzenden, zwei Aktivensprechern, einem Mitglied der Bundesjugendleitung, dem Bundestrainer und dem Disziplintrainer sowie zwei weiteren Mitgliedern.

Welche Organisation kümmert sich außerdem um die Anliegen des Voltigiersports?
Der Voltigierzirkel e.V., eine Interessen- und Fördergemeinschaft für den Voltigiersport. Diese bundesweite Vereinigung gibt die Fachzeitschrift „Aktueller Voltigierzirkel“ heraus, organisiert Fachtagungen und unterstützt den Voltigiersport. Informationen unter **www.voltigierzirkel.de**.

Was ist die Internationale Reiterliche Vereinigung (FEI)? Was sind ihre Aufgaben und durch welches Gremium ist der internationale Voltigiersport vertreten?
Die Fédération Equestre Internationale (FEI) ist der internationale Verband des Pferdesports mit Sitz in Lausanne/Schweiz. Zu den Aufgaben der FEI gehört die Organisation des internationalen Turniersports, die Organisation von Fortbildungen für Richter und weitere Offizielle und die Herausgabe und Weiterentwicklung der Regelwerke der verschiedenen Disziplinen sowie des Reglement General. Das FEI Vaulting Technical Committee erarbeitet das internationale Voltigierreglement und nimmt die Anerkennung internationaler Voltigierrichter vor.

Prüfe dich selbst!

- ❑ *Wie ist der Pferdesport in Deutschland aufgebaut?*
- ❑ *Welche Aufgaben hat ein Pferdesportverein?*
- ❑ *Nenne die Aufgaben der Landesverbände und der Deutschen Reiterlichen Vereinigung.*
- ❑ *Wie ist der Voltigiersport in Deutschland organisiert?*
- ❑ *Wer ist für den internationalen Pferdesport zuständig?*

Wichtige Hinweise für Ausbilder/Trainer

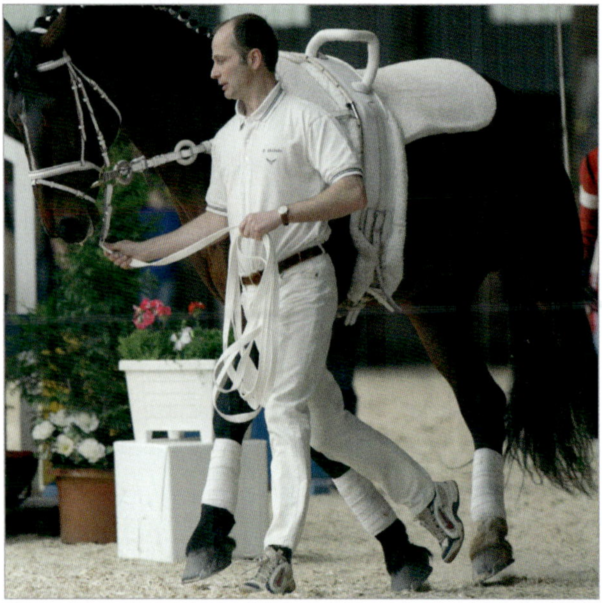

Ein Voltigierabzeichen wird nicht einfach von heute auf morgen „mit links gemacht", sondern es bedarf einer gründlichen Planung und Vorbereitung. Aus diesem Grund gehört jede Abzeichenprüfung zur **Jahresplanung**. Termine für Abzeichenprüfungen können bei der zuständigen Landeskommission erfragt werden. Fundierte Fachkenntnisse des Ausbilders, vor allem das Wissen über die LPO und die „Richtlinien" ist die wichtigste Voraussetzung für eine erfolgreiche Ausbildung der Voltigierer. Ein Longierabzeichen und eine FN-Trainerqualifikation sind dazu die besten Grundlagen. Nehmen Sie auch regelmäßig das **Lehrgangsangebot Ihres Landesverbands** für Ihre eigene Fortbildung wahr!

Der **verantwortungsvolle Ausbilder** wird seinen Voltigierern selbstverständlich die Anforderungen für die Praxis und die Stationsprüfungen vorher genau erklären, damit sie wissen, was auf sie zukommt. Er bereitet seine Teilnehmer gründlich und ohne Zeitdruck auf die Abzeichenprüfung vor und prüft sorgfältig, welche Voltigierer er für welche Abzeichenprüfung endgültig anmelden wird. Berücksichtigen Sie auch die Psyche Ihrer Voltigierer. Die einen wachsen in einer Prüfungssituation über sich hinaus, während andere, die vom Leistungsstand durchaus so weit sind, in einer Prüfung die Nerven verlieren.

Wichtig

- *Für alle Abzeichen ist ein spezieller Vorbereitungslehrgang unter Leitung eines Voltigierausbilders mit mindestens einer Trainer-C-Qualifikation und gültiger DOSB- oder DOSB/BLSV-Trainerlizenz Voraussetzung. Die Lehrgangsleiter sind laut APO 2026 verpflichtet, eine hierauf abgestimmte Aus-/Fortbildung nachzuweisen.*
  Beim Vorbereitungslehrgang für das VA 10 darf auch ein Trainerassistent mitwirken. Ein Vorbereitungslehrgang kann zum Beispiel als Ferienkurs oder im Rahmen eines Zeltlagers angeboten werden.

Welche Voltigierer sollten zur Prüfung angemeldet werden?

Falls Sie die praktischen Leistungen Ihrer Voltigierer nicht sicher einschätzen können, sollten Sie mindestens zwei Turnierteilnahmen abwarten oder befreundete Ausbilder oder Richter zurate ziehen. Diese kennen die Voltigierer nicht so gut wie der eigene Ausbilder und können die Leistungen daher objektiver beurteilen.

Wichtig

- *Beurteilen Sie die Leistungen Ihrer Voltigierer realistisch und objektiv! Melden Sie nur diejenigen Voltigierer für das Abzeichen an, welche die für das angestrebte Abzeichen erforderlichen Pflichtnoten mehr als einmal erreicht haben.*

Wenn Sie während des Trainings den Eindruck gewinnen, dass es bei einigen Teilnehmern knapp wird, lassen Sie diese besser noch nicht zur Prüfung zu. Geben Sie den Voltigierern noch etwas **mehr Zeit** und vermeiden Sie damit Enttäuschungen! Vergessen Sie nicht, auch mit den Eltern darüber zu sprechen und begründen Sie ihre Entscheidung. Bei einem späteren Abzeichentermin klappt es dann bestimmt. Jeder Voltigierer, der an einer Abzeichenprüfung teilnimmt, wird sich auf die **Einschätzung seines Ausbilders** verlassen, dass er das angestrebte Abzeichen schaffen kann. Wenn er die Prüfung aber wegen ungenügender Leistungen nicht besteht, wird er die Welt nicht mehr verstehen. Enttäuschte, heulende Kinder, ärgerliche Ausbilder und Eltern sind die Folge, wenn unsichere Voltigierer verfrüht zur Prüfung angemeldet werden.

Die Richter gehen davon aus, dass die Voltigierer gut vorbereitet sind und die Prüfung ohne Probleme bestehen. Erwarten Sie nicht, dass sie bei unsicheren Teilnehmern ein Auge zudrücken! Das ist nicht der Sinn eines Abzeichens!

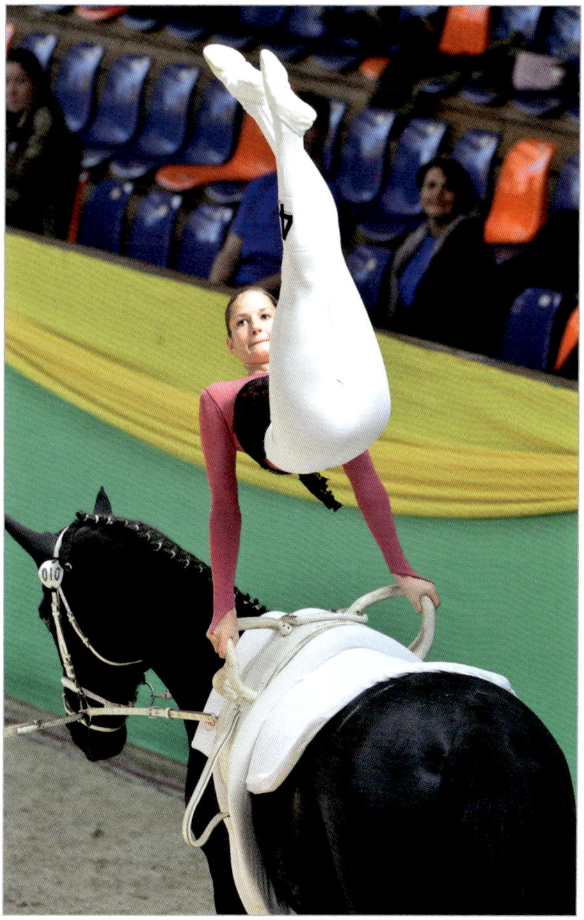

Natürlich spielt Pech auch manchmal eine Rolle. Kommen Aufregung und Nervosität hinzu, kann die Prüfung auch einmal schiefgehen. Machen Sie den Voltigierern klar, dass es auch keine Schande ist, wenn es mit dem Abzeichen nicht auf Anhieb klappt.

Erfahrungsgemäß können die Voltigierer besser mit einem Misserfolg umgehen, wenn sie die Gründe dafür kennen. Wenn sie sehen, dass sie durch **unglückliche Umstände** ihre beste Leistung in der Prüfung nicht erbringen konnten, werden sie sicher leichter mit dieser Situation fertig.

Wie kann Wissen anschaulich vermittelt werden?

Planen Sie für die Wissensvermittlung genügend Zeit ein. Bieten Sie Extra-Einheiten zur Vorbereitung an! Das Abzeichen bietet die Chance, die Voltigierer in wichtigen Themen rund ums Pferd zu unterrichten und diese zu vertiefen. Dieses **Grundlagenwissen** ist für die gesamte Voltigierarbeit von Bedeutung! Selbstverständlich wird das Wissensgebiet für die Bewerber immer umfangreicher und anspruchsvoller, je höher die angestrebte Abzeichenstufe ist (siehe Kapitel 1).

Erwarten Sie nicht, dass Kinder und Jugendliche sich anhand von Büchern selbstständig vorbereiten. Lassen Sie immer alle Voltigierer am Theorieunterricht teilnehmen, denn jeder sollte sich mit diesen Themen befassen. Melden Sie aber nur die Voltigierer zur Prüfung an, die genügend Interesse an dem Erlernen von Wissen zeigen und über das notwendige Prüfungswissen verfügen. Den anderen Teilnehmern können Sie ihre Mitarbeit durch eine hübsche Teilnahmeurkunde bestätigen.

Am anschaulichsten lassen sich Themen wie die **Pferdekunde in der Praxis** auf der Stallgasse oder bei der Pflege der Voltigierausrüstung vermitteln. Alle Themen, die mit der Vorbereitung des Pferdes und seiner Versorgung zusammenhängen, können nur in der Praxis gezeigt und geübt werden. Die oft gefürchtete Theorie wird so von den Voltigierern mit mehr Begeisterung aufgenommen. Achten Sie darauf, dass die Kinder und Jugendlichen Gegenstände wie Putzzeug auch benutzen und lassen Sie damit praktisch üben. Dies kann in spielerischer Form geschehen wie

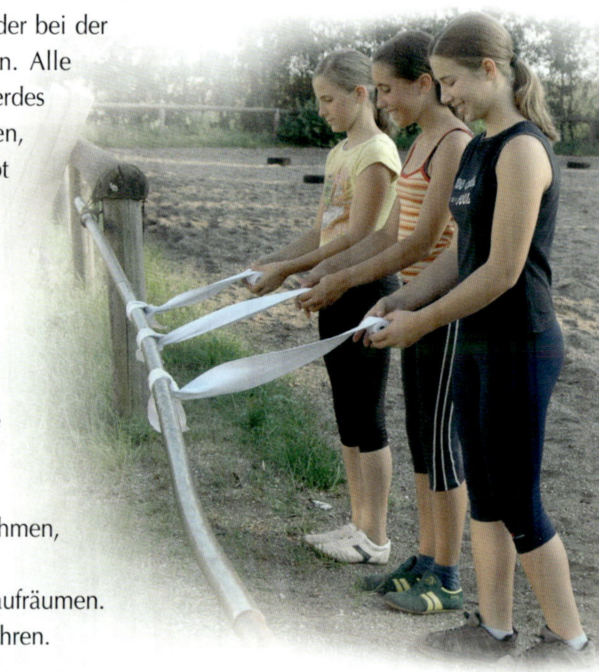

- Bandagen gemeinsam aufwickeln: Wer kann es am ordentlichsten?
- eine Trense gemeinsam auseinandernehmen, reinigen und wieder zusammenbauen.
- Putzzeug sortieren und Sattelkammer aufräumen.
- Pferde-Beobachtungsaufgaben durchführen.

Nehmen Sie alle Gelegenheiten für den **Anschauungsunterricht** wahr, bei denen die Voltigierer den **Umgang mit dem Pferd** beobachten können wie zum Beispiel die Fütterung der Pferde, die Tätigkeiten des Hufschmiedes oder Tierarztes.

Während des praktischen Voltigierunterrichts lassen sich schon viele Punkte für die Voltigierlehre verständlich erklären, wie etwa die Ausrüstung des Pferdes oder die richtige Ausführung und Bewertung der Übungen. Fragen wie „Wie lange muss eine Übung ausgehalten werden?", „Wie viel Punkte Abzug gibt es, wenn du eine Übung noch einmal wiederholst?" und Ähnliches können in der Praxis durchgesprochen werden.

Die Vermittlung von Wissen lässt sich **abwechslungsreich gestalten**, wenn Sie die Lehrmaterialien wie Lehrtafeln, Filme, Bücher und Ähnliches (siehe Literaturempfehlungen, Seite 139) einsetzen. Im Anschluss daran können Sie von den Voltigierern die Antworten auf die verschiedenen Fragen (im Unterricht oder auch zu Hause) erarbeiten lassen. Mit etwas Geschick stellen Kinder und Jugendliche gern ihr eigenes Informationsmaterial zusammen. Sie sammeln Artikel und Abbildungen aus Zeitschriften und gestalten damit Mappen. Eine solche Mappe könnte folgenden Inhalt haben: Rätsel rund um das Pferd, Futterproben, Bilder zum Bezeichnen, Collagen usw. Ist das Interesse einmal geweckt, stehen Kinder und Jugendliche theoretischen Themen viel aufgeschlossener gegenüber, sie werden gern die Themen und Fragen in den Kapiteln 4 bis 6 durcharbeiten.

Wichtig

- *Es ist nicht ratsam, die theoretischen Fragen stur auswendig zu lernen, ohne deren Inhalt tatsächlich begriffen zu haben. Ein Teilnehmer kann Fragen nur sicher beantworten, wenn er die Zusammenhänge des Themas kennt.*

Richtiges Auftreten bei Abzeichenprüfungen

Sie und Ihre Aktiven möchten sicher in der Prüfung einen guten Eindruck bei Richtern und Zuschauern hinterlassen. Es ist selbstverständlich, dass alle Teilnehmer **ordentliche, turniergerechte Kleidung** tragen und das Pferd prüfungsgerecht aufgemacht ist. Es wird sauber geputzt, die Mähne eingeflochten und die Ausrüstung befindet sich in gepflegtem Zustand. Auch der Longenführer ist passend gekleidet. Bei den Motivationsabzeichen benötigen die Voltigierer keine Turnierkleidung, sie sollten möglichst einheitlich und sportgerecht gekleidet sein.

Es ist ratsam, eine **Generalprobe** mit Prüfungsatmosphäre für Pferd und Voltigierer einzuplanen, damit sich alle Beteiligten schon an den Ablauf gewöhnen und sich die Aufregung schon vorher etwas legt. Wenn sich der Ablauf schon eingespielt hat, wird die Prüfung allen leichter fallen, denn ein regelmäßiges Üben baut das notwendige Selbstvertrauen auf. Es ist empfehlenswert, die **Startfolge der Voltigierer** schon zu Hause im Training festzulegen.

Waren Ihre Voltigierer noch nie auf einem Turnier, **üben** Sie am besten die Voltigierpraxis in einer fremden Halle mit einigen Zuschauern oder nehmen Sie an einem Voltgiertag teil, sodass Pferd und Voltigierer (und auch Sie als Longenführer!) sich vor Publikum in einer anderen Umgebung schon einmal präsentieren konnten. Auch die Stationsprüfungen können Sie simulieren, indem ein anderer Ausbilder das Wissen der Voltigierer abfragt.

Mit einer gezielten und sorgfältigen Vorbereitung und der richtigen Einschätzung und Motivation der Voltigierer werden in der Regel auch alle Teilnehmer bestehen. Dies ist für Sie als Ausbilder eine **Bestätigung Ihrer Arbeit**, auf die Sie mit Recht stolz sein können!

Durchführung von Abzeichenprüfungen

9.1 Planungshilfen für Veranstalter

Das Gelingen jeder Veranstaltung bedingt eine gut durchdachte Organisation. Dazu ist die gute Zusammenarbeit aller Beteiligten erforderlich. Alle Abzeichenprüfungen sind Sonderprüfungen der FN. Sie dürfen nicht im Rahmen von Voltigierturnieren stattfinden und müssen vom Landesverband (LV) beziehungsweise der Landeskommission (LK) genehmigt werden. Die LK benennt dafür einen LK-Beauftragten, der für die ordnungsgemäße Durchführung der Prüfung verantwortlich ist.

Wo und wann können die Abzeichenprüfungen abgelegt werden?
Sie können in jedem von der FN anerkannten Ausbildungsbetrieb oder Pferdesportverein stattfinden. Die Termine und Orte von Abzeichenprüfungen sind bei der LK zu erfahren. Alle Teilprüfungen müssen an einem oder zwei aufeinanderfolgenden Tagen abgelegt werden.

Wer darf die Prüfungen abnehmen?
Hierfür ist immer eine Prüfungskommission zuständig. Bei den **Einstiegsabzeichen VA 10, VA 9 und VA 7** besteht sie aus einer Person, die mindestens über eine Trainer-C-Qualifikation im Voltigieren mit gültiger DOSB- oder DOSB/BLSV-Trainerlizenz oder über eine Richterqualifikation (VOE) oder Richter Breitensport Voltigieren verfügen muss. Sogar der eigene Ausbilder kann bei entsprechender Qualifikation diese Aufgabe übernehmen, jedoch ist der Ausbilder eines Nachbarvereins sicherlich eine bessere Lösung.

Beim **Pferdeführerschein Umgang** besteht die Prüfungskommission aus einem Richter oder Richter Breitensport wenn nicht mehr als zehn Prüfungsteilnehmer angemeldet sind. Ab elf Prüfungsteilnehmern müssen der Prüfungskommission zwei Richter (oder ein Richter und ein Prüfer Breitensport beziehungsweise ein Prüfer eines FN-Anschlussverbands) angehören. Die Stationsprüfungen können auch aufgeteilt und von jeweils einem Prüfer abgenommen werden.

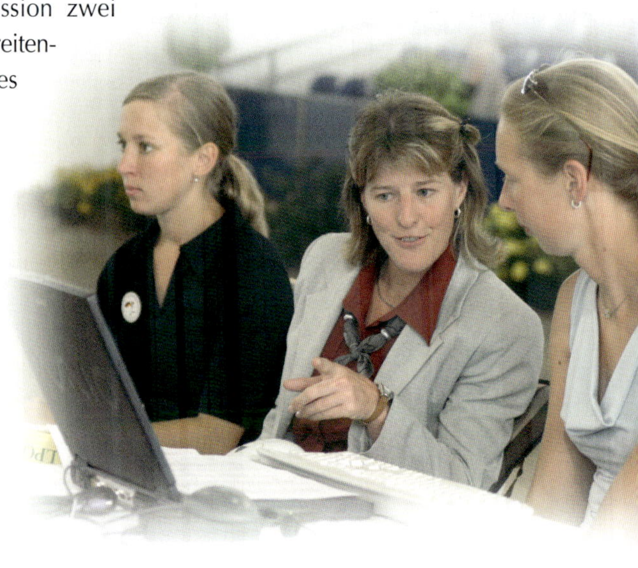

Beim VA 5 besteht die Prüfungskommission mindestens aus einem Voltigierrichter und einem Richter Breitensport Voltigieren. Ab dem VA 4 besteht diese immer aus zwei Voltigierrichtern. Die einzelnen Stationsprüfungen können von jeweils einem Richter abgenommen werden.

Planungshilfe für die Veranstalter von Abzeichenprüfungen

- den Termin frühzeitig mit dem Vereinsvorstand beziehungsweise dem Betreiber der Reitanlage festlegen und die Reithalle reservieren
- die Richter beziehungsweise Prüfer einladen
- die Veranstaltung spätestens **vier Wochen vorher** bei der LK anmelden, dabei die Richter angeben
- die Kosten kalkulieren (siehe unten)
- andere Vereine ansprechen und einladen
- ein Helferteam zusammenstellen
- Urkunden und Abzeichen spätestens zwei Wochen vor der Prüfung bei der LK bestellen
- Spätestens eine Woche vor der Prüfung wird der **Zeitplan** aufgestellt und mit der Prüfungskommission abgestimmt. Eine große Hilfe ist das Programm „ARIS“ der FN, welches von der FN-Homepage heruntergeladen werden kann: www.pferd-aktuell.de/aris
- Zusätzlich sollten **Hilfsbögen** für die Prüfer vorbereitet werden (siehe Anhang).
- Im eigenen Verein werden der Vorstand und die Eltern der Voltigierer über den geplanten Ablauf **frühzeitig informiert**.
- Die Telefonnummer des diensthabenden Arztes und eines Sanitätsdienstes sollte bereitgehalten werden.
- Zur **Übergabe der Abzeichen** sollte möglichst die örtliche Presse eingeladen und/oder ein Fotograf aus den eigenen Reihen dazugebeten werden.

Wie oft kann ein Verein eine Abzeichenprüfung durchführen?

Hier gibt es keinerlei Einschränkungen. Zu berücksichtigen sind lediglich die Wartezeiten für Wiederholer. Es ist durchaus wünschenswert, wenn größere Vereine im Rahmen ihrer Jahresplanung jährlich eine Abzeichenprüfung anbieten oder sich mit benachbarten Vereinen im jährlichen Turnus hierbei abwechseln.

Dürfen verschiedene Prüfungen am gleichen Termin durchgeführt werden?

Ja, die APO ermöglicht es, die Prüfungen zum Pferdeführerschein Umgang und für alle Voltigierabzeichen zum gleichen Termin anzubieten. Der Vorteil dabei ist, dass Voltigierer in Gruppen mit unterschiedlichem Leistungsstand gemeinsam an der Prüfung teilnehmen können.

Was kostet eine Abzeichenprüfung?

Für jeden Prüfungsteilnehmer entstehen Gebühren für den erworbenen Pferdeführerschein Umgang und/oder das erworbene Abzeichen sowie Bearbeitungsgebühren, die der Veranstalter an die LK abführen muss.

Hinzu kommen die Honorar- und Reisekosten der Prüfer und eventuell weitere Kosten für die Hallenmiete und einen Vorbereitungslehrgang. Diese Kosten legt der Veranstalter üblicherweise auf alle Teilnehmer um. Im Einladungsschreiben zur Abzeichenprüfung sollte bereits auf die voraussichtlichen Kosten pro Prüfung und Teilnehmer hingewiesen werden.

Hierfür werden viele helfende Hände gebraucht!

Zur Vorbereitung des Ablaufs in der Reithalle gehören folgende Punkte:

- Prüfungszirkel und Ablongierzirkel müssen eingeebnet und optisch abgegrenzt werden.
- An jedem Prüfungszirkel wird ein Richtertisch mit drei Stühlen für die Richter und einen versierten Schreiber benötigt. Kissen auf den Stühlen und Wolldecken sind den Richtern sicher willkommen.
- Am Ablongierzirkel kann ein Übungspferd aufgestellt werden.
- Die Stationsprüfungen sollten möglichst ungestört in der Reithalle, in einem geeigneten Außenbereich oder im Stall durchgeführt werden. Dort sollten ein Pferd beziehungsweise Pony, seine Ausrüstung und Putzkiste zur Verfügung stehen, damit die Prüfungsteilnehmer die Aufgaben praktisch demonstrieren können. Insbesondere für die Stationsprüfungen Bodenarbeit und Vormustern müssen geeignete Prüfungsbereiche und Pferde/Ponys vorhanden sein.

Für das **Organisationsbüro** werden zwei bis drei möglichst erfahrene Helfer benötigt:

- Alle Longenführer erklären hier die Startbereitschaft ihrer Voltigierer und entrichten die Teilnehmergebühren. Spätestens zu diesem Zeitpunkt müssen Geburtsdatum und vollständige Adresse aller Teilnehmer mitgeteilt werden.
- Anschließend wird die endgültige Starterliste (Startfolge und Startzeiten) erstellt und gut sichtbar ausgehängt. Weicht diese deutlich von der ersten Zeiteinteilung ab oder bestehen noch Unklarheiten, muss der LK-Beauftragte informiert werden.
- Auch alle weiteren Informationen (zum Beispiel über das Ablongieren, die Umkleidemöglichkeiten, die Toiletten) sollten im Organisationsbüro erhältlich sein.
- Während der Prüfung werden gegebenenfalls die persönlichen Daten der Teilnehmer in ARIS ergänzt, damit im Anschluss an die Prüfung nur noch die Urkunden und Ergebnislisten der LK auszudrucken sind.

Für den **Hufschlagdienst** werden zwei bis drei Erwachsene oder große Voltigierer gebraucht, die den Zirkel nach jedem Start wieder einebnen. Es ist im Interesse aller Prüfungsteilnehmer, für ihren Start einen gut aufbereiteten Prüfungszirkel vorzufinden. Für die Bewirtung der Zuschauer und Aktiven sind je nach Angebot an Speisen und Getränken mindestens drei Erwachsene einzuteilen. Aus dem Erlös lässt sich die Voltigierkasse ideal aufstocken! Auf dem Richtertisch sollten für die Richter Wasser und Tee oder Kaffee bereitstehen. Ein bis zwei Personen (je nach Dauer der Veranstaltung) übernehmen die Ansage der Prüfungen und Teilnehmer.

Was muss im Zeitplan berücksichtigt werden?

- Der Veranstalter legt in Absprache mit dem LK-Beauftragten den Prüfungsablauf fest. Alle Prüfungen können entweder mit der Praxis oder der Theorie beginnen.
- Alle Prüfungsteilnehmer für das VA 5 beziehungsweise VA 4 müssen zuvor die Prüfung zum Pferdeführerschein Umgang absolviert haben. Dies entfällt, wenn sie bereits die RA oder FA 7 und 6 besitzen.
- Es ist ratsam, zuerst alle Einstiegsabzeichen (VA 10, VA 9, VA 7) zu prüfen und gegebenenfalls die Ehrung und Abzeichenübergabe direkt anzuschließen. So müssen diese Voltigierer nicht bis zum Ende der gesamten Veranstaltung warten. Auch lässt sich die Übergabe der Abzeichen und Urkunden in kleinerem Rahmen immer persönlicher gestalten.

Der Zeitbedarf (empfohlene Mindestzeiten)

Pferdeführerschein Umgang

Pro Prüfungsteilnehmer rechnet man für die vier Stationsprüfungen mit 8 bis 10 Minuten. Für eine Gruppe mit vier Teilnehmern werden insgesamt etwa 35 Minuten benötigt.

Voltigierabzeichen

Anforderungen	Voltigierabzeichen VA 10, VA 9, VA 7	Voltigierabzeichen VA 5, VA 4	Voltigierabzeichen VA 3 bis VA 1
Voltigieren	2 Minuten pro Voltigierer und 3 Minuten für Ein-/Auslauf und Hufschlag einebnen	5 Minuten pro Voltigierer (inkl. eventueller Wiederholung von 1 bis 2 Übungen und Prüfungsgespräch) und 2 Minuten für Ein-/Auslauf und Hufschlag einebnen	4 bis 5 Minuten pro Voltigierer (inkl. eventueller Wiederholung und Prüfungsgespräch) und 2 Minuten für Ein-/Auslauf und Hufschlag einebnen
Stationsprüfungen Voltigierlehre und Pferdefachwissen	ca. 3 Minuten pro Voltigierer	ca. 5 Minuten pro Voltigierer. Dabei gilt: Je höher das Abzeichen, desto intensiver wird nachgefragt.	
Stationsprüfung Bodenarbeit: VA 5		mindestens 5 Minuten pro Voltigierer	
Stationsprüfung Vormustern: VA 4		mindestens 5 Minuten pro Voltigierer	

- Bei einem großen Starterfeld ist es sinnvoll, mindestens drei Richter einzusetzen. Auf diese Weise können zwei Prüfungsteile parallel durchgeführt werden, indem beispielsweise einige Gruppen noch den Pferdeführerschein Umgang absolvieren, während andere bereits mit den Abzeichenprüfungen beginnen. Auch hier können der praktische Teil und die Stationsprüfungen von verschiedenen Richtern geprüft werden. Wenn genügend Plätze zum Ablongieren vorhanden sind, kann die praktische Prüfung auch auf zwei Zirkeln gleichzeitig durchgeführt werden. Nur beim VA 1 ist eine Aufteilung der Prüfungskommission nicht möglich.

- Nach bestandener Prüfung freuen sich die Voltigierer sehr über ihren Erfolg und sind stolz auf ihre Leistung. Die Bekanntgabe des Prüfungsergebnisses ist ein wichtiges Ereignis, das der Veranstalter in einem entsprechenden Rahmen gestalten sollte. Als Anerkennung wird jedem Teilnehmer von den Prüfern für das bestandene Abzeichen eine Urkunde und eine Anstecknadel der FN persönlich überreicht.

> **Wichtig**
>
> - *Vergessen Sie nicht, gleich nach Abschluss einer Abzeichenprüfung die Ergebnisse über die LK an die FN zu senden!*

9.2 Die Prüfung

Der LK-Beauftragte beziehungsweise der Veranstalter muss vor Prüfungsbeginn die Zulassungsvoraussetzungen der einzelnen Teilnehmer (einschließlich ihrer Teilnahme an einem entsprechenden Vorbereitungslehrgang) überprüfen.

Wer wird für welche Voltigierabzeichen-Prüfung zugelassen?

Abzeichen	VA 5	VA 4	VA 3	VA 2	VA 1
Zulassungs-voraus-setzung	Pferdeführer-schein Umgang oder RA oder FA 7 und 6	Pferdeführerschein Umgang oder RA oder FA 7 und 6 oder Besitz des VA 5	mindestens 3 Monate Besitz des VA 4	mindestens 3 Monate Besitz des VA 3	mindestens 3 Monate Besitz des VA 2
	+ Mitgliedschaft in einem der FN angeschlossenen Verein				

Hilfsbögen helfen Ihnen weiter

Die Prüfer benötigen neben dem Zeitplan eine Übersicht pro teilnehmender Prüfungsgruppe, idealerweise durch das FN-Programm „ARIS". Vorschläge für Hilfsbögen zu den VA 10, 9 und 7 sowie zum Pferdeführerschein Umgang befinden sich im Anhang. Dabei genügt ein Hilfsbogen pro Prüfungsgruppe. Es sind die Prüfungsanforderungen aufgeführt.

Bei den Voltigierabzeichen ab VA 5 kann für die Stationsprüfungen die Übersicht in Kapitel 1, Seiten 18 bis 19 herangezogen werden.

Prüfungsablauf beim Pferdeführerschein Umgang

Die Prüfungsteilnehmer werden in kleine Gruppen von vier Personen eingeteilt. Die vier Stationen werden sowohl im Stall als auf der Pferdesportanlage geprüft (siehe Kapitel 1.2). Es empfiehlt sich, jedem Teilnehmer gleich im Anschluss nach der letzten Prüfung das Ergebnis bekannt zu geben.

Prüfungsablauf bei den Voltigierabzeichen

Wir empfehlen, die Abzeichen **VA 10, VA 9 und VA 7** zeitlich getrennt von den **VA 5 bis VA 1** durchzuführen, da die theoretischen und praktischen Anforderungen zu unterschiedlich sind. Die Prüfer sollten im Anschluss an die erste Teilprüfung das Ergebnis jeweils sofort bekannt geben! Wer hier nicht bestanden hat, für denjenigen ist die gesamte Prüfung beendet.

Wichtig

- *Berücksichtigen Sie stets das Alter der Teilnehmer. Prüfen Sie stets wohlwollend und situationsgerecht!*

Die praktische Prüfung

Wie auf einem Turnier geben die Prüfer per Klingelzeichen den Prüfungszirkel zum Einlaufen frei. Nach dem Einlaufen und der Grußaufstellung überprüfen die Richter in der Regel nochmals die Startreihenfolge, damit diese mit ihren Unterlagen übereinstimmt. Dies lässt sich am besten feststellen, wenn alle Voltigierer Nummern tragen.

- Vor Beginn der praktischen Prüfung und auch zwischen den einzelnen Pferden sollte der Ansager unbedingt darauf hinweisen, dass beim Fotografieren kein Blitzlicht benutzt werden darf und während der Prüfungen absolute Ruhe herrschen muss.
- Die Startfolge innerhalb einer Prüfungsgruppe sollte auf jeden Fall nach Art der Abzeichen und nicht nach Größe der Voltigierer geordnet werden, damit die gleichen Anforderungen zusammen geprüft werden können.
- Nach der Trabrunde und dem Klingelzeichen starten alle Voltigierer in der zuvor festgelegten Reihenfolge. Bei den Einstiegsabzeichen **VA 10, VA 9 und VA 7** ist es sinnvoll, erst alle Galoppübungen zu zeigen. Anschließend können dann gegebenenfalls die Ausbinder oder Laufferzügel für den Schrittteil verlängert werden.
- Ist eine misslungene Übung eindeutig auf das Pferd oder äußere Einflüsse zurückzuführen, können die Richter gleich anschließend eine sofortige Wiederholung zulassen.
- Wenn beim VA 5 und VA 4 zwei Übungen beziehungsweise beim VA 3 eine Übung unter der geforderten Wertnote liegen, können die Voltigierer am Ende der praktischen Prüfung diese auf Weisung der Richter wiederholen. Sie können daran einen beliebigen Pflichtabgang anschließen, falls zu der Übung kein Abgang dazugehört.

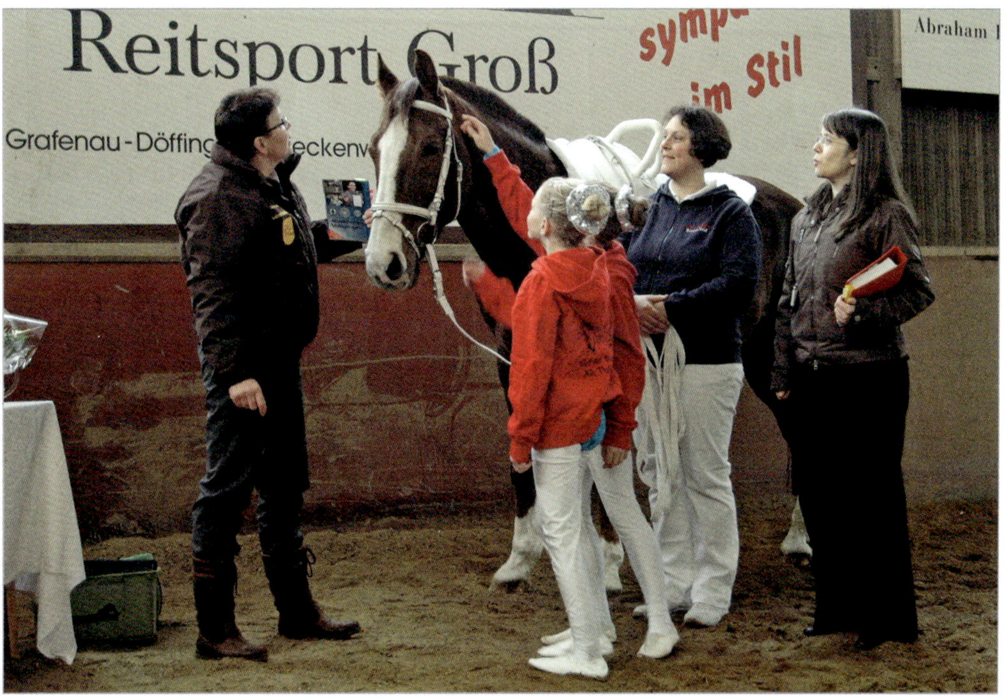

Die Pferdekunde wird direkt am Pferd geprüft.

- Reicht beim **VA 2 oder VA 1** der Durchschnitt nicht aus, können die betreffenden Voltigierer selbst wählen, welche Übung sie wiederholen möchten, um den erforderlichen Notendurchschnitt zu erreichen. Sie sollten die Gelegenheit erhalten, sich zuvor mit ihrem Longenführer kurz abzusprechen.

Die Stationsprüfungen: Viele Fragen rund ums Voltigieren und über Pferdekunde
In den **Stationsprüfungen** sind verschiedene Fragen rund um den Voltigiersport und zur Pferdekunde zu beantworten. Die Richter können sich für diesen Prüfungsteil auch trennen. Bei den Voltigierabzeichen **VA 5 bis VA 1** empfiehlt es sich, die Prüfungsteilnehmer – wie in der Voltigierpraxis – nach der **Art der Abzeichen** einzuteilen. Bei den Einstiegsabzeichen ist dies nicht erforderlich, da die Anforderungen nahezu deckungsgleich sind.

Wichtig

- *Alle praktischen Voltigierübungen werden nach den Kriterien im Aufgabenheft Voltigieren und dem Lehrbuch Voltigieren, Richtlinien für Reiten und Fahren, Band 3 bewertet. Es können ganze, halbe und Zehntelnoten von 0 bis 10 vergeben werden.*

Die Richter stellen jedem Voltigierer mehrere Fragen. Dazu gehört auch, die Teilnehmer **in der Praxis** zeigen zu lassen, wie beispielsweise ein Pferd geputzt und gesattelt wird und wie seine Körperteile bezeichnet werden. Dies kann auch im Stall durchgeführt werden. Wenn ein Teilnehmer auf eine Frage antwortet, sollte man ihn aussprechen lassen und nicht gleich beim ersten Fehler unterbrechen, um ihn nicht unnötig zu verunsichern.

Zeigt ein Prüfling in einem einzelnen Gebiet Schwächen, sollte der Prüfer nicht weiter darauf beharren, sondern zu einem anderen Thema wechseln. Wenn ein Teilnehmer sicher und schnell seine Antworten parat hat, kann dieser mit zusätzlichen Fragen, die selbstständiges Denken verlangen, diese Prüfung sicher bestehen.

Wichtig

- *Die Art und der Schwierigkeitsgrad der Aufgaben und Fragen müssen auf das Leistungsniveau des jeweiligen Abzeichens und auf das Alter der Teilnehmer abgestimmt sein.*

Kopiervorlage aus dem Buch „Voltigierabzeichen“

Hilfsbogen Pferdeführerschein Umgang (gemäß APO 2026)

Veranstalter: ______________________ **Datum:** ____________________

Anforderungen:

1. Erster Kontakt und Pferdepflege	2. Pferdeverhalten und verhaltensgerechter Umgang mit dem Pferd einschließlich Haltung, Fütterung und Gesundheit sowie Tierschutz	3. Praktischer Umgang mit dem Pferd, Bodenarbeit, Führen im eingezäunten Bereich	4. Praktischer Umgang mit dem Pferd in Alltagssituationen, Führen im öffentlichen Raum
▷ Ansprechen und Annähern an das Pferd, Aufhalftern, aus der Box holen	▷ Bedürfnisse des Pferdes	▷ Dreiecksvorführung	▷ Mithilfe / Grundsätze / Sicherheit beim Verladen / Transportieren
▷ Halten an einem vorgegebenen Punkt, Anbinden, das angebundene Pferd zur Seite weichen lassen, Passieren anderer Pferde	▷ Haltungsformen, Stallklima, Stalleinrichtung, Auslauf und Weide, Stallhygiene, Box- und Paddockpflege	▷ geradeaus Führen von beiden Seiten, Gangmaßwechsel im Schritt, Slalom, Traben auf gerader Linie, Rückwärtsrichten	▷ Führen des Pferdes zur Weide, Entlassen des Pferdes auf die Weide oder den Paddock
▷ Pferdepflege einschließlich Anlegen von Beinschutz, Ausrüsten des Pferdes einschl. Aufzäumen	▷ Identifizieren von Pferden mittels Farbe, Geschlecht, Abzeichen	▷ Sicherheitsaspekte und Unfallverhütung	▷ Führen in Alltagssituationen im öffentlichen Raum
	▷ Grundlagen der Pferdegesundheit, der Anatomie, der Pferdefütterung		▷ Sicherheitsaspekte und Unfallverhütung
	▷ Kenntnisse über Impfungen, Wurmkuren, Erste-Hilfe-Maßnahmen		
	▷ Sicherheitsaspekte und Unfallverhütung, einschlägige Bestimmungen des Tierschutzgesetzes		

Namen der Pfüfungsteilnehmer

1.
2.
3.
4.
5.
6.

Kopiervorlage aus dem Buch „Voltigierabzeichen“

Hilfsbogen für die Voltigierabzeichen VA 10, VA 9 und VA 7 (gemäß APO 2026)

Arm-/Rückennummer des Voltigierers:	1	2	3	4	5	6	7	8	9	10	11	12
Art des Abzeichens eintragen: VA 10, 9, 7 ⇨												
Teilprüfung Voltigieren **Aufgabe** (jeweils "G" für Galopp oder "S" für Schritt in die entsprechende Zeile eintragen)												
im Takt des Pferdes mittraben oder mitgaloppieren												
Aufsprung im Schritt mit Hilfestellung												
Abgang innen, Landung u. Auslaufen in Bewegungsrichtung												
eine Doppelübung im Schritt												
Übungskatalog (bis zu 6 Übungen sind zu zeigen) ▷ Grundsitz vorwärts angefasst oder frei												
▷ Rückwärtssitz angefasst oder frei												
▷ Sitzen vor dem Gurt vorwärts / rückwärts												
▷ Quersitz innen oder außen, eine Hand frei ausgestreckt												
▷ Seitsitz angefasst innen oder außen												
▷ Schneidersitz vorwärts / rückwärts angefasst oder frei												
▷ Umsteiger im Sitzen												
▷ Bank vorlings, innere Hand auf dem Rücken des Voltigierers												
▷ Bank vorlings oder rücklings												
▷ freies Knien vorwärts / rückwärts												
▷ Liegestütz vorwärts												
▷ Lieger vorwärts / seitwärts												
▷ Standwaage auf Pferderücken vw/rw/sw												
▷ Standwaage in der Schlaufe vw/rw/sw, angefasst oder frei												
Station 1 Umgang mit dem Pferd												
Station 2 Pferdekunde												
Station 3 Voltigierlehre (nur bei VA 7)												

Ort: **Datum:**

Voltigieren auf der linken oder rechten Hand

Anforderungen des **Übungskatalogs:**	**Galopp**	**Schritt**
VA 10	keine Übung	4 Übungen
VA 9	2 Übungen	4 Übungen
VA 7	5 Übungen	keine Übung

Namen der Voltigierer	***ggf. Bemerkungen***
1.	
2.	
3.	
4.	
5.	
6.	
7.	
8.	
9.	
10.	
11.	
12.	

Literaturempfehlungen aus dem FN*verlag*, Warendorf

Richtlinien für Reiten, Fahren, Voltigieren
Deutsche Reiterliche Vereinigung e.V. (FN) (Hrsg.)
- **Band 1: Grundausbildung für Reiter und Pferd**
  34. Auflage 2023
- **Band 3: Voltigieren**
  6. Auflage 2024
- **Band 4: Grundwissen zur Haltung, Fütterung, Gesundheit und Zucht**
  21. Auflage 2024
- **Band 6: Longieren**
  10. Auflage 2024

FN-Regelwerke
Deutsche Reiterliche Vereinigung e.V. (FN) (Hrsg.)
- **Aufgabenheft Voltigieren 2024**
- **APO 2026 – Ausbildungs- und Prüfungs-Ordnung**
- **LPO 2024 – Leistungs-Prüfungs-Ordnung**
- **WBO 2024 – Wettbewerbsordnung für den Breitensport**
- **Merkblatt „Voltigierabzeichen"**

Offizielle Prüfungsbücher
Deutsche Reiterliche Vereinigung e.V. (FN) (Hrsg.)
- **Die Reitabzeichen 5-1 der Deutschen Reiterlichen Vereinigung**
  5. Auflage 2026
- **Die Reitabzeichen 10-6 der Deutschen Reiterlichen Vereinigung**
  5. Auflage 2026
- **Pferdeführerschein Umgang mit dem Pferd Sicherheit, Verantwortung, Tierwohl**
  5. Auflage 2025
- **Pferdeführerschein Reiten Faszination (Aus-)Reiten**
  3. Auflage 2024
- **Bodenarbeit Pferde verstehen, Umgang und Bodenarbeitsabzeichen**
  1. Auflage 2022

FN-Pferdetafeln zu den Themen
Deutsche Reiterliche Vereinigung e.V. (FN) (Hrsg.)
- **Die Ausrüstung des Voltigierpferdes**
- **E-Pflicht – Gruppen**
- **A-Pflicht – Gruppen**
- **L-Pflicht – Gruppen/Einzel**
- **M-Pflicht – Gruppen**
- **M-/S-Pflicht – Einzel**
- **Junior-Pflicht – Gruppen/Einzel**

Ulrike Rieder/Silke Ehrenberger
Das Buch vom Voltigieren für Kinder
6. Auflage 2021

Dr. Christian und Dr. Dennis Peiler
Optimales Voltigiertraining. So geht's vom Breiten- bis Spitzensport!
3. Auflage 2014

Hildegard Rosemann unter Mitarbeit von Ulrike Rieder
Pferde und Kinder und spielend motivieren
4. Auflage 2022

www.fnverlag.de

Adressen der Landesverbände/Landeskommissionen

Pferdesportverband Baden-Württemberg e.V.
Murrstr. 1/2, 70806 Kornwestheim
Telefon: (07154) 8328-0
Fax: (07154) 8328-29
E-Mail: info@pferdesport-bw.de
Internet: www.pferdesport-bw.de

Bayerischer Reit- und Fahrverband e.V.
Landshamer Str. 11, 81929 München
Telefon: (089) 926967250
Fax: (089) 926967299
E-Mail: office@brfv.de
Internet: www.brfv.de

Landesverband Pferdesport Berlin-Brandenburg e.V.
Passenheimer Str. 30, (Reiterhaus), 14053 Berlin
Telefon: (030) 30092210
Fax: (030) 30092220
E-Mail: info@lpbb.de
Internet: www.lpbb.de

Pferdesportverband Bremen e.V.
Klattenweg 78, 28213 Bremen
Telefon: (0421) 6368960
Fax: (0421) 6368673
E-Mail: info@pferdesportverband-bremen.de
Internet: www.pferdesportverband-bremen.de

Landesverband der Reit- u. Fahrvereine Hamburg e.V.
Glashütter Landstr. 111, 22417 Hamburg
Telefon: (040) 8503006
Fax: (040) 8514233
E-Mail: info@pferdesport-hamburg.de
Internet: www.pferdesport-hamburg.de

Pferdesportverband Hannover e.V.
Hans-Böckler-Allee 20, 30173 Hannover
Telefon: (0511) 325768
Fax: (0511) 326591
E-Mail: info@psvhan.de
Internet: www.psvhan.de

Pferdesportverband Hessen e.V.
Wilhelmstr. 24, 35683 Dillenburg
Telefon: (02771) 8034-0
Fax: (02771) 8034-20
E-Mail: Info@psv-hessen.de
Internet: www.psv-hessen.de

Landesverband Mecklenburg-Vorpommern für Reiten, Fahren und Voltigieren e.V.
Charles-Darwin-Ring 4, 18059 Rostock
Telefon: (0381) 3778735
Fax: (0381) 3778917
E-Mail: k.hendler@pferdesportverband-mv.de
Internet: www.pferdesportverband-mv.de

Pferdesportverband Rheinland e.V.
Weißenstein 52, 40764 Langenfeld
Telefon: (02173) 1011-100
Fax: (02173) 1011-130
E-Mail: info@psvr.de
Internet: www.psvr.de

Pferdesportverband Rheinland-Pfalz e.V.
Riegelgrube 13, 55543 Bad Kreuznach
Telefon: (0671) 89403-0
Fax: (0671) 89403-29
E-Mail: info@pferdesportverband-rlp.de
Internet: www.pferdesportverband-rlp.de

Pferdesportverband Saar e.V.
Herm.-Neub. Sportschule 7, Gebäude 54, 66123 Saarbrücken
Telefon: (0681) 3879-240
Fax: (0681) 3879-268
E-Mail: info@pferdesportverband-saar.de
Internet: www.pferdesportverbandsaar.de

Landesverband Pferdesport Sachsen e.V.
Käthe-Kollwitz-Platz 2, 01468 Moritzburg
Telefon: (035207) 8961-0
Fax: (035207) 8961-2
E-Mail: info@pferdesport-sachsen.de
Internet: www.pferdesport-sachsen.de

Landesverband der Reit- und Fahrvereine Sachsen-Anhalt e.V.
Parkstr. 13, 06780 Zörbig OT Prussendorf
Telefon: (034956) 229-65
Fax: (034956) 229-67
E-Mail: rbartels@pferdesportverband-san.de
Internet: www.pferdesportverband-san.de

Pferdesportverband Schleswig-Holstein e.V.
Marienstr. 15, 23795 Bad Segeberg
Telefon: (04551) 8892-0
Fax: (04551) 8892-20
E-Mail: info@psvsh.de
Internet: www.pferdesportverband-sh.de

Thüringer Reit- und Fahrverband e.V.
Alfred-Hess-Str. 8, 99094 Erfurt
Telefon: (0361) 3460742
Fax: (0361) 3460743
E-Mail: info@trfv.de
Internet: www.trfv.de

Pferdesportverband Weser-Ems e.V.
Heidewinkel 8, 49377 Vechta
Telefon: (04441) 9140-0
Fax: (04441)9140-17
E-Mail: info@psvwe.de
Internet: www.psvwe.de

Pferdesportverband Westfalen e.V.
Sudmühlenstr. 33, 48157 Münster-Handorf
Telefon: (0251) 32809-30
Fax: (0251) 32809-66
E-Mail: zentrale@pv-muenster.de
Internet: www.pferdesportwestfalen.de

Grundregeln des Verhaltens im Pferdesport (Verhaltenskodex)

1. Der Pferdesportbetrieb ist von respektvollem Umgang miteinander geprägt. Unabhängig von körperlichen und geistigen Fähigkeiten, Ausbildungsstand, sportlichem Erfolg, Reitweise, eingesetzter Pferderasse, sozialer Herkunft und materiellen Möglichkeiten, verdienen alle Pferdesportler die gleiche Achtung und Wertschätzung.

2. Der Pferdesport steht dabei Menschen jeden Alters, jeder ethnischen Herkunft und Nationalität, jeden Geschlechts und jeder geschlechtlichen Identität, jeder sexuellen Orientierung, jeder Religion und Weltanschauung sowie Sportlern mit und ohne Behinderung gleichermaßen auf allen Ebenen offen.

3. Alle Pferdesportler verpflichten sich zu einer fairen und konstruktiven Auseinandersetzung untereinander, wenn bei Mit-Sportlern Missstände in Ausbildung und Umgang mit dem Partner Pferd und damit ein Verstoß gegen die „Ethischen Grundsätze des Pferdefreundes" zu erkennen sind.

4. Erfolg oder Misserfolg im Sport hängen ursächlich von reiterlichen Qualitäten ab. Die (selbst-) kritische und aufmunternde Auseinandersetzung mit der Leistung des Einzelnen oder einer Gruppe ist ehrlicher und wirkungsvoller, als die Fehlerquelle in der Eignung des Pferdes zu suchen.

5. Die Ausbilder fördern mit pädagogisch einwandfreiem Unterricht fachlich fundiert und motivierend zugleich Persönlichkeitsentwicklung, eigenverantwortliches Han-deln und soziales Verhalten der ihnen anvertrauten Lernenden. Sie sind jederzeit Vorbild, in höchstem Maße dem Horsemanship verpflichtet und lehnen alle Formen der verbotenen Leistungsbeeinflussung ab.

6. Lernende bringen Ausbildern denselben Respekt entgegen, den sie von ihnen erwarten oder bekommen. Ein offenes Gespräch über Ängste und Überforderung hilft mehr als eine emotionale Diskussion in der Unterrichtssituation.

7. Eltern der Pferdesportler wirken motivierend auf ihre Kinder ein und passen ihre Erwartungen an die sportliche Entwicklung, den realen Gegebenheiten an. Übertriebener Ehrgeiz der Eltern kann sich bei Kindern und Jugendlichen nachteilig auswirken.

8. Pferdesportler vertrauen Stallbetreibern und deren Personal ihre Pferde an und erwarten eine gute Behandlung sowie eine den Bedürfnissen der Pferde angepasste Haltung. Die erbrachte Dienstleistung des Betriebes insgesamt, wie des einzelnen Mitarbeiters, wird anerkannt und honoriert. Eventuelle Missstände werden sachlich diskutiert und behoben.

9. Turnierrichter und Prüfer bewerten eine Leistung vorurteilsfrei und auf der Basis ihrer fachlichen Qualifikation und setzen sich nicht dem Verdacht der Befangenheit aus.

10. Turniersportler und Prüflinge akzeptieren den Urteilsspruch der Richter. Bleibt eine Entscheidung unverständlich, ist das klärende Gespräch mit dem Richter das faire Mittel der Wahl. Anfeindungen in der Öffentlichkeit, auch in den sozialen Medien, setzen die Beteiligten bewusst herab und verstoßen gegen die Grundregeln des Sports.

11. Betreiber von Handelsställen bzw. Pferdeverkäufer handeln über die gesetzlichen Vorschriften hinaus im Pferdeverkauf verantwortungsvoll. Die Vermittlung eines Pferdes richtet sich am Ausbildungsstand von Pferd und Sportler sowie an der beabsichtigten Nutzung des Pferdes aus.

12. Funktionäre im Pferdesport sind sich ihrer Vorbildfunktion und besonderen Verantwortung für den Sport- und Freizeitpartner Pferd bewusst. Sie verantworten nicht nur den ordnungsgemäßen Betrieb eines Reitstalls, Verbandes, Turniers o. Ä., sondern vertreten zugleich als Ansprechpartner für Politik, Land- und Forstwirtschaft und Wirtschaft die Interessen der Pferdesportler und Züchter.

13. Die vorhandenen Strukturen und Möglichkeiten des organisierten Sports kommen allen Pferdesportlern zugute. All jene, die sich ehren- oder hauptamtlich für die langfristige Sicherung des Pferdesports als Breitensport in Natur und Umwelt sowie als Leistungssport einsetzen, verdienen Anerkennung und Unterstützung.

Diese Grundregeln gelten sowohl im persönlichen Kontakt als auch im Rahmen anderer Formen der Begegnung und Kommunikation wie der Nutzung von Kommunikationsdiensten, des Internets oder der Sozialen Medien.

Detaillierte Informationen zu diesen Themen stehen als Downloads bei der Deutschen Reiterlichen Vereinigung e.V. (FN) unter
https://www.pferd-aktuell.de/shop/broschuren-formulare-vertrage-unterrichtsmaterial/verband.html
zur Verfügung.

Fotos und Zeichnungen/Illustrationen

Fotos

Ina Baier, Weinheim: Seiten 43 unten, 50, 58 oben, 69 unten, 70

Archiv der Deutschen Reiterlichen Vereinigung e.V. (FN), Warendorf: Seite 6,111
© Thoms Lehmann, Warendorf: Seite 79
© Kiki Beelitz, Hanstedt: Seiten 83, 100 (2)

Klaus Föll, Untergruppenbach: Seite 93

Reiner Gäckle, Simmozheim: Seite 135

Olivier Genot, Iffezheim: Seite 84 unten rechts

Frieder Hiller, Bondorf: Seiten 78 links, 92 (2)

Daniel Kaiser, Delitzsch: Titelfoto und Seiten 11, 21 (4), 22 (5), 23 (4), 24 (4), 25 (7), 27 (2), 28 (5), 29 (3), 30 (2), 31 (2), 32 (2), 33 o., 34 (3), 35 (4), 36 (2), 37 (3), 38, 39 (2), 40, 41 (2), 43 oben, 49 (2), 55, 61 (2), 63, 66, 67 unten, 69 oben, 71, 80, 127

Joachim Kropp, Zweibrücken: Seiten 47, 130

Ute Lockert, Renningen: Seiten 9, 42 (2), 52, 57 unten, 73, 74, 75, 78 rechts, 82 (2), 84 oben rechts, 85 (3), 86 obere Reihe (3), untere Reihe Mitte und rechts (2), 89 obere Reihe links und Mitte (2), unten (2), 90 (9), 94, 95, 97, 98, 99 (2), 102 oben, 105, 106, 107, 113, 117, 119, 128

Medium GmbH, Beelen: Seiten 120, 121

Annika Polewsky, Metelen: Seite 110

Julia Rau, Zornheim: Seiten 33 u., 53, 56, 65, 126

Ulrike Rieder, Gaiberg: Seiten 54, 57 oben, 67 oben

Petra Rometsch, Großbottwar: 4. Umschlagseite

Christian Schuh, Renningen: Seite 102 unten

Antje Seemann, Münster: Seite 60

Christiane Slawik, Würzburg: Seiten 84 links, 86 Mittlere Reihe (3), unten links (1), 89 oben rechts

Zeichnungen/Grafiken

Alle Zeichnungen Dr. Yvonne Gall, Berlin, außer:
Silke Ehrenberger, Dossenheim: Seiten 104, 106
Jeanne Kloepfer, Lindenfels: Seite 79
Archiv der Deutschen Reiterlichen Vereinigung e.V. (FN), Warendorf: Seiten 81, 122

Illustrationen der Abzeichen

Idee und Entwurf: Jan Künster, Bonn
Technische Umsetzung und Produktion: Steinhauer & Lück GmbH & Co KG, Lüdenscheid: Seiten 10, 12, 14, 16

Haftung/Hinweis

Haftung:
Die Benutzung dieses Buches und die Umsetzung der darin enthaltenen Informationen erfolgt ausdrücklich auf eigenes Risiko. Alle textlichen, tabellarischen, grafischen und bildlichen Darstellungen in diesem Buch, insbesondere Angaben, Anregungen und Empfehlungen zu Thematik und Sachverhalt des Werkes erfolgen nach bestem Wissen und Gewissen. Sie sind als Beispiele zu verstehen und entbinden alle, die mit Pferden umgehen, nicht von jeglicher Eigenverantwortung. Jede Umsetzung muss individuell und aktuell geprüft werden.
Verlag und Autor übernehmen keine Gewähr für die Aktualität, Korrektheit, Vollständigkeit und Qualität der bereitgestellten Informationen. Druckfehler und Falschinformationen können nicht vollständig ausgeschlossen werden. Verlag und Autor übernehmen keinerlei Haftung für Schäden die sich aus solchen ergeben.

Haftung für Links
Unser Angebot enthält Links zu externen Webseiten Dritter, auf deren Inhalte wir keinen Einfluss haben. Deshalb können wir für diese fremden Inhalte auch keine Gewähr übernehmen. Für die Inhalte der verlinkten Seiten ist stets der jeweilige Anbieter oder Betreiber der Seite verantwortlich. Die verlinkten Seiten wurden zum Zeitpunkt der Verlinkung auf mögliche Rechtsverstöße überprüft. Rechtswidrige Inhalte waren zum Zeitpunkt der Verlinkung nicht erkennbar. Eine permanente inhaltliche Kontrolle der verlinkten Seiten ist jedoch ohne konkrete Anhaltspunkte einer Rechtsverletzung nicht zumutbar. Bei bekannt werden von Rechtsverletzungen werden wir derartige Links umgehend entfernen.

Haftung für Inhalte
Als Diensteanbieter sind wir gemäß § 7 Abs.1 TMG für eigene Inhalte auf diesen Seiten nach den allgemeinen Gesetzen verantwortlich. Nach §§ 8 bis 10 TMG sind wir als Diensteanbieter jedoch nicht verpflichtet, übermittelte oder gespeicherte fremde Informationen zu überwachen oder nach Umständen zu forschen, die auf eine rechtswidrige Tätigkeit hinweisen.
Verpflichtungen zur Entfernung oder Sperrung der Nutzung von Informationen nach den allgemeinen Gesetzen bleiben hiervon unberührt. Eine diesbezügliche Haftung ist jedoch erst ab dem Zeitpunkt der Kenntnis einer konkreten Rechtsverletzung möglich. Bei Bekanntwerden von entsprechenden Rechtsverletzungen werden wir diese Inhalte umgehend entfernen.

Hinweis:
Alle im Werk erwähnten Personenbezeichnungen gelten für Männer und Frauen, auch wenn sie lediglich in der männlichen Sprachform ausgedrückt sind. Alle erwähnten Bestimmungen gelten für Pferde und Ponys, sofern für Ponys nicht ausdrücklich eine andere Regelung aufgeführt ist.